Prof. Dr. Tanja Michael, Corinna Hartmann
55 Fragen an die Seele

PROF. DR. TANJA MICHAEL
CORINNA HARTMANN

# 55 FRAGEN AN DIE SEELE

WIE SIE TICKT
UND WAS IHR HALT GIBT

dtv

MIX
Papier | Fördert gute Waldnutzung
FSC® C083411
FSC
www.fsc.org

5. Auflage 2024

Umschlaggestaltung und Illustration: Ruth Botzenhardt | buxdesign, München
Gesetzt aus der Kepler Std.
Satz: Fotosatz Amann, Memmingen
Druck und Bindung: CPI books GmbH, Leck
Printed in Germany · ISBN 978-3-423-26350-4

*Für die Menschen,*
*von denen ich am meisten über die Seele gelernt habe:*
*meine Familie und meine Patienten*
T. M.

*Für meine Großeltern*
C. H.

# INHALT

# VORWEG

»Wir müssen uns mal unterhalten.« So oder so ähnlich könnte ein Gespräch mit der eigenen Seele beginnen, ein Treffen zwischen zwei alten Bekannten, die sich für einige Zeit aus den Augen verloren haben. Denn wann kommen wir im Alltag schon dazu, unser Innerstes einmal ehrlich zu fragen, wie es ihm geht und was es gerade bräuchte, um sich wirklich wohlzufühlen? Mal fehlt dafür die Zeit, oft aber auch schlichtweg das Wissen darüber, wie man die Zeichen der Seele richtig deutet und die innere Balance wiederherstellt.

Dabei gibt es wirksame Wege, unsere Seele zu festigen, tiefsitzende Ängste zu überwinden, Kräfte zu tanken und frische Perspektiven einzunehmen. Die Psychologie hat dazu in den letzten Jahren durchschlagende Erkenntnisse geliefert, nur kommen diese oft nicht bei all jenen an, die davon profitieren könnten. Das Buch, das Sie in Händen halten, soll das ändern. Es möchte der Seele eine Stimme verleihen und Ihnen als Leitfaden dienen, die großen und kleinen Krisen des Lebens zu meistern. Wir widmen uns darin den Fragen, die uns als Psychologinnen immer wieder gestellt werden, aber auch solchen, die uns selbst in unserem Leben bewegen, zum Beispiel: Warum kommt Traurigkeit manchmal aus dem Nichts? Wie versorgt man seelische Wunden? Wieso wiederhole ich die Vergangenheit? Lässt sich das Glück festhalten?

Herausgekommen ist eine bunte Sammlung der wichtigsten Fragen zu unserem Seelenleben. Jede Antwort ist ein Destillat aus Dutzenden Forschungsartikeln, cleveren Experimenten und den Ideen der führenden Denkerinnen und Denker auf ihrem Gebiet, die wir Tropfen für Tropfen für Sie zusammengetragen haben. Im ersten Teil des Buchs ergründen wir zunächst, was das eigentlich sein soll, die Seele. Im zweiten Teil sehen wir uns ihre Mechanik genauer an: Wie ist diese komplizierte Apparatur aufgebaut und welchen Regeln folgt sie? Wie lassen sich ihre Warnhinweise verstehen und was kann man tun, wenn sich Alarmzeichen bemerkbar machen? Im dritten Teil widmen wir uns ausführlich jenen Äußerungen unseres Seelenlebens, die uns im Alltag am eindringlichsten begegnen: den Gefühlen von Angst bis Zorn. Im vierten und letzten Teil gehen wir einen Schritt weiter. Denn für ein wirklich erfülltes Leben braucht es mehr als die Befriedigung seelischer Grundbedürfnisse, nämlich Raum zur Entfaltung, Platz für Ziele und Träume und immer wieder neuen Mut.

Im besten Fall dient dieses Buch Ihnen auch als SOS-Helfer, wenn es gerade brennt. Wenn Sie vor Wut kochen oder von einem Albtraum verfolgt werden, wieder einmal nicht einschlafen können oder in einer Grübelschleife feststecken, hält es praktische Übungen bereit. Auch wenn eine große Entscheidung ansteht oder eine Veränderung unverhofft in Ihr Leben drängt, weiß es Rat. Die vorgestellten Tipps und Strategien helfen erwiesenermaßen und sind vielfach erprobt. Sie kommen in verschiedenen Ansätzen der Psychotherapie erfolgreich zum Einsatz.

Neben hilfreichen Einsichten und wertvollen Werkzeugen wünschen wir Ihnen viel Vergnügen bei der Lektüre. Sie können das Buch natürlich wie üblich von vorne nach hinten lesen. Sie dürfen sich aber auch ruhig von den Verweisen innerhalb der Kapitel treiben lassen oder mit der Frage beginnen, die Sie am meisten beschäftigt. Liebe Leserin, lieber Leser: Lesen Sie quer, blättern Sie durch – vielleicht fällt zwischen den Seiten genau das heraus, was Sie gerade brauchen.

TEIL 1

# DIE ANATOMIE DER SEELE

# 1

# WAS IST DIE SEELE?

21 Gramm wiegt sie, die Seele – zumindest, wenn man Duncan MacDougall fragt. Der Arzt aus Haverhill in Massachusetts hatte Anfang des 20. Jahrhunderts eine Waage unter einem Bett platziert, in das er geschwächte Patienten legte, um sie kurz vor und nach ihrem Ableben zu wiegen. Mit diesem Versuchsaufbau wollte MacDougall die flüchtige Seele zu fassen kriegen. Und siehe da: Drei Viertel einer Unze – 21 Gramm – weniger wog ein Proband, nachdem seine Seele entwichen war. Dass MacDougalls sensationelle Erkenntnis eher auf der Ungenauigkeit der Messmethode beruhte, war egal. Sie schaffte es trotzdem in die ›New York Times‹.

Seit Menschengedenken fasziniert uns das, was wir Seele nennen: der vom Körper losgelöste, unvergängliche Wesenskern. In den etwa 20 000 Jahre alten Höhlenmalereien von Lascaux wird die menschliche Seele als Vogel dargestellt, der den Körper nach dem Tod verlässt. Viele Kulturen sprechen nicht nur Tieren, sondern auch Pflanzen eine geistige Essenz zu und glauben an Seelenwanderung und Wiedergeburt. Immerhin vierzig Prozent der eher rationalen Deutschen glauben daran, dass es die Seele gibt, wohingegen nur knapp ein Drittel angibt, an Gott zu glauben.

Wie wir heute über Körper und Geist denken, prägte vor allem ein Mann: René Descartes (1596–1650). Der französische Philosoph war Naturwissenschaftler und gottesfürchtig zugleich. Seine Überzeugung, dass der vergängliche Leib und die unsterbliche Seele getrennte Substanzen sind, die sich gegenseitig beeinflussen, hielt sich über mehrere Jahrhunderte bis in unsere Zeit. So sprechen heute noch Ärztinnen und Ärzte von körperlichen beziehungsweise psychischen Erkrankungen, obwohl die Unterscheidung oft gar nicht so eindeutig zu treffen ist, und nennen es »psychosomatisch«, wenn die Seele offenbar körperliche Probleme verursacht.

Das Wort »Seele« stammt aus dem Urgermanischen und ist wahrscheinlich eine Ableitung von »See«, dem Ort, an dem nach Vorstellung der alten Germanen die noch Ungeborenen und die Toten weilten. Obwohl ein erheblicher Teil der Menschheit ganz unabhängig von seiner Religionszugehörigkeit an ein Leben nach dem Tod glaubt, halten viele die Idee von der Unsterblichkeit der Seele für einen Irrtum, der spätestens seit der Aufklärung aussortiert gehört. Ausschließlich in spirituellem Sinn wird »Seele« jedoch sowieso kaum verwendet. Wer heute von der Seele spricht, meint oft schlicht alles Mentale wie Gedanken, Gefühle und innere Empfindungen.

Zugegeben – die Seele ist inzwischen etwas aus der Mode gekommen. Vor allem aus der Wissenschaft hat sie sich zurückgezogen und dort weitgehend der Psyche Platz gemacht. Im Alltag allerdings begleitet sie uns immer noch. Eine Enttäuschung »tut uns in der Seele weh«, wir »reden uns etwas von der Seele« und enge Freunde sind »seelenverwandt«. Daher und weil es in diesem Buch nicht nur um Diagnosen, Definitionen, Daten und Neuronen geht, sondern um all das, was uns in unserem täglichen Leben bewegt, möchten wir der Seele ein kleines Comeback erlauben. In den folgenden Kapiteln geht es um unsere innere Stimme, unsere Intuition, Sorgen, Macken, Erinnerungen, Sehnsüchte und alle Fragen, die unser Innerstes betreffen. Kurz: Es geht darum, was uns die moderne Psychologie über unser Leben lehrt.

Die Psychologie ist die Wissenschaft vom Erleben und Verhalten des Menschen und somit eine wichtige Disziplin der modernen Seelenforschung. Die Seelenforscher von heute – Psychologinnen, Psychiater, Neurowissenschaftlerinnen und Vertreter der Philosophie des Geistes – versuchen, das Rätsel um den geistigen Wesenskern zu knacken. Dabei wird noch immer über zentrale

Fragen gestritten: Wie entsteht das Mentale? Wie können sich Geist und Materie überhaupt gegenseitig beeinflussen? Und können auch Computer eines Tages fühlen?

Statt von der Seele sprechen Wissenschaftler heute allerdings vom »Geistig-Psychischen«, vom »Bewusstsein« oder auch vom »Selbst-Sinn«. Dem renommierten Bewusstseinsforscher Antonio Damasio zufolge erzeugt der Selbstsinn unser Ich-Gefühl. Er ist die Quelle der Ego-Perspektive, aus der heraus wir die Welt erkunden und die uns dabei hilft, zielgerichtet zu handeln und zu entscheiden, wie wir am besten Gefahren meiden, Nahrung finden und Beziehungen zu anderen Lebewesen knüpfen. Hätten wir kein Bewusstsein über uns selbst und die Welt, die uns umgibt, wären wir wohl bloße Automaten, bei denen bestimmte Reize eine entsprechende Reaktion auslösen. Stattdessen tragen wir ein ganzes Universum an Empfindungen in uns: Wir erschrecken, wenn eine Giftschlange unseren Weg kreuzt, können uns am süßen Geschmack einer Erdbeere erfreuen und sind tieftraurig, wenn ein geliebter Mensch stirbt.

Ein inneres Cockpit, von dem aus wir unsere Regungen bewusst erleben, eine Gedankenwelt, in der Dinge auch dann noch existieren, wenn sie aus dem Blickfeld geraten, die Tatsache, dass uns unsere Gefühle in eine bestimmte Richtung lenken: All dies bietet einige Vorteile, wenn es ums Überleben geht. Dieses reiche Innenleben, das uns zu beseelten Wesen macht, ist also eine wichtige Zutat für das Erfolgsrezept des Homo sapiens.

In seiner einfachsten Form ermöglicht uns das Bewusstsein, Entscheidungen im Hier (an diesem Ort) und Jetzt (in diesem Augenblick) zu treffen. Dieser simple Selbstsinn, der auch einigen Tieren gegeben ist, gestattet allerdings keinen Blick in die Zukunft und berücksichtigt nur die unmittelbare Vergangenheit. Zumindest beim Menschen hat sich aber noch ein höherer Selbstsinn entwickelt. Er befähigt uns, uns an früher zu erinnern sowie Pläne zu schmieden, und verankert einzelne Momente auf unserem individuellen Zeitstrahl: die Einschulung, den ersten Kuss oder den Einsturz des World Trade Centers. Aus all diesen biografischen Bauteilen setzt sich unsere Identität zusammen. Wir nehmen unser sechsjähriges, sechzehnjähriges und sechzigjähriges Selbst in der Regel als ein und dasselbe Ich wahr, obwohl wir uns doch eigentlich ständig verändern. Sogar die meisten Zellen, aus denen wir bestehen, erneuern sich regelmäßig. Sodass sich durchaus die Frage stellt: Sind wir überhaupt noch dieselben wie vor zehn Jahren? In jedem Fall haben wir ein Ich, das wir als Konstante im fließenden Bewusstseinsstrom erkennen.

Uns eine Seele zu verleihen, war also ein schlauer Schachzug der Evolution. Denn unser Ich-Erleben mitsamt unserer Sinneswahrnehmung und Vorstellungskraft sorgt dafür, dass wir uns in der Welt orientieren und entsprechend agieren können – mit allen Vor- und Nachteilen. Die Kehrseite unserer Beseeltheit ist nämlich, dass wir leiden. Nicht nur tut es uns weh, wenn unser Körper verletzt wird, wir spüren auch seelischen Schmerz, wenn wir Rückschläge, Zurückweisungen, Enttäuschungen oder Verluste erleben.

# 2
# WO SITZT DIE SEELE?

Wir neigen dazu, der Seele, die doch gerade kein Ding ist, dingliche Eigenschaften zuzuschreiben – etwa ein Gewicht oder einen Ort. Womöglich greifen wir darauf zurück, um Mentales besser be«greifen« zu können. Und das nicht erst seit gestern. Schon in der Antike machten sich die Menschen Gedanken, wo die Seele wohnt. Für den griechischen Philosophen Platon (428–348 v. Chr.), der ihr drei Bestimmungen zuwies, lag sie an verschiedenen Orten: in Bezug auf den Verstand im Kopf, auf die Gefühle in der Brust und auf die leiblichen Begierden wie den Appetit oder die Lust auf Sex im Bauch.

René Descartes hingegen vermutete den Sitz der Seele in der Zirbeldrüse. Das kleine zapfenförmige Organ mitten im Gehirn stellte sich der Franzose als eine Art Treffpunkt vor, an dem sich Körper und Geist begegnen. Das Problem, wie Geist und geistlose Materie miteinander in Kontakt treten sollen, hatte er damit scheinbar gelöst. Auch hielt er nur den Menschen für derart beseelt. Tiere waren für ihn bloße Automaten ohne innere Regungen. Diese Idee sollte etwa 200 Jahre lang die vorherrschende Sicht bleiben.

Der deutsche Arzt Franz Joseph Gall (1758–1828) brachte Anfang des 19. Jahrhunderts mit seiner Schädellehre (Phrenologie) ein neues Konzept ins Spiel, indem er verschiedene geistige Fähigkeiten und Eigenschaften an ganz bestimmten Stellen des Kopfes verortete. Der Fleiß beispielsweise saß seiner Meinung nach über dem Ohr, das Mitgefühl am Oberkopf und der Instinkt direkt am Haaransatz. Zudem glaubten Gall und seine Anhänger, dass sich die Bereiche des Gehirns, die häufig genutzt werden, wie trainierte Muskeln wölben – bis sie sogar die Schädelknochen ausbeulen. Die Kopfform erlaube daher Rückschlüsse auf den Charakter. Ausgerechnet René Descartes' Schädel wurde nach seinem Tod ausgegraben, sodass Phrenologen ihn entsprechend ihrer Lehre vermessen konnten. Gall sah sich in seiner Theorie bestätigt: Descartes' mathematisches Genie erkannte er in dessen ausgeprägter Augenhöhle.

Die Seelenforscher von heute glauben nicht mehr daran, ihr Forschungsobjekt an einem fixen Ort im Gehirn aufspüren zu können. Vielmehr vermuten sie hinter unserer Beseeltheit ein komplexes Zusammenspiel verschiedenster Hirnregionen. Insbesondere die Vernetzung der Großhirnrinde ist dafür offenbar wichtig. Alles, was wir verspüren, scheint eine Entsprechung in bestimmten Aktivitätsmustern der Nervenzellen zu haben. So hat sich inzwischen die Ansicht durchgesetzt, dass es keinen mystischen Wesenskern gibt, sondern dass unser inneres Erleben auf biologischen Prozessen beruht. Was das im Einzelnen bedeutet, ist dabei noch unklar. Manche Wissenschaftlerinnen vermuten dahinter einen ganz bestimmten Effekt: die Emergenz. Beim Zusammenspiel der Elemente eines Systems kann demnach etwas Neues entstehen – etwa aus dem Synapsengewitter des Gehirns die Seele.

Trotz allem sind wir mehr als unser Gehirn. Entscheidend für unser Ich-Gefühl ist der Körper, der uns durch die Welt trägt. Unser Körper ist unser Bezugspunkt. Was nah an ihm passiert, stufen wir als wichtig ein, was weiter weg geschieht, als weniger relevant. Dass wir uns lebendig fühlen, liegt auch daran, dass wir uns leiblich spüren – die Sonne auf der Haut oder unseren eigenen Herzschlag. Auch Gefühle wie Freude oder Furcht sind kein bloßes Produkt des Denkorgans, sondern durchdringen uns als Ganzes. Zwar sind es bestimmte Gehirnstrukturen, die bei Gefahr Angstgefühle auslösen, doch über das Nervensystem kommt dabei der gesamte Organismus in Fahrt. Das Herz rast, wir atmen schneller, bekommen feuchte Hände und weiche Knie. In den letzten Jahren sind daher mehr und mehr Bewusstseinsforscher zu der Ansicht gelangt, dass das Gehirn allein den Menschen nicht ausmacht.

Dass wir in der Lage sind, die Schönheit der Welt zu erkennen, scheint zum Beispiel keine reine Kopfleistung zu sein. Um die warmen Farben eines Sonnenuntergangs am Meer sehen zu können, braucht es mehr als ein Gehirn plus Augen. Ganz auf sich allein gestellt, wäre es unseren grauen Zellen nämlich kaum möglich, bewusste Eindrücke wie das Schillern des Lichts auf dem Wasser zu erzeugen. Denn visuelles Erleben ist an Bewegung gebunden, sobald wir das Licht der Welt erblicken. Wir müssen handeln, um sehen zu lernen. Das zeigte ein berühmt gewordenes Experiment der Entwicklungsbiologen Richard Held und Alan Hein schon Anfang der 1960er-Jahre: Die beiden zogen Kätzchen in völliger Dunkelheit auf. Ihre ersten optischen Erfahrungen machten die Versuchstiere in einem eigens gebauten Karussell, das die eine Gruppe der Kätzchen aktiv bewegen konnte, während die andere in einer Gondel saß und durch die Bewegung passiv mitbewegt wurde. Zwar lernten alle Katzen sehen, doch nur eine Gruppe lernte mit der Zeit, räumliche Tiefe zu erkennen: nämlich diejenige, die sich beim Sehenlernen selbstbestimmt bewegen durfte.

Das Erkennen der Welt um uns herum – und damit das bewusste Erleben – ist also untrennbar an das Agieren des eigenen Körpers geknüpft, davon sind inzwischen einige Forschende, die sich mit den Geheimnissen der Seele befassen, überzeugt. Wenn das stimmt, erwacht die Seele vielleicht erst, wenn sich ein Gehirn in einem Körper durch die Welt bewegt.

# 3

# FORMT DIE KINDHEIT DIE SEELE?

Eine Mischung aus Gummiplanschbeckengeruch und Grillqualm liegt in der Luft, es sind Sommerferien. Zum Nachtisch gibt es Wassereis und später fällt das Licht warm und golden durch das Kinderzimmerfenster – die Welt ist in Ordnung. Viele denken mit einer gewissen Sehnsucht an die Kindertage, in denen die Pflichten des Erwachsenseins noch in weiter Ferne lagen. Andere erinnern sich nur ungern zurück und sind ein Leben lang auf der Suche nach der Geborgenheit, die sie schon damals vermissten. Die Kindheit hinterlässt unauslöschliche Spuren auf der Seele.

Unsere Erinnerungen machen uns zu denen, die wir sind. Abgelegt ist unsere Lebensgeschichte im autobiografischen Gedächtnis. Es ist ein zentraler Baustein unserer Identität, macht uns einzigartig und unverwechselbar. Kindheit und Jugend bilden dabei das Fundament, nicht nur, weil es sich um sehr frühe Phasen unseres Lebens handelt, sondern auch, weil sie besonders detailliert abgespeichert werden. Sie füllen viele Seiten im Buch der Erinnerungen. Das liegt daran, dass damals alles überwältigend und neu war, dass wir in dieser Zeit mehr erste Male als jemals wieder erlebten: die ersten Versuche allein auf dem Fahrrad, den ersten Schultag, den ersten Kuss, den ersten Verlust eines lieben Menschen. Dadurch dehnt sich erwiesenermaßen sogar in der Rückschau die Zeit – dauerte ein Jahr als Kind nicht eine Ewigkeit?

Wie und mit wem wir aufwachsen, bleibt immer ein Teil von uns. Doch inwieweit prägen uns Kindheit und Jugendalter tatsächlich? Wenn wir unseren Eltern in dem einen oder anderen Punkt ähneln, dann vor allem deshalb, weil sie uns über die Gene bestimmte Eigenschaften vererbt haben – so das Ergebnis etlicher Studien an Adoptivkindern und Zwillingen, die getrennt voneinander aufwuchsen. Der Einfluss der Erziehung darauf, wie gewissenhaft, schüchtern, aufgeschlossen, abenteuerlustig, ängstlich oder melancholisch wir werden, ist in den meisten Fällen verblüffend gering. Heißt: Wären wir bei unseren Nachbarn aufgewachsen, wären wir wahrscheinlich ziemlich genau der Mensch geworden, der wir heute sind. Kinder sind also keineswegs Ton in den Händen ihrer Eltern.

Alle, die bereits selbst Nachwuchs haben, dürfte diese Botschaft aufatmen lassen: Solange wir unseren Kindern ein stabiles Umfeld bieten, ihnen möglichst viel Wärme mit auf den Weg geben und gelegentlich Grenzen setzen, werden sie, wer sie sein sollen. Am besten genießen wir also die gemeinsame Zeit, ohne uns zu viel Druck zu machen, und geben Kindern den Raum, den sie brauchen, um sich im Einklang mit ihrem genetischen Potenzial zu entfalten.

Anders sieht es aus, wenn man unter sehr schwierigen Bedingungen groß wird: Kinder, die mit Schlägen und Schikane aufwachsen und von denen, die sie eigentlich beschützen sollen, vernachlässigt oder gar missbraucht werden, tragen an dieser Bürde noch lange – vielleicht sogar ein Leben lang. Wer zu seinen ersten Bezugspersonen keine verlässliche Bindung aufbauen konnte, ist anfälliger für Stress, wird schneller von seinen Gefühlen überwältigt und hat auch später im Leben oft noch Probleme mit Nähe. Auch wenn nicht jeder, der als Kind Schlimmes erlebt hat, seelisch krank wird, steigt die Wahrscheinlichkeit dafür deutlich.

Oft verursachen bestimmte Erlebnisse charakteristische seelische Wunden. Mit die tiefsten Spuren hinterlässt die Botschaft von Mutter oder Vater, man sei nicht gewollt gewesen – ein Unfall, von Anfang an eine Last. Wer sich in den ersten Lebensjahren nicht angenommen und geliebt fühlen darf, in dem wächst die tiefe innere Überzeugung: Ich bin nicht genug. Betroffene begleitet oft eine schwere Traurigkeit. Sie sehen sich selbst durch die

Augen der Eltern und geraten später häufig an Partner, von denen sie ebenfalls schlecht behandelt werden (siehe »Wieso wiederhole ich die Vergangenheit?«).

Ähnlich prägend kann es sein, wenn die elterliche Liebe schon früh an Bedingungen geknüpft war, etwa an strengen Gehorsam oder gute Noten. Kinder, die hiermit konfrontiert werden, lernen: Ich bin nur liebenswert, *wenn*. Um diesen Konditional zu erfüllen, versuchen sie, jede zwischenmenschliche Rolle perfekt auszufüllen, oder verausgaben sich im Job bis zum Burnout. Kein Wunder, dass ihnen in diesem ewigen Kampf das Leben oft mühsam und hart erscheint.

Wer wiederum mit einem unberechenbaren und aufbrausenden Elternteil groß wird, macht höchstwahrscheinlich schon früh Bekanntschaft mit der Angst. Um sich zu schützen, entwickelt das Kind ein feines Gespür für das Gegenüber. Was davon bleibt, ist häufig der Hang, sich bis zur Unkenntlichkeit anzupassen, stets mehr bei anderen zu sein als bei sich selbst – aber auch der spätere Kampf mit eigenen Aggressionen.

Und doch: Auch unter schlimmsten Bedingungen erweist sich der Mensch noch als widerstandsfähiges Wesen. Bieten die Eltern keine Schulter zum Anlehnen, kann ein liebevoller Großvater, eine einfühlsame Lehrerin oder die beste Freundin ersatzweise den nötigen Halt spenden, sodass sich der Mangel weniger negativ auf die Seele auswirkt. Besonders das Gefühl, in einer Gemeinschaft aufgehoben zu sein – ob in der Schulklasse oder einem Verein –, kann selbst unter widrigen Umständen eine Schutzwirkung entfalten.

Egal, ob wir gern oder ungern an unsere Kindheit zurückdenken: Jetzt, da wir erwachsen und nicht mehr anderen ausgeliefert sind, dürfen wir unser Leben frei gestalten. Wir können nun selbst auf uns achtgeben und uns – wenn nötig – Unterstützung holen (siehe Anhang, »Wenn ein Buch nicht reicht«). Durch stabile Bande zu Freundinnen und Freunden, die vielleicht sogar zur Wahlfamilie werden, und durch korrigierende Erfahrungen – etwa in einer Psychotherapie – lassen sich auch alte Wunden noch heilen.

4

# WANN IST DIE SEELE GESUND?

Über die Frage, wann wir gesund sind, haben sich schon viele Denker die Köpfe zerbrochen. Gesundheit heißt schlicht, frei von Krankheit zu sein – könnte man meinen. Heutige Definitionen gehen aber noch weiter, sie nehmen neben der körperlichen auch die seelische Gesundheit in den Blick. Für den Psychoanalytiker Erich Fromm (1900–1980) etwa war Gesundheit die »Fähigkeit zu lieben und schöpferisch zu sein«. Und die Weltgesundheitsorganisation versteht darunter einen Zustand des Wohlbefindens, in dem wir nicht nur die normalen Lebensbelastungen bewältigen, sondern auch unsere Fähigkeiten ausschöpfen, produktiv arbeiten und einen Beitrag zur Gemeinschaft leisten können. Seelisch krank zu sein heißt für sie, an einer Kombination von belastenden Gedanken, Emotionen, Verhaltensweisen und Beziehungen zu anderen zu leiden.

Schon hier wird klar: Die Unterscheidung zwischen »psychisch eindeutig gesund« und »psychisch eindeutig krank« ist vielleicht noch einfach – etwa, wenn jemand unter so schweren Ängsten leidet, dass er das Haus nicht mehr verlassen kann. Anders sieht es bei Befindlichkeiten aus, die man als leichte seelische Erkrankung deuten, genauso gut aber auch zum normalen Spektrum menschlichen Verhaltens und Erlebens zählen könnte. Immerhin verspüren fast alle Menschen immer wieder mal grundlose Traurigkeit oder innere Unruhe, können phasenweise nicht richtig schlafen, kontrollieren mehrmals, ob der Herd auch wirklich aus ist, oder trinken über den Durst.

Der Grund: Unser seelischer Apparat ist zwar so genial konstruiert, dass er die meiste Zeit Bemerkenswertes leistet, aber gleichzeitig zu kompliziert, um stets wie geschmiert zu laufen. Unsere Gedanken, Gefühle und Taten beruhen auf einer präzisen Feinsteuerung von hundert Milliarden Nervenzellen – komplexer als jeder Supercomputer –, bei der jeden Tag etliches schiefgehen kann. Zum Glück hat die Natur aber Regulationsmechanismen eingebaut, die innere und äußere Störungen kompensieren und so das Gleichgewicht wiederherstellen können. Wir sind deshalb beides: stark und zerbrechlich zugleich.

Weil es für psychische Erkrankungen in der Regel keinen Bluttest oder andere eindeutige biologische Marker gibt, legt ein Gremium von Expertinnen und Experten aufgrund bestimmter Kriterien fest, wer als gesund und wer als krank gilt. Die Basis dafür bildet vor allem die aktuelle Version des großen medizinischen Diagnosekatalogs: die internationale statistische Klassifikation der Krankheiten, die in regelmäßigen Abständen von der Weltgesundheitsorganisation herausgegeben wird.

Dabei besteht stets die Gefahr, dass normale psychische Reaktionen wie gelegentlich schlechte Stimmung oder missliebiges Benehmen zur Krankheit erklärt werden. Denn Menschen als psychisch krank zu deklarieren ist ein mächtiges Instrument, das in den falschen Händen – etwa in Diktaturen – zur Waffe wird. Daher steht im Kern der Definition psychischer Krankheit Folgendes: Die Symptome müssen bei der betroffenen Person bedeutsames Leid hervorrufen oder ihr Leben deutlich beeinträchtigen. Doch auch schwere Zeiten gehören zum Leben und nicht jedes Leid ist gleich ein Zeichen von Krankheit. Ab wann also ist die seelische Gesundheit in Gefahr?

Wenn ein für uns wichtiger Mensch stirbt, ist es völlig normal, mehrere Monate niedergeschlagen zu sein, viel zu weinen und sich erst einmal zurückzuziehen. Diese Traurigkeit ist der Preis, den wir dafür zahlen, dass wir enge Beziehungen eingehen. Sie zeigt, dass ein anderer Mensch eine so große Bedeutung für uns hatte, dass wir uns ein Leben ohne ihn kaum vorstellen können.

Zwar kommt sie in Wellen, diese nehmen aber in aller Regel nach und nach an Höhe ab: Man schöpft neue Hoffnung, sucht langsam wieder Kontakt.

Trauer kann nach heutigem Verständnis aber auch in eine pathologische Form münden. Psychologen und Psychiaterinnen sprechen von einer »anhaltenden komplexen Trauerreaktion«, wenn Schwermut und Verzweiflung auch nach einem halben Jahr nicht abklingen, wenn Betroffene gedanklich von dem Verlust beherrscht werden und ihren Alltag kaum noch bewältigen können, das Leid also ein über das Normale hinausgehendes Ausmaß erreicht. Auf einen von zehn Trauernden trifft das nach aktuellen Schätzungen zu. Ältere Menschen sind häufiger betroffen. Dass diese Reaktion als krankhaft eingestuft wird, heißt keinesfalls, dass sie falsch ist oder dass mit den Betroffenen etwas nicht stimmt. Sie eröffnet aber den Zugang zu professioneller Unterstützung, mit deren Hilfe viele wieder auf die Beine kommen.

Dass tiefe Depressionen und lähmende Ängste das Kriterium des Leidens erfüllen, leuchtet sofort ein. Bei anderen Erkrankungen muss man genauer hinschauen. Ein Patient mit einer bipolaren Störung etwa, früher auch manisch-depressiv genannt, kann sich während einer manischen Phase unwahrscheinlich gut fühlen. Er wähnt alles Glück auf seiner Seite, kündigt vielleicht seinen Job und setzt sein Erspartes im Casino. Doch spätestens, wenn die Symptome abklingen, das Konto leer und der Ruf ruiniert ist, wird deutlich, wie sehr die Erkrankung ihm und seinen zwischenmenschlichen Beziehungen schadet. Führt jemand hingegen ein zurückgezogenes Leben voller Schrullen und Absonderlichkeiten, pfeift auf gesellschaftliche Normen, ist dabei aber glücklich und zufrieden, ist er oder sie mit hoher Wahrscheinlichkeit nicht krank.

»Gestört« ist für uns schnell alles, was wir nicht verstehen. Nach einem Amoklauf, einer Vergewaltigung oder einem Mord ist es zum medialen Reflex geworden, über die psychische Erkrankung des Täters zu spekulieren. Wer so etwas tut, kann nicht »normal« sein, so die Vorstellung. Das ist in vielen Fällen aber nicht nur falsch, sondern schadet auch all jenen, die wirklich an Depressionen, Zwängen oder Ängsten leiden und nie jemandem etwas zuleide tun würden. Menschen mit psychischen Erkrankungen sind nämlich bis auf wenige Ausnahmen nicht gefährlicher als andere und viele psychisch Gesunde unter bestimmten Umständen zu erstaunlich bösen Taten in der Lage.

Die Unterscheidung zwischen gesund und krank ist also gar nicht so einfach, wie man im ersten Moment meinen könnte. Es gibt keine scharfe Trennlinie und die wenigsten lassen sich ganz klar der einen oder anderen Seite zuordnen. Daher ist dieses Schubladendenken in gewisser Weise überholt. Vielmehr existiert ein Kontinuum von Gesundheit und Krankheit mit vielen Abstufungen und fließenden Übergängen, auf dem man sich in bestimmten Phasen seines Lebens mal weiter rechts, mal weiter links bewegt.

# 5

# WIE VIELE SEELEN SIND KRANK?

Sicher kennen Sie jemanden, der schon einmal mit einer psychischen Erkrankung zu kämpfen hatte. Vielleicht ging es Ihnen sogar selbst einmal seelisch sehr schlecht. Leider sind psychische Probleme immer noch mit einem Stigma behaftet. Betroffene schämen sich, denken, etwas stimme mit ihnen nicht – halten sich für die Ausnahme. Dabei zeigen Daten aus aller Welt: Nur eine Minderheit bleibt ihr Leben lang psychisch gesund. Ebenso wie dauerhafte körperliche Gesundheit ist auch lebenslange seelische Unversehrtheit unrealistisch. Eine Person, die sich zeitlebens nie einen Knochen bricht, im Alter keine Arthrose entwickelt und sich nicht einmal zwischenzeitlich einen Magen-Darm-Infekt einfängt, wäre eine Sensation. Genauso verhält es sich mit der Psyche.

Wer seelisch aus dem Takt gerät, hat häufig den Eindruck, bei allen anderen laufe es glatt. Dabei litt 2021 etwa jeder dritte Deutsche an mindestens einer psychischen Erkrankung. Am verbreitetsten sind Depressionen, Angststörungen und Abhängigkeitserkrankungen, vor allem Alkoholabhängigkeit.

## Wo beginnt eine Depression?

Eine Depression hat drei Hauptmerkmale, von denen für die Diagnose mindestens zwei für einen längeren Zeitraum durchgängig vorliegen müssen: eine depressive Verstimmung, ein Verlust an Interesse oder Freude sowie ein verminderter Antrieb beziehungsweise eine gesteigerte Ermüdbarkeit. Zudem liegen weitere Symptome vor wie deutlich nachlassender (selten auch zunehmender) Appetit, Schlafstörungen, auffallende Hast oder Trägheit, Hoffnungslosigkeit, Gefühle von Wertlosigkeit oder Schuld, Konzentrationsprobleme, Suizidgedanken.

## Ab wann wird Angst krankhaft?

Angst gilt als Erkrankung, wenn sie derart aus dem Ruder läuft, dass sie Betroffene regelrecht lähmt und sich auch in Situationen einstellt, die eigentlich ungefährlich sind oder in denen das Ausmaß der Angst in keinem Verhältnis zum Auslöser steht. Die Symptome beeinträchtigen dann den Alltag, rauben Chancen und vor allem die Lebensfreude. Je nachdem, was die Angst auslöst, unterscheidet man spezifische Phobien – zum Beispiel vor Spinnen oder Höhe –, die generalisierte Angststörung, die soziale Angststörung, die Agoraphobie (Angst vor öffentlichen Plätzen und Menschenmengen) und die Panikstörung. Typisch für all diese Angsterkrankungen sind die Vermeidungstaktiken, die Betroffene entwickeln, um dem bedrohlichen Gefühl und dessen körperlichen Begleiterscheinungen zu entgehen: Menschen mit Spinnenphobie gehen nicht mehr in den Keller, Patienten mit einer sozialen Angststörung meiden Partys oder sogar das Flurgespräch mit Kolleginnen.

## Ist das schon Abhängigkeit?

Egal, ob es um Alkohol, Schlaftabletten oder andere Substanzen geht – als abhängig gilt, auf wen länger als einen Monat am Stück oder immer wieder für einen kürzeren Zeitraum mindestens drei der folgenden Anzeichen zutreffen: ein starkes Verlangen oder eine Art Zwang, die Substanz zu konsumieren, Kontrollverlust darüber, wann und wie viel man konsumiert, körperliche Entzugssymptome bei Abstinenz, Toleranzentwicklung: für die gleiche Wirkung muss immer mehr konsumiert werden, Vernachlässigung anderer Lebensbereiche, weiterer Konsum, obwohl dieser der Person eindeutig schadet. Wenn Sie glauben, an einer Depression, einer Angststörung, einer Abhängigkeit oder einer anderen psychischen Erkrankung zu leiden, wenden Sie sich an Ihre Hausärztin, einen Psychiater oder eine Psychotherapeutin in Ihrer Nähe. Wie Sie dabei am besten vorgehen, lesen Sie im Anhang: »Wenn ein Buch nicht reicht«.

Das Risiko, einmal im Leben an einer psychischen Störung zu erkranken, beziffern viele Epidemiologinnen auf etwa 50 Prozent. Neuere Untersuchungen aus Neuseeland, der Schweiz und den USA, bei denen Forschende Personen eines Jahrgangs über Jahrzehnte begleiteten, deuten sogar darauf hin, dass zirka 80 Prozent der Menschen im Laufe ihres Lebens zumindest kurzzeitig als psychisch krank gelten könnten. Nur geht längst nicht jeder damit zur Ärztin oder zum Psychologen, und so wie körperliche Probleme bessern sich auch seelische manchmal von alleine.

Die Ausnahme sind also vielmehr jene, die kein einziges Mal krank werden. Nur etwa jeder Fünfte ist dauerhaft psychisch gesund, wie neuere Langzeitstudien belegen. Demnach ist es wahrscheinlicher, eine psychische Erkrankung zu entwickeln als eine Herzkrankheit oder Krebs. So müsste eigentlich ebenso wie unser Körper auch unsere Seele regelmäßig zum Check-up.

Psychische Erkrankungen verursachen hohe Kosten – in der Europäischen Union zuletzt insgesamt 600 Milliarden, im Schnitt mehr als vier Prozent des Bruttoinlandsprodukts der Nationen. Gerade bei Jugendlichen und jungen Erwachsenen gehören psychische Erkrankungen zudem weltweit zu den häufigsten Gründen für »verlorene Jahre«: weil Betroffene durch ihre Beschwerden Lebenszeit verlieren, die sie frei und unbekümmert nutzen könnten, oder sogar früher sterben. Junge Menschen mit seelischen Erkrankungen begehen nicht nur häufiger Suizid, sie verlieren ihr Leben auch durch riskantes Verhalten, das mit ihrer Erkrankung in Verbindung steht, etwa indem sie betrunken Auto fahren. In vielen Regionen der Erde steht seelisch erkrankten Menschen keine wirksame Behandlung zur Verfügung, manchmal werden sie sogar misshandelt und weggesperrt.

Kulturpessimisten halten das moderne Leben für die Wurzel seelischer Probleme und seit Jahren liest man immer wieder: Psychische Krankheiten nehmen zu. Gefühlt werden die Anforderungen der Arbeitswelt stetig höher, menschliche Beziehungen brüchiger, der Alltag stressiger. Aber sind seelische Erkrankungen deshalb – zumindest in diesem Ausmaß – neu?

Richtig ist, dass heute mehr Menschen eine entsprechende Diagnose erhalten. Das geht zum Beispiel aus den Abrechnungsdaten der Krankenkassen hervor. Aber: Untersuchungen, bei denen Forschende einen repräsentativen Anteil der Bevölkerung regelmäßig und systematisch auf seelische Symptome abklopfen, verzeichnen keinen solchen Anstieg. In Deutschland und vielen anderen Ländern bleiben die Erkrankungsraten seit Jahrzehnten recht konstant. Denn auch wenn die Gegenwart ihre ganz eigenen Probleme mit sich bringt: Im Vergleich zu früheren Epochen hat sich – jedenfalls für einen Teil der Menschen – vieles zum Besseren gewendet. Der Lebensstandard ist gestiegen, die medizinische Versorgung ist so gut wie nie in der Geschichte, und wir können unser Leben freier gestalten als noch unsere Urgroßeltern. All das sind Faktoren, die auch die seelische Widerstandskraft stärken. Wie erklärt sich also die Zunahme entsprechender Diagnosen?

Viele Menschen, die in groß angelegten Studien als krank eingestuft werden, sind nicht in Behandlung und tauchen so in keiner Krankenkassenstatistik auf. In früheren Zeiten war die Zahl derer, die krank, aber nicht in Behandlung waren, noch größer als heute. Es scheint also, als seien damals schlicht mehr Betroffene unter dem Radar geflogen. Dass die Zahl der Menschen mit seelischen Erkrankungen in den letzten Jahrzehnten auf den ersten Blick gestiegen ist, ist deshalb sogar ein gutes Zeichen. Es zeigt ein gesteigertes Bewusstsein für seelische Gesundheit und die Bereitschaft, sich mit seinen Beschwerden einer Psychiaterin, einer Psychotherapeutin oder dem Hausarzt anzuvertrauen. Depressionen,

Angststörungen, Zwangsstörungen und Psychosen gab es jedoch schon immer.

Trotzdem hat die Welt, in der wir leben, natürlich einen Einfluss auf die kollektive seelische Gesundheit. Durch die Covid-19-Pandemie haben Ängste und Depressionen massiv zugenommen. Das neue Virus bedroht schließlich nicht nur unseren Körper, sondern ruft so manche handfeste seelische Krise hervor. Für viele bedeutete zum Beispiel der Lockdown eine immense Belastung. Eltern mussten Job und Kinderbetreuung unter einen Hut bekommen, Krankenhauspersonal arbeitete permanent am Limit, hinzu kamen bei vielen Menschen Geldsorgen, Angst um die eigene Gesundheit sowie die von Familie und Freunden, ein extrem eintöniger Alltag, Einsamkeit oder Lagerkoller. Nicht nur die Anlässe zum Grübeln nahmen durch die Pandemie zu, auch brach vieles weg, was das Leben lebenswert macht und psychische Erschütterungen normalerweise abfedert.

So hängt unsere innere Balance immer auch von äußeren Umständen ab. In Ländern, in denen Hunger oder Krieg herrscht, sind psychische Erkrankungen deshalb deutlich häufiger. Fest steht: Das Fundament für eine gesunde Seele bilden menschenwürdige Lebensbedingungen, Sicherheit und Frieden. Die Stützpfeiler bestehen aus einem Alltag, der zu uns passt, inklusive einer Aufgabe, die uns erfüllt, sowie aus funktionierenden sozialen Beziehungen und einem guten Umgang mit den eigenen Gefühlen. Das schützende Dach besteht aus Möglichkeiten zu wachsen, dazuzulernen und sich weiterzuentwickeln. Dann hält die Seele auch Krisen stand – oder findet von selbst wieder festen Halt, wenn sie mal ins Straucheln gekommen ist.

Mit zunehmendem Wissen haben wir heute bessere Chancen denn je, unsere Seele zu schützen. Diese Chance gilt es aber auch zu ergreifen – einzeln und als Gesellschaft. Dafür müssen wir genau hinschauen, wie es uns und anderen geht, das Stigma beseitigen und den Zugang zu wirksamen Behandlungen weltweit verbessern.

# 6

## WAS STRESST DIE SEELE?

Viel zu tun, keine Zeit. An Tagen, an denen ein Termin den anderen jagt, klagen viele über Stress. Stress bedeutet aber mehr als Hektik und überbordende To-do-Listen. Jede Form seelischer Belastung zählt dazu. Hält die Belastung nur kurz an, kann Stress sogar beflügeln. Er macht uns wach und konzentriert.

Das funktioniert so: Die Nebennierenrinde schüttet angeregt durch die Hirnanhangdrüse das Hormon Cortisol aus. Cortisol dient unter anderem der Energiebereitstellung und sorgt dafür, dass wir in der Lage sind zu kämpfen oder zu flüchten, sobald es darauf ankommt. Das waren für unsere Vorfahren die besten Optionen im Angesicht der Gefahr. War die Bedrohung gebannt, kehrte wieder Ruhe im Organismus ein. Da sie uns beim Überleben half, hat sich diese Stressreaktion über Jahrtausende gehalten.

Wird die Belastung jedoch zur Normalität und haben wir keine Chance, uns zwischendurch richtig zu erholen, wird Stress zum Problem. Im Gegensatz zu dem beflügelnden Stress, dem »Eustress«, nennen diesen schädlichen Stress Fachleute »Distress«. Unser Nervenkostüm wiederholt oder sogar dauerhaft zu strapazieren, hat seinen Preis: Mit der Zeit kommt es zu Abnutzungseffekten, gesundheitliche Probleme wie Bluthochdruck, Arteriosklerose, Entzündungen und Konzentrationsstörungen sind die Folge. Nahezu die Hälfte aller bekannten Krankheiten – seelische und körperliche gleichermaßen – steht in Verbindung mit Stress.

Anders als unsere Vorfahren können wir die modernen Bedrohungen nicht einfach niederschlagen oder ihnen durch einen kurzen Sprint entkommen. Doch was genau stresst uns? An oberster

Stelle im Ranking stehen Anforderungen in Beruf oder Ausbildung. Das zeigte eine repräsentative Umfrage der Techniker Krankenkasse aus dem Jahr 2021. Hohe Ansprüche an sich selbst rangieren auf Platz zwei der Stressquellen. Vor allem Frauen berichteten, oft sehr streng mit sich zu sein. Platz drei und vier belegen Krankheitsfälle und Konflikte in Familie und Freundeskreis, fast gleichauf mit der ständigen Erreichbarkeit durch das Smartphone. Es folgen Freizeitstress und Verkehrschaos, Hausarbeit, Kindererziehung und Geldsorgen. Frauen sind insgesamt gestresster als Männer, aber die holen auf. Das zeigt ein Datenvergleich zwischen 2013 und 2021.

Der Stress-Report der Techniker Krankenkasse wartet mit interessanten Ergebnissen auf. Demnach stehen Städter und Landbewohner gleich stark unter Strom. 18-Jährige sind im Schnitt schon genauso gestresst wie Endfünfziger. Erst ab 60, wenn die Ersten in Rente gehen, wird das Leben offenbar entspannter. Und: Alleinerziehende und Menschen, die sich um kranke Angehörige kümmern, müssen besonders gut auf sich aufpassen.

Manche Berufe gehen stärker an die Substanz als andere. Die AOK verzeichnete 2018 die meisten Krankentage aufgrund seelischer Probleme bei Callcenter-Angestellten, Pflegekräften, Lehrkräften und Busfahrerinnen und -fahrern. Die Liste ist hier sicher nicht zu Ende. Menschen, die im Job unter enormem Zeitdruck stehen, kaum Lob bekommen, nicht angemessen bezahlt werden und wenig Kontrolle über ihren Berufsalltag haben, laufen eher Gefahr auszubrennen.

Jeder, der schon einmal längere Zeit eine Baustelle vor der Tür hatte, weiß, dass auch äußere Einflüsse wie Hitze, Enge oder Lärm Stress bedeuten, ebenso Hunger, Schmerzen oder eine Behinderung. Besonders sensibel reagiert das Stresssystem auf Verluste: Kündigungen, Trennungen und Todesfälle gehören zu den belastendsten Ereignissen im Leben. Als soziale Wesen macht es uns außerdem enorm zu schaffen, wenn wir mit unseren Mitmenschen aneinandergeraten, mit ihnen konkurrieren, gemobbt oder geschnitten werden. Isolation und Einsamkeit sind eine maßgebliche Ursache für Stress.

Doch was den einen stresst, lässt den anderen schlichtweg kalt. Bei manchen Menschen ist die Stressalarmanlage von Natur aus scharf gestellt und geht schnell los. Inzwischen weiß man allerdings auch: Stress ist zum Teil eine Frage der Sichtweise. Alle Stressquellen können durch die Art, wie wir denken, verstärkt oder vermindert werden. Typische Stressverstärker sind Perfektionismus, der Anspruch, alles alleine hinbekommen zu müssen oder es allen recht machen zu wollen, Ungeduld sowie unrealistische Erwartungen an andere. Auch die Neigung, sich als Opfer zu sehen und eine starre Nur-so-und-nicht-anders-Mentalität sind wenig förderlich. Schaut man sich hingegen an, was Menschen, die belastende Situationen mit Leichtigkeit meistern, von jenen unterscheidet, die schnell in Stress verfallen, ist es sehr häufig ihr positives »Stressmindset«. Ob eine Situation bei Ihnen Stress auslöst, hängt also entscheidend davon ab, wie Sie das Geschehen bewerten.

## Drei Fragen an den Stress

Dass manche Menschen sich kaum aus der Ruhe bringen lassen, liegt, wie oben beschrieben, auch an ihrer Sichtweise. Sie deuten fordernde Situationen anders und meistern sie dadurch leichter. Lernen Sie von den Stressprofis und stellen Sie sich folgende Fragen, wenn es mal wieder brennt:

### Wie hilft mir Stress?

Wenn wir das Potenzial im Stress erkennen, wird er vom Gegner zum Verbündeten. Was haben Sie in Ihrem Leben nicht schon alles unter Druck gemeistert? Die Abschlussprüfung, das Dreigängemenü für 20 Leute, den Umzug in eine neue Stadt: Hier hat die Stressreaktion ungeahnte Kräfte mobilisiert und Ihnen zum Erfolg verholfen.

### Was sind meine Optionen?

In turbulenten Zeiten verengt sich unser Sichtfeld. Wir sehen dann oft nur noch einen Ausweg: machen, machen, machen. Aber ist das wirklich die einzige Option? »Ja!«, wollen Sie jetzt vielleicht entrüstet antworten. Denn wenn wir überlastet sind, fällt es uns besonders schwer, unsere automatischen Denk- und Handlungsmuster zu hinterfragen. Dabei ist es gerade dann nötig. Setzen Sie Prioritäten, delegieren Sie Aufgaben oder streichen Sie sie beherzt. Bei der Entscheidung, was wirklich wichtig ist und worauf man verzichten kann, hilft der Blick von außen. Holen Sie sich dafür zum Beispiel Rat bei einem guten Freund.

### Was darf zur Not danebengehen?

Fakt ist, dass wir nie alles erledigen können, was wir uns vornehmen. Das einzusehen, kann enorm entlasten. Schauen Sie einmal genau hin: Machen Sie sich in manchen Dingen vielleicht selbst zusätzlichen Druck? Kann die Wohnung auch mal staubig sein, wenn Besuch kommt? Und reichen für den Kuchenverkauf in der Schule gekaufte Muffins? In Fällen von größerer Tragweite lohnt sich folgende Frage: Wird diese Sache in zwei Jahren noch relevant sein? Geht etwa die Welt unter, wenn die Präsentation vor dem Vorstand nur okay statt brillant ist? Wäre es womöglich sogar eine lehrreiche Erfahrung, mal bei einer Prüfung durchzufallen?

Auch wenn wir es bis zu einem gewissen Grad selbst in der Hand haben, wie wir mit Herausforderungen umgehen, sind die Lebensumstände, die die Seele belasten, manchmal einfach zu prekär. Wer arm ist oder in einem Kriegsgebiet lebt, seit Jahren keine Arbeit findet oder von seinen Mitmenschen diskriminiert wird, dem geht es einfach schlecht. Zustelldienste, bei denen für einen Hungerlohn geschuftet werden muss, Krankenhausstationen, die chronisch unterbesetzt sind: Einige Formen der Überlastung haben System und lassen sich durch eigene Bemühungen kaum abfedern. Hier können Strategien zur Stressreduktion zwar helfen, aber solange sich an den gegebenen Verhältnissen nichts ändert, kommt die Seele nur schwer zur Ruhe.

Eine besonders extreme Form von Stress ist der traumatische Stress. Er tritt auf, wenn wir etwas Schlimmes erleben, wenn Leib und Leben in Gefahr sind. Typische Ereignisse, die als traumatisch gelten, sind etwa Vergewaltigungen, Misshandlungen, Umweltkatastrophen, Terroranschläge, Kriegserlebnisse, Folter oder eine lebensbedrohliche Krankheit. Vor allem bei Kindern oder Jugendlichen hinterlässt derartiger Stress dramatische Spuren, weil der Organismus in diesem Alter besonders empfindlich und verletzbar ist. Kinder, die extremem Stress ausgesetzt sind, sind nicht nur in ihrer geistigen und sozialen Entwicklung gefährdet und anfällig für seelische Erkrankungen. Sie leiden später auch öfter unter Asthma, Diabetes, chronischen Schmerzen und Infektionskrankheiten.

# 7

# WAS SCHÜTZT DIE SEELE?

Gartenschlauch statt warmes Bad, Pritsche statt Kinderbett, Schläge statt Umarmungen: In den rumänischen Kinderheimen der 1970er- und 80er-Jahre herrschten unvorstellbare Zustände. Unter dem kommunistischen Diktator Nicolae Ceaușescu waren große Teile der Bevölkerung verarmt, gleichzeitig stieg die Einwohnerzahl aufgrund des Verhütungs- und Abtreibungsverbots immer weiter. Zehntausende der ungewollten Kinder fristeten ihr Leben in Waisenhäusern, die einer Hölle gleichkamen. Sie hungerten und froren nicht nur, es fehlte vor allem jegliche Zuwendung: Elterliche Wärme, Geborgenheit, ein liebes Wort oder eine tröstende Berührung kannten die meisten nicht.

Derartige emotionale Vernachlässigung hinterlässt seelische Spuren. Rumänische Mädchen und Jungen, die später im Ausland adoptiert wurden, konnten oftmals kaum Bindungen zu anderen aufbauen und litten ihr Leben lang unter Ängsten, Depressionen und anderen psychischen Problemen – so weit, so logisch. Eines aber war erstaunlich: Als der britische Entwicklungspsychologe Michael Rutter die Kinder im Rahmen seiner Studien in ihrer neuen Familie besuchte, stellte er fest, dass ein Teil von ihnen offenbar keinerlei seelische Schäden davongetragen hatte. Jedes fünfte ehemalige Heimkind zeigte kaum Auffälligkeiten. Dieses Wunder nennen Psychologen »Resilienz«.

Der Begriff Resilienz stammt eigentlich aus der Materialkunde. Er beschreibt Stoffe, die extremer Spannung standhalten und anschließend wieder in ihre ursprüngliche Form zurückspringen. Wie diese Stoffe sind auch manche Seelen verblüffend elastisch.

Dabei sind resiliente Menschen nicht völlig frei von Ängsten oder Schwermut, wenn ihnen etwas Schlimmes widerfährt. Sie erholen sich aber mit der Zeit und kommen auch nach schweren Schicksalsschlägen wieder auf die Beine. Doch warum gedeihen manche unter widrigsten Umständen, während andere daran zerbrechen? Psychologen, Psychiaterinnen, Entwicklungsbiologen, Hirn- und Verhaltensforscherinnen, die das herausfinden wollen, sind in den letzten Jahren dem Geheimnis der Resilienz mehr und mehr auf die Spur gekommen. Inzwischen ist klar: Wie widerstandsfähig unsere Seele ist, ist zu einem Großteil Veranlagung. Die gute Nachricht: Die Schutzschilde lassen sich nachrüsten. Wie, erfahren Sie in den nächsten Kapiteln.

Einer der Ersten, der wissen wollte, worin diese Schutzschilde bestehen, war der israelisch-amerikanische Soziologe Aaron Antonovsky (1923–1994). Während die meisten Fachleute seiner Zeit ergründen wollten, was uns krank macht, interessierte sich Antonovsky dafür, wie Gesundheit entsteht. Angelehnt an die »Pathogenese« prägte er dafür den Begriff der »Salutogenese«. Die Forschung der letzten Jahre zeigt, dass Antonovsky mit einigen seiner Ideen goldrichtig lag. So fand er heraus, dass vielen Holocaust-Überlebenden, denen es gelungen war, die Schrecken der Konzentrationslager seelisch zu überstehen, eines gemeinsam war: eine bestimmte Einstellung zum Leben. Antonovsky nannte sie »Kohärenzsinn«. Dieser stellt sich in der modernen Resilienzforschung immer stärker als zentraler Faktor psychischer Widerstandskraft heraus. Vor allem aus ihm speist sich die Kraft, Schreckliches zu überstehen und trotz aller Widrigkeiten weiterzumachen – weil es sich lohnt, weil die kleinen und großen Kämpfe des Lebens der Mühe wert sind.

Wer einen ausgeprägten Kohärenzsinn besitzt, hält die Wendungen des Schicksals für verstehbar, handhabbar und sinnhaft. Er oder sie sieht in den Irrungen und Wirrungen des Lebens kein düsteres Chaos, sondern kann sich in der Welt zurechtfinden. Dunklen Kapiteln und bitteren Plot Twists stehen Menschen mit einem ausgeprägten Kohärenzsinn nicht verloren gegenüber. Sie sind von Grund auf der Überzeugung, Herausforderungen meistern und das Blatt wieder wenden zu können. Dabei zählt gar nicht so sehr, wie wahrscheinlich dies de facto ist. Allein der Glaube daran lässt die Hoffnung zuweilen Wirklichkeit werden. So ist, wer *glaubt*, etwas schaffen zu können, erwiesenermaßen erfolgreicher als jemand, der die gleichen Fähigkeiten mitbringt, aber voller Pessimismus und Selbstzweifel in die Zukunft blickt.

Ob und wie der Kohärenzsinn die Seele schützt, wurde in den letzten Jahren vor allem bei traumatischen Ereignissen untersucht. Dass manche Menschen nach einem schweren Unfall oder einer Vergewaltigung keine anhaltenden psychischen Probleme entwickeln, dass viele Rettungskräfte und Katastrophenhelferinnen ihren Job machen können, ohne daran zu zerbrechen, liegt in vielen Fällen entscheidend an ihrer Einstellung. Wie Forscherinnen der Universität des Saarlandes in einer Langzeitstudie zeigen konnten, leiden bei seelischen Dauerbelastungen wie der Corona-Pandemie in der Regel jene weniger, die einen starken Kohärenzsinn mitbringen.

Der Kohärenzsinn ist nicht ein Leben lang gleich stark ausgeprägt. Insgesamt scheint es sich aber um eine mehr oder weniger stabile Eigenschaft der Persönlichkeit zu handeln. Zum Teil ist uns diese innere Haltung in die Wiege gelegt – oder eben nicht. Aber sie wird auch durch unsere Lebenserfahrungen beeinflusst. Bis ins Erwachsenenalter formen die Umstände unseren Blick auf die Welt.

Neben den verschiedenen Facetten des Kohärenzsinns entfalten noch andere Eigenschaften eine Schutzwirkung. Das zeigen inzwischen Forschungsarbeiten, die eine große Anzahl von Studien zum Thema statistisch auswerten und deshalb besonders belastbar sind. Dazu gehört neben Optimismus und der Fähigkeit, Probleme aktiv anzugehen, der Glaube an eine höhere Macht. Nicht nur Menschen, die religiös sind, auch solche, die sich als spirituell bezeichnen, bewältigen Krisen häufig besser. Ihr Vertrauen in eine mystische Ordnung der Dinge spendet Trost und stärkt ihnen den Rücken. Der Sinn für das Übersinnliche half wahrscheinlich schon unseren Vorfahren, Unbekanntem und Unverständlichem den Schrecken zu nehmen. So könnte der Glaube an Gott wiederum ein Gefühl von Kohärenz fördern.

Förderlich ist auch die Überzeugung, selbst seines Glückes Schmied zu sein. Menschen unterscheiden sich nämlich stark darin, wie sie sich die Dinge, die ihnen passieren, erklären. Der eine sieht die Gründe im Außen – und macht für seine Beförderung Glück, das Wohlwollen der Chefin oder den Zufall verantwortlich. Die andere erklärt sich das gleiche Ereignis ganz anders: nämlich allein mit dem eigenen Talent und Fleiß, die sich nun endlich auszahlen. Unabhängig davon, was stimmt, ist letztere Einstellung offenbar wohltuender für die Seele. Wer glaubt, Kontrolle über sein Leben zu haben, wird für gewöhnlich seltener psychisch krank.

Weitere sehr wirkungsvolle Waffen im Arsenal der Seele sind Humor (wer über die Absurditäten des Lebens schmunzeln kann, erträgt sie erwiesenermaßen besser) sowie ein stabiles soziales Netz. Gute Freunde und eine Familie, die zusammenhält, fangen uns auf, wenn wir ins Schleudern geraten. Resiliente Menschen haben gelernt, anderen zu vertrauen, und bitten um Hilfe, wenn sie sie brauchen.

Perlt an manchen Seelen also einfach alles ab, während andere bei der kleinsten Erschütterung Risse bekommen? Ganz so simpel ist es nicht. Bezogen auf große Gruppen zeigen zwar alle schützenden Eigenschaften wie Kohärenzsinn & Co. deutliche Effekte. Wie gut der Einzelne eine psychische Belastung wegstecken wird, lässt sich jedoch kaum vorhersagen. Das liegt höchstwahrscheinlich daran, dass es für viele Herausforderungen des Lebens eben keine *one size fits all*-Lösung gibt. Die Seele kann sich nicht den einen Panzer zulegen, von dem alles abprallt. Vielmehr ist es Kennzeichen einer elastischen Seele, dass sie sich anpasst. Die Resilientesten unter uns haben nicht nur *eine* Strategie, mit Problemen umzugehen, sondern eine ganze Palette zur Verfügung und entscheiden flexibel von Situation zu Situation, welche sie anwenden.

Ein Beispiel: In einem Fall ist die zielführendste Strategie möglicherweise die, sich stundenlang mit dem besten Freund auszutauschen und einen ausgefeilten Schlachtplan zu erstellen, im nächsten ist es vielleicht ratsamer, sich nicht gedanklich in die Sache zu verbeißen, sondern sich stattdessen mit einem Kinobesuch abzulenken. Anderes Beispiel: Hat man es bei der Arbeit gerade mit einem sehr fordernden Projekt zu tun, das in einem Monat abgeschlossen sein muss, führt an mehr Einsatz, Engagement und der einen oder anderen Überstunde wahrscheinlich kein Weg vorbei. Mit dieser Strategie gelingt es, die Herausforderung erfolgreich zu bewältigen und sich selbst zu beweisen, was man alles schaffen kann. Im Idealfall winkt am Ende sogar eine Prämie. Wer seinem Hang zum Perfektionismus aber auch dann starr treu bleibt, wenn das Projekt zeitlich nicht begrenzt ist und gleichzeitig auch noch das Kind erkrankt, manövriert sich womöglich in ein Burnout. An dieser Stelle wäre ein Strategiewechsel angesagt: etwa ein offenes Gespräch mit der Chefin suchen und Grenzen setzen.

Wer flexibel bleibt, jede Situation immer wieder neu bewertet und seine Reaktion darauf abstimmt, kommt also besser durchs Leben – wer biegsam ist, zerbricht nicht. So können jene ihre Seele am besten schützen, die über ein breites Verhaltensrepertoire verfügen und sich nicht auf eine Taktik versteifen. Im nächsten Teil des Buchs erfahren Sie, welche zahlreichen Möglichkeiten Sie haben, Krisen zu begegnen, wie Sie Ihre Seele langfristig stärken und ihre Signale richtig deuten.

TEIL 2

# GEBRAUCHSANWEISUNG FÜR DIE SEELE

# 8

# WIE BLEIBE ICH IM MOMENT?

Jetzt mal ehrlich: Wie oft am Tag sind Sie wirklich im Moment? Grübeln nicht über die Vergangenheit, denken nicht an die Zukunft? Wahrscheinlich eher selten. Die Fähigkeit zu mentalen Zeitreisen ist eine Superkraft des Homo sapiens und hat entscheidend zum Erfolg unserer Art beigetragen. Doch häufig rauben uns die Expeditionen ins Damals und Dann das Jetzt. Wir ärgern uns über den Kommentar des Kollegen beim letzten Meeting, statt den Morgenkaffee mit allen Sinnen zu genießen, oder gehen im Kopf schon einmal die Packliste für den Urlaub durch, statt uns auf dem Spielplatz voll und ganz auf die Kinder einzulassen. Die Gedanken springen von Thema zu Thema wie Äffchen von Ast zu Ast. Oft entfachen sie dabei Gefühle, die uns noch weiter weg vom Hier und Jetzt katapultieren: Angst vor der bevorstehenden Prüfung, Trauer um eine längst verflossene Liebe. Die Gegenwart läuft nebenher. Doch sie lässt sich zurückerobern.

Die schärfste Waffe, die wir dafür haben, ist die Achtsamkeit. Was genau verbirgt sich hinter dem Modewort? Je nach Definition meint es einen Bewusstseinszustand, eine spezielle Art der Meditation oder sogar eine Lebenshaltung. Ihren Ursprung hat die Achtsamkeit im Buddhismus. Der buddhistische Begriff dafür, »Sati«, bedeutet wörtlich übersetzt »der Gegenwart gedenken«. Sati wurde schon vor 2500 Jahren von Mönchen praktiziert und sollte ihnen auf dem Weg zur Erleuchtung helfen, einen reinen und klaren Geist zu bewahren – unbefleckt von unerwünschten Gedanken, Gefühlen und Gelüsten.

Für die Verbreitung weltlicher Versionen der Achtsamkeit

sorgte Jon Kabat-Zinn. Der heute emeritierte Professor der University of Massachusetts Medical School glaubt, dass die Achtsamkeit auch ohne ihren religiösen Überbau Leid lindern kann. Achtsam sein heißt für ihn schlicht, die Aufmerksamkeit bewusst auf den gegenwärtigen Moment zu fokussieren – die Kleidung auf der Haut, den Geruch der Luft, das Ziehen im Nacken oder die Stimmung in genau diesem Augenblick wahrzunehmen –, aber nichts zu bewerten. Klingt leichter, als es ist. Nicht nur ist die Standardeinstellung der Seele das Umherwandern, wir sind es auch gewohnt, Eindrücke und Empfindungen sofort zu beurteilen. Der Pulli nervt, hier riecht es komisch, diese verdammte Traurigkeit geht einfach nicht weg, und Nackenschmerzen kann ich gerade gar nicht gebrauchen! Oft steigern wir uns so ungewollt in ein Unwohlsein hinein und machen alles nur noch schlimmer.

Wer hingegen Gedanken, Gefühle, Empfindungen oder sogar Schmerzen neutral wahrzunehmen versteht, verfängt sich nicht so leicht darin. Er kann sie spüren, erleben, achten – aber bald darauf ziehen lassen, statt sich daran aufzureiben. Achtsamkeit verankert uns nicht nur im Moment, sondern schafft mit der Zeit auch eine gesunde Distanz zu unserem inneren Erleben. Ein Gedanke ist bloß ein Gedanke, Sorgen sind keine Fakten und auch das stärkste Gefühl geht irgendwann vorbei. Achtsamen Menschen gelingt Erstaunliches: Sie lernen, eine Welle der Angst zu reiten, statt in ihr zu ertrinken. Sie ignorieren ihre Emotionen nicht, tauchen aber nicht automatisch vollends in sie ein.

Doch das erfordert Übung. Jon Kabat-Zinn entwickelte in den 1970er-Jahren ein Programm zur Schulung dieser Fertigkeit. Die »Mindfulness Based Stress Reductio«, kurz MBSR, wird heute noch angewendet und in vielen Städten angeboten. Im Laufe des achtwöchigen Trainings trifft man sich in der Gruppe, praktiziert angeleitete Achtsamkeitsübungen wie Yoga, Meditationen oder Gedankenreisen durch den Körper, tauscht sich über die Erfahrungen aus und überlegt gemeinsam, wie man Achtsamkeit fortan auch in den Alltag integrieren könnte. Kabat-Zinn entwickelte das

MBSR-Programm ursprünglich für Menschen, die unter chronischen körperlichen Erkrankungen leiden. Durch seine entspannende und entlastende Wirkung hilft es zum Beispiel nachweislich bei Schmerzen oder Bluthochdruck.

Aber auch die Seele blüht bei achtsamkeitsbasierter Stressreduktion auf. Denn die Übungen helfen dabei, konzentriert bei einer Aufgabe zu bleiben, nicht so leicht abzuschweifen und die eigenen Ziele zu erreichen. Das wiederum stärkt das Selbstbewusstsein und hebt die Stimmung. Ein speziell entwickeltes Programm mit Elementen aus der kognitiven Verhaltenstherapie namens MBCT, »Mindfulness Based Cognitive Therapy«, kann das Rückfallrisiko bei Menschen, die schon einmal an einer Depression erkrankt sind, deutlich senken. Es hilft unter anderem auch bei Angst- und Schlafstörungen, Zwangsstörungen und Essstörungen.

### Übung — Den Körper spüren

Legen Sie sich bequem hin und versuchen Sie, zur Ruhe zu kommen. Richten Sie Ihre Aufmerksamkeit nun ganz auf die Empfindungen in Ihrem Körper. Beginnen Sie bei Ihrem linken Fuß: An welchen Stellen berührt er die Unterlage? Nehmen Sie die Ferse, die Fußsohle, die Oberseite Ihres Fußes und jeden Zeh einzeln wahr. Wandern Sie dann gedanklich weiter zum Unterschenkel, zum Knie und zum Oberschenkel. Fühlen Sie einmal genau hin: An welchen Stellen berührt die Rückseite Ihrer Beine die Unterlage? Spüren Sie nun in Ihren rechten Fuß hinein: An welchen Stellen hat er Kontakt zum Untergrund? Nehmen Sie auch hier die Ferse, die Fußsohle, die Oberseite Ihres Fußes und jeden einzelnen Zeh wahr. Wandern Sie gedanklich weiter zum Unterschenkel, zum Knie und zum Oberschenkel. Von dort aus geht es weiter Richtung Po und Rücken. An welchen Stellen spüren Sie hier den Boden unter sich? Konzentrieren Sie sich als Nächstes auf die Auflagepunkte am oberen Rücken. Spüren Sie, wie Ihre Schultern sich anfühlen. Richten Sie Ihre Aufmerksamkeit auf Ihre linke Schulter und wandern Sie von dort aus über den linken Arm langsam in Richtung Ihrer linken Hand. Lenken Sie Ihre Aufmerksamkeit nacheinander auf jeden einzelnen Finger. Spüren Sie nun in Ihre rechte Schulter hinein, wandern Sie von dort aus über den rechten Arm in Richtung Ihrer rechten Hand. Lenken Sie Ihre Aufmerksamkeit nacheinander in jeden einzelnen Finger. Richten Sie nun den Fokus auf Empfindungen in Ihrem Nacken. Weiter geht es Richtung Kopf. Spüren Sie, wie der Untergrund ihn trägt? Wie fühlt sich das an? Sobald Sie merken, wie Ihre Gedanken dabei abschweifen oder Sie beginnen, Ihre Empfindungen zu bewerten, kehren Sie ganz bewusst wieder zur jeweiligen Körperregion zurück.

*Hinweis:* Obwohl viele Menschen sich gut auf Achtsamkeitsübungen einlassen können, findet nicht jeder Gefallen daran. Studien an Schülern zeigen beispielsweise, dass Kinder und Jugendliche sich dabei häufig langweilen. Wer keine Lust auf Meditation & Co. hat, sollte einfach mal klein anfangen. Oft tut es schon gut, ein paar achtsame Momente in den Tag einzubauen: morgens beim Zähneputzen bewusst den Geschmack der Zahnpasta wahrzunehmen, statt gedanklich schon am Schreibtisch zu sitzen; auf dem Weg zur Arbeit hinzuhorchen, wie die Umgebung klingt, und auf dem Heimweg die Pflanzen in den Vorgärten genau zu betrachten, statt sich darüber zu ärgern, was heute alles schiefgegangen ist. Denn wer sich immer wieder im Alltag in einen achtsamen Zustand bringt, trainiert diese Fähigkeit von Mal zu Mal.

# 9

# MACHT ACHTSAMKEIT EGOISTISCH?

Achtsamkeit kann vielfältige positive Auswirkungen auf Körper und Seele haben, wie im vorherigen Kapitel erklärt. Aber macht sie uns auch zu besseren Menschen? Manche sind davon überzeugt. So meint der Dalai Lama: »Wenn jeder Achtjährige der Welt in Meditation unterrichtet wird, wird die Welt innerhalb einer Generation ohne Gewalt sein.« Andere hingegen befürchten, dass Achtsamkeit, aus ihrem ursprünglichen buddhistischen Kontext herausgelöst, Menschen selbstbezogener macht. Denn Achtsamkeit schafft Abstand zu dunklen Gedanken und Gefühlen. Wem es gelinge, die sofort hinter sich zu lassen, der schwäche auch jene Gedanken und Gefühle, die uns zu sozialen Wesen machen, meinen Kritiker.

Eine Patientin teilte diese Sorge. Sie war wegen einer Zwangsstörung in Behandlung und praktizierte neben der Psychotherapie intensiv Achtsamkeitsmeditation. Diese half ihr, ihre Zwangsgedanken mit der Zeit nur noch wahrzunehmen, statt sie zu bewerten, und dann einfach loszulassen. So registrierte sie die bedrohlichen Aufforderungen in ihrem Kopf zwar noch, sie verloren aber ihre Macht über sie. Die Patientin befürchtete nun, ihre neu erlangte Fähigkeit könnte sie zu einem rücksichtsloseren Menschen machen: Sie habe so gut gelernt, unliebsame Gedanken und Gefühle vorüberziehen zu lassen, dass sie nun im Zweifelsfall vielleicht auch mahnende Emotionen wie Schuld oder Scham nicht mehr so nah an sich heranlassen würde. Sie fürchtete also um ihr Gewissen. Tatsächlich warnen auch buddhistische Mönche wie Ajahn Brahm, Achtsamkeit allein sei nicht genug. Es brauche zusätzlich eine gütige, liebevolle und mitfühlende Haltung sich selbst und anderen gegenüber – »Kindfulness«.

Was sagt die Wissenschaft dazu? Macht Achtsamkeit altruistischer oder egoistischer? Forschende der University at Buffalo gingen der Frage 2021 mit einem Experiment auf den Grund. Sie ließen 366 Studierende zunächst einige Fragebögen zu ihrer Persönlichkeit und ihrem Sozialverhalten ausfüllen. Als Nächstes führte ein Teil der Probanden eine Achtsamkeitsmeditation durch: Sie sollten sich bewusst und ohne zu werten auf ihren Atem konzentrieren. Eine Kontrollgruppe wurde derweil zu einer Pseudomeditation angeleitet, die nur aus innerer Versenkung bestand. Anschließend bekamen alle unter einem Vorwand einen Zeitungsartikel über eine Wohltätigkeitsorganisation vorgelegt, die sich für obdachlose Menschen auf dem Land einsetzt. Einige Studierende, so gaben die Versuchsleiter vor, hätten Interesse geäußert, sich für das Thema zu engagieren. Deshalb habe man sich entschieden, Spendenaufrufe per Post an Ehemalige der Universität zu verschicken. Wer nach dem Versuch noch ein bisschen Zeit habe, könne gerne helfen, die Briefe vorzubereiten. Hierin bestand in Wahrheit der eigentliche Versuch.

Fast alle Teilnehmer der Studie erklärten sich dazu bereit. Manche füllten nur eine Handvoll Briefumschläge, andere opferten eine Menge Zeit für die gute Sache und machten über 150 Kuverts fertig. Diejenigen, die die Achtsamkeitsübung absolviert hatten, unterschieden sich in ihrer Hilfsbereitschaft von der Kontrollgruppe. Der Clou: Der Effekt war nicht bei jedem gleich. Bei manchen förderte Achtsamkeit die soziale Ader, bei anderen jedoch schwächte sie sie. Den Grund dafür fanden die Forschenden in den zuvor ausgefüllten Fragebögen. Wer sich selbst eher über ein »Wir« definierte, verhielt sich dank der Achtsamkeit noch altruistischer. Wer sich hingegen eher als Einzelkämpfer sah, den machte Achtsamkeit sogar weniger hilfsbereit. Sie lenkt den Fokus womöglich vermehrt auf das eigene Ich und kann so die individualistische Mentalität verstärken, die in der westlichen Welt vorherrscht.

Dem Forscherteam gelang es allerdings in einem zweiten Versuch, Achtsamkeit und Gemeinschaftssinn zugleich zu aktivieren. Dafür bearbeiteten Probanden vor der Achtsamkeitsübung einen Text, der besonders viele Pronomen wie »wir« und »uns« enthielt. Aus früheren Studien weiß man, dass das kurzfristig zu einer kollektivistischen Einstellung führt. Und tatsächlich: In dieser Kombination verstärkte Achtsamkeit die Hilfsbereitschaft und die Probanden verbrachten freiwillig mehr Stunden mit wohltätiger Arbeit.

Achtsamkeit per se macht also weder gewissenloser noch gütiger. Wer dennoch befürchtet, der Fokus auf die Achtsamkeit befördere den Egoismus, dem sei die Metta-Meditation empfohlen. Die Idee des Metta stammt ebenfalls aus dem Buddhismus und steht für eine innere Haltung, die sich mit »liebende Güte« übersetzen lässt: allen fühlenden Wesen mit Wohlwollen und Freundlichkeit begegnen.

## Übung — Metta-Meditation

### Phase 1

Setzen Sie sich bequem hin, schließen Sie die Augen und nehmen Sie ein paar ruhige und tiefe Atemzüge. Lassen Sie nun einen geliebten Menschen vor Ihrem geistigen Auge erscheinen, zum Beispiel Ihre Großmutter, Ihren Sohn, Ihre Ehefrau oder Ihren besten Freund. Sie können sich einen besonders schönen Moment mit dieser Person in Erinnerung rufen oder sich einfach vorstellen, wie sie Sie anlächelt. Konzentrieren Sie sich nun ganz auf die Zuneigung, die Sie für diesen Menschen empfinden. Wo genau spüren Sie das Gefühl? Im Bauch? In der Brust? Fühlt es sich warm an oder kühl? Versuchen Sie, das Gefühl zu intensivieren, indem Sie folgende Sätze still wiederholen:

- Möge es dir immer gut gehen.
- Mögest du gesund und glücklich sein.
- Mögest du sicher und frei von Sorge sein.

Überlegen Sie sich gerne noch weitere Sätze, die in Ihnen Liebe und Wohlwollen hervorrufen. Am Anfang fühlt sich diese Übung vielleicht etwas komisch an. Mit der Zeit weckt sie aber bei vielen ein starkes Gefühl der Zuneigung. Wenn es Ihnen gelingt, geht es weiter mit Phase 2.

### Phase 2

Stellen Sie sich jetzt statt eines nahestehenden Menschen eine neutrale Person vor, etwa eine Nachbarin, den Postboten oder die Unbekannte, die jeden Morgen dieselbe Bahn zur Arbeit nimmt wie Sie. Wünschen Sie auch diesem Menschen alles erdenklich Gute:

- Möge es dir immer gut gehen.
- Mögest du gesund und glücklich sein.
- Mögest du sicher und frei von Sorge sein.

Sehr wahrscheinlich stellt sich bei Ihnen jetzt ein Wohlwollen dieser Person gegenüber ein, die eigentlich nichts mit Ihrem Leben zu tun hat. Diese Form der bedingungslosen Zuneigung meinen Buddhisten mit Metta.

### Phase 3

Jetzt kommt die Königsdisziplin: Imaginieren Sie diesmal jemanden, den Sie nicht mögen – vielleicht einen Expartner, eine intrigante Kollegin oder ein Kind, das Ihnen die Schulzeit schwergemacht hat. Probieren Sie mal, ob es Ihnen gelingt, auch für diesen Menschen, der Ihnen Unrecht getan hat, Wohlwollen aufzubringen und ihm zu wünschen:

- Möge es dir immer gut gehen.
- Mögest du gesund und glücklich sein.
- Mögest du sicher und frei von Sorge sein.

Forscherinnen der Universität Zürich konnten belegen, dass Metta-Meditation tatsächlich hilfsbereiter macht. Der Effekt zeigte sich schon nach wenigen Tagen. Je öfter die Probandinnen und Probanden zu Hause auf diese Weise meditierten, desto selbstloser verhielten sie sich. Ein mehrwöchiges Training in liebender Güte kann nachgewiesenermaßen aber auch das eigene Wohlbefinden steigern. Das ist nicht selbstverständlich, denn wer stärker mitfühlt, der leidet oft auch mehr. Das Mitgefühl, das die Metta-Meditation schult, ist aber offenbar konstruktiv. Probandinnen, die liebende Güte trainiert hatten, empfanden sowohl beim Betrachten von Alltagsszenen als auch bei Bildern von Menschen in Not mehr positive Gefühle als untrainierte. So schafft man es offenbar, sich angesichts von Leid nicht abzuwenden, sondern zu helfen.

# 10

## WELCHE MACHT HAT UNSER ATEM?

Wir holen täglich 20 000 Mal Luft, ohne darüber nachzudenken: Das Ein und Aus unserer Atemzüge begleitet uns vom Moment unserer Geburt bis zum Tod. Nicht zufällig bedeutet das Wort »Atem« auch »Psyche«. Dass zwischen Lunge und Seele eine einzigartige Verbindung besteht, erkannten bereits die alten Ägypter. Grabinschriften legen nahe, dass sie den Atem für ein Tor zur Innenwelt hielten. In einem magischen Ritual wurde Verstorbenen der Mund geöffnet, damit die göttliche Seele über die Luft in sie fahren könne. Auch im fernen Osten verstand man im ersten Jahrtausend v. Chr. den Atem als Manifestation der Lebensenergie – im chinesischen Daoismus »Qi«, im Hinduismus »Prana« genannt. Und bei den alten Griechen bezeichnete das Wort »Pneuma« sowohl den Atem als auch den göttlichen Geist. So konnte man in der Antike in sogenannten Pneumaschulen spezielle Atemtechniken erlernen, um zu persönlicher und geistiger Reife zu gelangen.

Spirituelle Praktiken wie Yoga betrachten den Atem seit jeher als Mittler zwischen Körper und Geist, aber auch die Wissenschaft hat sich diese Sicht inzwischen zu eigen gemacht, denn der Atem ist nachweislich ein empfindlicher Seismograph für unser Befinden. Nervosität, Schmerz und Panik lassen ihn flacher werden, sind wir glücklich und gelöst, atmen wir langsam und tief.

Doch die Brücke zwischen Körper und Geist ist keine Einbahnstraße. Der Atem zeigt nicht nur an, wie es uns geht, er ist auch ein einzigartiger Weg, wie wir unser Befinden bewusst steuern können. Das vegetative Nervensystem reguliert Abläufe, die wir nor malerweise nicht willentlich beeinflussen können, wie Herzschlag und Stoffwechsel, und versetzt den Organismus je nach Situation in Alarmbereitschaft oder Ruhe. Über den Atem können wir gezielt in diesen Vorgang eingreifen und uns in schwierigen Momenten selbst signalisieren: »Stopp – alles ist gut.« Der Körper lockert sich daraufhin und auch seelische Verspannungen können sich lösen. Studien zeigen, dass bestimmte Atemtechniken sogar die Hirnaktivität verändern können. US-amerikanische Wissenschaftler von der Stanford University fanden eine enge neuronale Verbindung zwischen Nervenzellen, die die Atmung kontrollieren, und der Hirnregion, die für Angst und Anspannung zuständig ist. Bewusstes Atmen ist daher die Essenz fast aller Entspannungspraktiken von autogenem Training bis Qigong.

Durch bestimmte Atemtechniken lassen sich also Blutdruck und Puls, aber auch Gefühle wie Angst oder Aufregung beeinflussen. Doch was genau wirkt daran? Der Schlüssel liegt in der Verlangsamung des Atems. Forschende um Thomas Loew vom Universitätsklinikum Regensburg haben den optimalen Rhythmus gefunden: vier Sekunden einatmen, sechs Sekunden ausatmen. Bei diesem Takt beobachtete das Team im EEG den stärksten Gleichklang von Atmung und Hirnaktivität. Zudem zeigte das Ein und Aus bei sechs Atemzügen pro Minute den größten Einfluss auf den Herzschlag. Diese denkbar einfache Übung hilft dem Nervensystem, vom Stress- in den Ruhemodus umzuschalten. Dabei setzen biologische Reparaturmechanismen ein und wir tanken neue Kraft. Damit das klappt, muss man aber lange genug am Ball bleiben – am besten elf Minuten, rät Thomas Loew.

Der Vorteil: Die Methode ist so simpel wie unauffällig. Sie können sie in der U-Bahn, auf dem Spielplatz oder im Büro anwenden, um sich bei einem Anflug von Stress zu erden. Einziges Manko: Atmet man viel langsamer als gewohnt, hat man unter Umständen das Gefühl, nicht genug Luft zu bekommen. In diesem Fall dürfen Sie auch gerne etwas schneller werden – Hauptsache, Sie atmen trotzdem ruhiger als sonst und beenden die Übung nicht zu früh.

Bewusstes Atmen hat aber noch einen anderen Effekt: Wir geraten währenddessen in einen meditativen Zustand. Fast jeder Meditationspraxis dient der Atem als Fixpunkt. Ziel dabei ist, die ewig brodelnde Gedankensuppe zum Erkalten zu bringen. Denn im Alltag erleben wir selten Momente echten Seelenfriedens. Stattdessen springen wir von Idee zu Idee, von Sorge zu Sorge, planen den nächsten Handgriff oder bewerten den letzten. Wenn wir unsere Aufmerksamkeit aber auf den Atem richten und stets zu ihm zurückkehren, sobald wir mental abdriften, sind wir nicht länger Spielball unserer inneren Regungen.

## Übung — Die Wechselatmung

Die Wechselatmung ist eine Technik aus dem Atemyoga »Pranayama«. Eine berühmte Anhängerin ist Hillary Clinton. Sie praktizierte die Wechselatmung, um nach dem langen Wahlkampf und der Niederlage 2016 ihre innere Balance wiederzufinden. Die Atemtechnik hilft nachweislich bei Lampenfieber, akutem Stress und sogar bei starken Ängsten. Menschen mit einer generalisierten Angststörung profitierten in einer italienischen Studie von einer Kombination aus Wechselatmung und leichten Yogaübungen. Nach zehn Trainingseinheiten hatte das ständige Sich-Sorgen signifikant abgenommen und wenn die Patienten zu Hause regelmäßig weiterübten, hielt der Effekt sogar noch sechs Monate an.

**So geht's:**

Setzen Sie sich bequem hin und schließen Sie, wenn Sie möchten, die Augen. Atmen Sie ein paar Mal tief ein und aus. Beim Einatmen sollte sich der Bauch wölben, beim Ausatmen senken. Halten Sie das rechte Nasenloch mit dem Daumen der rechten Hand zu und atmen Sie durch das linke langsam ein. Dann wechseln Sie: Halten Sie mit dem Ringfinger das linke Nasenloch zu und atmen Sie langsam durch das rechte aus und wieder ein. Dann wechseln

Sie erneut: Verschließen Sie das rechte Nasenloch und atmen Sie durch das linke aus und wieder ein. Wiederholen Sie diesen Rhythmus einige Minuten. Wichtig dabei: Kehren Sie immer, wenn Sie gedanklich abdriften, wieder sanft zum Atem zurück.

Dass das selbst im Akutfall funktioniert, wies ein Experiment nach: Ein internationales Forscherteam um den Psychologen Anselm Doll zeigte Versuchspersonen, die in einem Hirnscanner lagen, bedrückende Fotos – etwa von verletzten Kindern oder von Sterbenden. Mal sollten sie die Bilder nur passiv betrachten, ein anderes Mal dabei bewusst auf ihren Atem achten. Suchten sie Halt bei ihrem Atem, wurde das Gefühlszentrum im Gehirn weniger durch die Schreckensbilder aktiviert, und vordere Hirnregionen, die für Vernunft und Besonnenheit zuständig sind, arbeiteten stärker. Tatsächlich bewahrte die Meditation die Versuchspersonen davor, emotional allzu stark mitgerissen zu werden. Eine emotionale Distanz, wie sie die Probanden durch das Atmen erreichten, lässt uns nicht etwa wegsehen, wenn es anderen schlecht geht. Wir können Leidenden sogar besser helfen, wenn wir zwar mitfühlen, aber nicht selbst im Schmerz versinken.

Wer sich regelmäßig über das Luftholen im Hier und Jetzt fixiert, schult nicht nur seine Konzentration. Geübte Atmer können sich auf Dauer von seelischen Automatismen lösen, die sie in einem Käfig aus Grübeleien und Zukunftssorgen gefangen halten – und selbst wieder das Ruder übernehmen. Manchmal verlieren so sogar fest zementierte Ängste, dunkle Gedanken und erdrückende Stimmungstiefs einen Teil ihrer Macht. Wir beobachten sie, ohne darin unterzugehen. Als Anker können wir den Atem nutzen, der immer an unserer Seite ist.

# 11

# WIE GEHT ERHOLUNG?

Spätestens in der Schule lernen wir Disziplin – aber nicht, wie man sich richtig erholt. Dabei braucht unsere Seele wie ein Muskel Anspannung und Entspannung, Fokus und Leerlauf, Arbeit und Zerstreuung. Viele von uns könnten daher durchaus etwas Nachhilfe im Relaxen gebrauchen.

Auch wenn wir es nur widerstrebend zugeben: Wir verbringen den Feierabend gern vor dem Fernseher. Nach einer anstrengenden Schicht oder einem Tag voller Erledigungen ist oft nichts verlockender als die Couch. Freizeit ist jedoch nur dann erholsam, wenn wir währenddessen den Kopf wirklich frei bekommen. Wer weiter über die Arbeit grübelt, könnte genauso gut im Büro sitzen.

Forschende haben herausgefunden, wie der mentale Switch-off am besten gelingt: indem man das Gegenteil von dem macht, womit man sich den lieben langen Tag befasst. Wer täglich acht Stunden vor dem Bildschirm sitzt, tut also gut daran, zum Ausgleich durch die Natur zu streifen. Bewegung lockert die Muskeln, der Blick in die Ferne entspannt die Augen und die Geräusche des Waldes erfrischen den Geist. In der Natur gelingt es uns ganz mühelos, uns zu fokussieren. Laut Rachel und Stephen Kaplan, die sich an der University of Michigan auf Umweltpsychologie spezialisiert haben, laden wir unsere Aufmerksamkeits-Akkus, die sich beim konzentrierten Arbeiten schnell leeren, im Grünen erfolgreich wieder auf.

Wer hingegen täglich acht Stunden auf den Beinen ist, als Pfleger Kranke versorgt oder als Postbotin von Haus zu Haus radelt, legt abends besser mal die Füße hoch und macht es sich daheim mit Freunden oder in der Badewanne mit einem Buch gemütlich. Wichtig dabei: Arbeit und Freizeit mental und praktisch trennen. Dafür muss es manchmal sein, die E-Mail-App vom Handy zu entfernen, Benachrichtigungen abzustellen und die Kolleginnen zu bitten, den Feierabend zu respektieren. Wer ständig auf Abruf ist, kann nie abschalten.

Um den Kopf effektiv frei zu bekommen, muss man ihn beschäftigen. Erholung verlangt neben Entspannung nämlich eine aktive Zutat, die Psychologinnen und Psychologen »Mastery« nennen: das Meistern von Herausforderungen. Das kann ein anspruchsvolles Hobby sein, das Training für einen Halbmarathon, ein Italienischkurs oder auch das Engagement für ein Ehrenamt. Zugegeben – solche Unternehmungen erfordern nach Feierabend Einsatz oder sogar ein bisschen Überwindung. Belohnt werden sie aber erwiesenermaßen mit besserer Laune und einem Selbstbewusstseinsboost. Sich auch außerhalb der Arbeit Ziele zu stecken und diese zu verwirklichen, nährt die Seele.

Wer es sich trotzdem am liebsten mit einem Teller Pasta und der Lieblingsserie auf dem Sofa gemütlich macht – und es schafft, dabei nicht an die Pflichten zu denken –, braucht aber kein schlechtes Gewissen zu haben. Denn noch wichtiger als aktiv zu werden, ist das zu tun, was einem ehrlich Spaß macht, wie Studien zeigen. Eine Party, auf die man sich schlecht gelaunt zwingt, ist keine Erholung, sondern in Wahrheit ein weiteres ätzendes To-do. So fanden Forschende heraus, dass ein Gefühl von Kontrolle und Selbstbestimmung in der Freizeit beruflichen Stress abfedern kann.

Wenn Sie stets darauf bedacht sind, es in erster Linie allen anderen recht zu machen, müssen Sie erst genau hinschauen, was es ist, worauf Sie Lust haben. Lauscht man der inneren Stimme mit Bedacht, darf man ihr ruhig spontan folgen. Sind Sie nach der Arbeit gestresst, hilft zum Beispiel ein ungeplanter Stopp in einem Café, das Sie anlacht. Gerade wenn Sie unter Strom stehen, sollten Sie öfter innehalten: Genervt nach Hause zu hetzen, um dort sofort wieder in einen Arbeitsmodus zu fallen, bringt nichts – zumindest keine Erholung. Brechen Sie ab und an aus Ihrem durchgetakteten Pflichtprogramm aus und holen Sie sich so ein Stück Freiheit zurück.

Vorsicht, Falle: Oft erlauben wir uns eine Erholung, eine Verschnaufpause erst dann, wenn alles andere erledigt ist: wenn die Wäsche aufgehängt, der Boden gesaugt, der Hund gefüttert und die Steuererklärung abgegeben ist. Nur endet manche To-do-Liste erfahrungsgemäß nie. Und so verpassen wir den Moment, in dem Körper und Seele dringend eine Auszeit brauchen. Ein guter Umgang mit sich selbst erfordert deshalb auch Besonnenheit. Man muss Reflexe hinterfragen, bewusst agieren, anstatt nur zu reagieren, und auch mal aushalten, dass etwas unfertig ist. Denn auch in einer unaufgeräumten Wohnung lässt es sich mit einer Tasse Tee entspannen, und viel öfter, als wir denken, kann die Welt warten.

Die Erholung auf den nächsten Urlaub zu verschieben, ist auch keine gute Idee. Untersuchungen zeigen, dass tägliche Erholungsrituale wichtiger für die seelische Gesundheit sind als die jährliche Reise in den Süden. Denn deren Erholungseffekt kommt meist zu spät und verpufft schnell, sobald der Alltag uns wieder fest im Griff hat. Regelmäßige Auszeiten wie ein langes Wochenende am See wirken Stress besser entgegen als einmal im Jahr drei Wochen Bali.

Erholung erfordert aber vor allem eines: Muße. All der technologische Fortschritt hat uns leider nicht mehr Zeit geschenkt. Aus dem Kaffeekochen ist ein Knopfdruck geworden, den Abwasch übernimmt die Spülmaschine und der Einkauf wird bei Bedarf bis an die Wohnungstür geliefert. Doch die dadurch frei gewordenen Stunden bleiben nicht frei. Wir füllen sie schnell wieder mit anderem auf, denn Müßiggang hat einen schlechten Ruf. Sehr zu Unrecht! Versuchen Sie doch mal, eine Zeit lang einfach nichts oder zumindest etwas ganz in Ruhe zu tun: ganz gleich, ob Sie den Tisch decken, einen Blumenstrauß arrangieren, sich einen Tee aufbrühen oder ein Brot backen. Der Teig macht es vor: Was gut werden soll, braucht Zeit.

Ob Sie das Büro verlassen, Ihren Laden abschließen oder im Homeoffice den Laptop zuklappen – beim Ankommen im gemütlichen Teil des Tages hilft ein festes Ritual. Dieses hier vertreibt alle Gedanken an unliebsame Kollegen, schlechte Umsätze und Deadlines und schafft Platz für Neues. Es funktioniert auf dem Heimweg oder aber zu Hause am Arbeitszimmerfenster. Die 5-4-3-2-1-Übung geht so: Finden Sie fünf Dinge in Ihrer Umgebung, die Sie sehen können. Zwischen jedem Objekt, das Sie im Stillen oder laut aussprechen, atmen Sie einmal tief ein und aus. Weiter geht es mit fünf Dingen, die Sie hören können. Gehen Sie hier zum Beispiel von nah nach fern: vom eigenen Atem über das Zwitschern der Vögel bis zum Läuten der Kirchenglocken. Danach kommen fünf Dinge, die Sie spüren: Fühlt es sich vielleicht warm an in Ihrem Bauch? Oder merken Sie den kühlen Ring am Finger, wenn Sie darauf achten? Kehren Sie noch einmal zum Sehen zurück. Finden Sie diesmal vier Dinge in Ihrem Blickfeld. Vielleicht entdecken Sie sogar andere als beim letzten Mal. Jetzt suchen Sie wieder vier Dinge, die Sie hören, und danach vier, die Sie spüren können. Danach jeweils drei, dann zwei und zu guter Letzt eins. Schließen Sie die Übung mit dem tiefsten Atemzug ab, den Sie heute getan haben. Willkommen im Feierabend.

*Hinweis:* Beim Autofahren lenkt die 5-4-3-2-1-Übung zu sehr ab. Bleiben Sie dafür also entweder vor dem Losfahren noch ein paar Minuten im Auto sitzen oder drehen Sie zu Hause eine kleine Spazierrunde, während der Sie mithilfe der Übung Ihre Umwelt wahrnehmen, bevor Sie die Haustür aufschließen und sich einen schönen Abend machen.

# 12

# WANN KOMMEN UNS DIE BESTEN IDEEN?

Joanne K. Rowling saß gerade im Zug von Manchester nach London, als ihr die Idee zu einem Buch über einen jungen Zauberer mit Stirnnarbe kam. Ihre Harry-Potter-Romane wurden später in 80 Sprachen übersetzt und über 500 Millionen Mal verkauft, die Verfilmungen des Stoffs spülten sieben Milliarden US-Dollar in die Kinokassen, mittlerweile gibt es sogar einen Harry-Potter-Freizeitpark. Dass die Muse die Schriftstellerin ausgerechnet auf einer Zugfahrt küsste, war wahrscheinlich kein Zufall. Die besten Einfälle kommen uns nämlich immer dann, wenn wir in den gedanklichen Leerlauf schalten. Dieser Tagträummodus stellt sich besonders gerne ein, wenn wir mit nichts Bestimmtem beschäftigt sind, also etwa auf längeren Fahrten einfach aus dem Fenster starren. Hätte Rowling die zweieinhalb Stunden stattdessen genutzt, um ihre Steuererklärung zu erledigen – vielleicht wäre ihr der Durchbruch verwehrt geblieben.

Tagträume sind keinesfalls mentale Missgeschicke. Im Gegensatz zum destruktiven Grübeln (siehe »Wie stoppt man das Gedankenkarussell?«) sind sie oft eher bildhaft, sorgen für gute Gefühle und bereiten den Boden für kreative Ideen. Um Höchstleistungen zu vollbringen, braucht unsere Seele dieses entspannte Stand-by sogar, ja, das Abdriften ist die Standardeinstellung unseres Gehirns. Immer wenn wir geistesabwesend vor uns hin träumen, wird ein weitverzweigtes Netz von Hirnregionen aktiv, das sogenannte Ruhezustandsnetzwerk. Doch der Name trügt, denn im Denkorgan geht es dabei keineswegs ruhig zu. Teile des Gehirns sind sogar reger als in Momenten, in denen wir zielgerichtet nachdenken, zum Beispiel der Precuneus, der an der visuellen Vorstellungskraft beteiligt ist, oder der mediale präfrontale Cortex, mit dessen Hilfe wir uns an früher erinnern und Pläne für die Zukunft schmieden. Das erklärt, warum wir ausgerechnet im Tagträummodus besonders gut altes Wissen neu verknüpfen können – ein Kernmerkmal kreativer Leistungen.

Geistesblitze schlagen oft nebenbei ein. Haben Sie sich auch schon einmal stundenlang erfolglos das Hirn zermartert, nur um später beim Abwasch von der entscheidenden Erkenntnis übermannt zu werden? Dann sind Sie nicht allein. Psychologinnen und Psychologen von der University of California in Santa Barbara fragten Physikerinnen und Drehbuchautoren, wann ihnen die besten Ideen kommen. Diese beiden Berufsgruppen wählten die Forschenden aus, weil ihre Vertreter auf unterschiedliche Weise kreativ werden müssen: Ein Physiker sucht für ein mathematisches Problem häufig eine bestimmte Lösung, zu der mehrere Wege führen. Eine Drehbuchautorin hat hingegen bei ihrer kreativen Aufgabe noch kein klares Ziel vor Augen. Die Teilnehmenden sollten nun mehrere Wochen lang über ihre beste Idee des Tages Buch führen und angeben, in welcher Situation sie sich ihnen offenbart hatte. Das Ergebnis der 2019 veröffentlichten Studie: Zwar kamen ihnen die meisten Ideen während ihrer aktiven Arbeitszeit. Die Einfälle, die sie hatten, während sich ihre Gedanken auf Wanderschaft befanden – oder etwas ganz anderem widmeten –, waren jedoch durchschlagender. Sowohl die Autoren als auch die Physikerinnen beschrieben sie häufiger als Aha-Momente. Woran liegt das? Beim angestrengten Nachdenken bugsieren wir uns offenbar manchmal in eine Sackgasse, aus der wir nicht mehr herauskommen. Der Knoten platzt dann eher in Momenten, in denen wir die Seele wieder baumeln lassen, mit einer Tasse Tee in der Hand dem Regen zuschauen oder auf dem Sofa sitzen und stricken. Im Hintergrund laufen dabei unbewusste Prozesse weiter, Information und Intuition mischen sich, bis sich die fertige Idee plötzlich ihren Weg ins Bewusstsein bahnt.

Auch wenn Pausen integraler Bestandteil jedes Schaffensprozesses sind und sich um die Schöpferkraft viele Mythen ranken: Kreativität kommt selten aus dem Nichts. Viele Menschen unterschätzen, wie viel Planung, Expertise und harte Arbeit in wahrhaft große Ideen fließen. Selbst die kreativsten Köpfe müssen sich jahrelang ins Zeug legen, bis sie Geniales vollbringen. Ein Beispiel: 2007 analysierten zwei US-amerikanische Psychologen die Laufbahnen von 215 zeitgenössischen Romanautorinnen und -autoren, darunter Stephen King und Joyce Carol Oates. Es zeigte sich, dass im Schnitt 10,6 Jahre zwischen ihrer ersten Veröffentlichung und dem Erscheinen ihres Meisterwerks vergangen waren.

Am ehesten erzielen wir demnach einen kreativen Durchbruch, wenn wir lange gründlich über einem Problem brüten und es dann bewusst beiseitelegen – eine Runde um den Block spazieren oder ein Bad nehmen. Der Legende nach kam schon dem griechischen Mathematiker Archimedes von Syrakus (287–212 v. Chr.) des Rätsels Lösung in der Wanne, nachdem er tagelang daran getüftelt hatte. »Heureka!« (»Ich habe es gefunden!«) soll er im Moment der Erleuchtung gerufen haben, weswegen wir den Ausdruck heute noch bei spontanen Einfällen verwenden. König Hieron II. wollte damals wissen, ob seine neue Krone aus purem Gold bestehe, und Archimedes hatte den Auftrag erhalten, ihre Echtheit zu prüfen, ohne die Krone zu zerstören. Beim Baden, so die berühmte Überlieferung, erkannte er, dass sich anhand der Menge des verdrängten Wassers das Volumen eines Körpers bestimmen lässt. Wie sein anschließender Versuch zeigte, ließ der royale Kopfschmuck mehr Wasser überlaufen als ein gleich schweres Stück pures Gold. Die Dichte der Krone war also geringer – es musste sich um eine billige Legierung handeln. So konnte der Goldschmied des Betrugs überführt werden.

Und noch von einem anderen großen Denker können wir lernen, wenn wir in einem kreativen Tief feststecken. Dem Pharmakologen Otto Loewi (1873–1961) kam sein epochaler Einfall im Schlaf. In der Nacht auf Ostersonntag im Jahr 1920 wachte er auf, schaltete das Licht an und machte sich ein paar Notizen auf einem kleinen Zettel. Zwar konnte er sein Gekritzel am nächsten Morgen nicht mehr entziffern, doch zum Glück traf ihn der Geistesblitz in der Nacht darauf erneut. Diesmal stand er sofort auf, ging in sein Labor und begann mit dem Experimentieren. Es sollte sich lohnen: An einem Froschherz belegte er erstmals die chemische Übertragung von Nervensignalen und gewann damit den Nobelpreis. Auch für solche nächtlichen Aha-Erlebnisse haben Kreativitätsforscherinnen eine Erklärung. Im REM-Schlaf (»Rapid Eye Movement«), der Schlafphase, in der wir die lebendigsten Träume haben, ist die Verbindung zwischen den Hirnregionen für Logik und Gedächtnis geschwächt. Das erlaubt dem Gehirn, die Karten neu zu mischen: Konzepte werden plötzlich mit anderen in Verbindung gebracht, die auf den ersten Blick nichts miteinander zu tun haben. So entstehen nicht selten wertvolle Assoziationen. Wir wachen dann mitten aus einem Traum – oder erst am nächsten Morgen – mit einer innovativen Idee auf, die wir am Tag davor noch nicht sehen konnten.

# 13

# WARUM ERSCHEINEN SORGEN NACHTS GRÖSSER?

Wachen Sie manchmal mitten in der Nacht mit Herzklopfen auf? Quälen Sie in den frühen Morgenstunden Ängste und Selbstzweifel? Beißen Sie sich, statt zu schlafen, gedanklich an einem Thema fest? Dann sind Sie nicht allein.

Es ist ein bekanntes Phänomen, dass uns Probleme nachts deutlich gravierender vorkommen als am Tag. Schon als Kind war es so: Etwas veränderte sich, sobald das Licht ausging. Die Dunkelheit begann zu atmen, das Kinderzimmer füllte sich mit Monstern. Die Ungeheuer sind zwar nach und nach verschwunden, der nächtliche Spuk im Kopf aber ist bei vielen geblieben: Nach Sonnenuntergang scheint die To-do-Liste mit den Aufgaben des nächsten Tages plötzlich unbezwingbar, der Knubbel am Ohr muss ein Tumor sein und der kleine Streit mit der Schwester wird die Beziehung garantiert für immer zerrütten. Wenn die Nachtgedanken kommen, hilft nur eines – Nachttischlampe anknipsen und tief durchatmen. Oft ist es sogar besser, aufzustehen und sich mit etwas anderem zu beschäftigen, als sich dem Sog der Sorgen hinzugeben.

Aber warum überfallen uns die Grübelattacken bevorzugt in der Nacht? Tagsüber sind wir abgelenkt und haben kaum Zeit, belastenden Gedanken nachzuhängen. Nachts dagegen ist auf der mentalen Bühne Platz für Kummer und Nöte. Wir sehen die Dinge dabei weniger klar als am Tag, Lösungen lassen sich nicht mehr ausmachen. Dass unser Gehirn die Leere nicht mit schönen Bildern füllt, hat womöglich einen einfachen Grund: Nachts läuft das Schlafhormon Melatonin zur Hochform auf. Melatonin wird in der Zirbeldrüse gebildet, regelt den Schlaf-wach-Rhythmus und beeinflusst unsere innere Uhr. Tagsüber wird es kaum produziert, weil das Licht ein dafür nötiges Enzym hemmt. Ab etwa 18 Uhr aber trägt die biochemische Einschlafhilfe dazu bei, den Körper in den Ruhemodus zu versetzen, sie macht uns müde und antriebsarm. Zwischen zwei und vier Uhr morgens ist die Melatoninkonzentration am höchsten.

Leider hat die dämpfende Eigenschaft, die uns in den Schlaf wiegt, auch eine Kehrseite. Denn wenn wir, statt friedlich zu schlummern, nachts wachliegen, beschert sie uns mit großer Wahrscheinlichkeit ein Stimmungstief. Wir gleiten im Grunde kurz in eine kleine Depression ab. Ähnlich verhält es sich bei Menschen, die anfällig für den Winterblues sind. Durch das fehlende Tageslicht nehmen die Melatoninwerte auch tagsüber zu und tragen zu Mattigkeit und Trübsal bei.

Dass nachts die Mücke zum Elefanten anwächst, ist zum Teil also schlicht Biologie. Die Nacht tönt zuweilen alles grau in grau. Wir sehen die Welt nicht, wie sie ist, sondern wie wir uns fühlen. Auf eines ist aber Verlass: Bei Tageslicht betrachtet, sieht sie schon wieder ganz anders aus.

# 14

# WIE STOPPT MAN DAS GEDANKENKARUSSELL?

»Was wäre, wenn ich damals ein anderes Prüfungsfach gewählt hätte? Mit dieser Abiturnote bekomme ich doch niemals einen Studienplatz. Warum nur geht bei mir immer alles schief? Garantiert finde ich nicht mal eine neue WG. Die sehen mir doch alle sofort an, dass ich nichts auf die Reihe bekomme. Bald kann ich Bürgergeld beantragen und wieder bei den Eltern einziehen. Hätte ich doch nur früher auf sie gehört.«

Nicht immer muss es im Kopf heiter zugehen – auch dunkle Gedanken dürfen sein. Manchmal helfen sie uns sogar, uns für ein Problem zu rüsten. Vergangene Fehlentscheidungen zu analysieren, ist sinnvoll, weil man in der Regel daraus lernt. Grübeln hingegen ist – wie das Beispiel zeigt – gerade nicht produktiv: Die Gedanken rasen, kommen aber nie zum Ziel. Sie kreisen um eine finstere Vergangenheit und die düstere Zukunft. Und lassen, einmal aufgetaucht, nicht mehr locker. Im Grübelmodus malen wir gerne den Teufel an die Wand, doch das versperrt nur den Blick für die ganze Bandbreite der Möglichkeiten: Denn wieso sollte man mit einem schlechteren Notendurchschnitt keinen Studienplatz bekommen? Immerhin gibt es viele Fächer ohne Numerus clausus. Oder man überbrückt die Wartezeit mit einem interessanten Praktikum. Die Schwarzmalerei kostet Zeit und Nerven. Wir können uns schlechter konzentrieren und manövrieren uns unweigerlich in ein Stimmungstief. Oft weckt Grübeln schlechte Erinnerungen und lässt uns traurig, hoffnungslos, wütend, ängstlich oder beschämt zurück.

Was Rauchen für den Körper ist, ist Grübeln für die Seele – eine ungesunde Gewohnheit. Vor allem Menschen mit negativen Bewertungsmustern neigen dazu: Sie schreiben Misserfolge stets sich selbst zu, Erfolge aber dem Zufall. Frauen – so zeigen Studien – grübeln deutlich mehr als Männer, denn sie gehen mit Widrigkeiten anders um. Während Männer sich eher ablenken, beleuchten Frauen ein Problem gern von allen Seiten. Das kann klug sein, macht aber auch anfälliger für Grübelattacken.

Dauergrüblerinnen und -grübler leiden zwar unter ihrer schlechten Angewohnheit, nicht selten halten sie sie aber insgeheim für wertvoll. Sie versprechen sich Aha-Momente, fürchten, andernfalls ein wichtiges Detail zu übersehen, oder erhoffen sich, durch gründliches Nachsinnen endlich mit etwas abschließen zu können.

Die Forschung zeigt jedoch eindrucksvoll: Grübeln nützt nie. Vielmehr schadet es sogar, wenn es unbewusst dazu genutzt wird, Gefühle auf Abstand zu halten. Als Grübelgedanken verpackt, sind Trauer und Angst besser zu ertragen. Indem wir sie nur durchdenken, statt wirklich zu fühlen, können wir sie aber nicht hinter uns lassen. Die Strategie geht also nicht auf. Mehr noch: Zwar macht auch hier die Dosis das Gift, doch wer sich ständig in Sorgenschleifen verfängt, läuft Gefahr, krank zu werden. Repetitives negatives Denken, wie Psychologinnen Grübeln auch nennen, fördert und befeuert eine Vielzahl seelischer Erkrankungen, etwa Depressionen, Angst- und Essstörungen sowie die Posttraumatische Belastungsstörung. Das lässt sich verhindern.

Der erste Schritt Richtung Ruhe im Kopf ist der feste Entschluss, das Grübeln aufzugeben. Verabschieden Sie sich von der Idee, dass es Sie weiterbringt. Als Nächstes gilt es, sich anbahnende Grübelattacken rechtzeitig zu erkennen. Mit folgender Checkliste können Sie hilfreiche von destruktiven Gedanken unterscheiden:

- **Tun sie mir gut?**
- **Bringen sie mich weiter oder halten sie mich gefangen?**
- **Beruhen sie überhaupt auf realistischen Annahmen?**

Doch was, wenn die trüben Gedanken bei diesem Check durchfallen – wie, bitte schön, wird man sie los? Um sie zu bändigen, hilft es, sie zu notieren. Das schafft Abstand und einen ersten Überblick. Dem inneren Schwarzmaler können Sie Paroli bieten, indem Sie zu jedem dunklen Gedanken einen hellen Gegengedanken entwerfen, etwa in Form einer Tabelle. Leichter wird es, wenn Sie sich dabei ein menschliches Gegenüber vorstellen: Was würden Sie beispielsweise einer Freundin sagen, die sich damit quält und Sie um Rat fragt? Vielleicht, dass unter den vielen Studierenden, die eine Mitbewohnerin suchen, sicher jemand dabei ist, der sie sympathisch findet. Und dass es – wenn alle Stricke reißen – im Wohnheim auf dem Campus noch freie Zimmer gibt. Oder Sie stellen Ihre düsteren Überzeugungen gleich im Gespräch mit einem Vertrauten auf den Prüfstand. Für alle Strategien gilt: Setzen Sie sich ein Zeitlimit. Schreiben oder sprechen Sie höchstens dreißig Minuten über das Thema, danach wenden Sie sich wieder dem Hier und Jetzt zu. Und vor allem: Kommen Sie ins Handeln. Wer ein Problem, das ihn beschäftigt, gezielt angeht und nach Lösungen sucht, entkommt der Grübelfalle.

Tipp »Warum«-Fragen versetzen uns in einen ungesunden *hätte-würde-könnte*-Modus und bringen uns selten voran. Ersetzen Sie daher »Warum«-Fragen à la »Warum passiert immer mir so etwas?« oder »Warum nur habe ich das damals getan?« durch »Wie«-Fragen: »Wie ist es zu der Situation gekommen?« »Wie kann ich das Problem lösen?« »Und wie lässt sich in Zukunft Ähnliches verhindern?«

In manchen Momenten sind wir besonders anfällig fürs Grübeln und es fällt uns schwer, gedanklich in der Gegenwart zu bleiben. Mal überfällt uns das Grübelmonster bevorzugt in den frühen Morgenstunden oder mitten in der Nacht, mal beginnt sich das

Gedankenkarussell zu drehen, sobald wir schlechte Laune haben oder alleine sind. Gelingt es dann nicht, dem Selbstgespräch einen konstruktiven Drall zu verleihen oder das Nachdenken auf einen günstigeren Zeitpunkt zu vertagen, nützt Folgendes: Setzen Sie einen intensiven Reiz. Riechen Sie an einem Fläschchen Minzöl oder beißen Sie in eine Zitrone, um das Gedankenkreisen effektiv zu unterbrechen.

Wenden Sie sich dann bewusst der Außenwelt zu: Was können Sie gerade sehen, hören oder spüren? Nehmen Sie mit all Ihren Sinnen wahr, wie sich dieser Augenblick anfühlt. Kommen dabei weiter unangenehme Gedanken und Gefühle auf, nehmen Sie sie wahr, ohne sie zu bewerten, und lassen Sie sie vorüberziehen (siehe »Wie bleibe ich im Moment?«). Mit etwas Übung schaffen Sie es so, den inneren Fokus von den Bedenken zu lösen: Sie sind zwar noch da, aber nebensächlich – wie ein Radio, das leise im Hintergrund läuft.

Auch erlaubt und oft am effektivsten: Ablenkung. Denn die ist besser als ihr Ruf. Statt sich weiter den Kopf zu zerbrechen, beschäftigen Sie ihn ruhig mit etwas anderem. Üben Sie Schlagzeug, spielen Sie Tennis, lösen Sie ein Kreuzworträtsel oder das nächste Level in Ihrem Videospiel – Hauptsache, nebenbei bleibt keine Zeit zum Grübeln.

# 15

# WIE GEHE ICH MIT SCHRECKENS-MELDUNGEN UM?

»Tödliche Virusmutation entdeckt«, »Klimakipppunkt überschritten«, »Bombenanschlag in Jerusalem«, »Putin macht zusätzliche Streitkräfte mobil« – in Krisenzeiten sind wir ständig mit schlechten Nachrichten konfrontiert, können Krieg live auf dem Smartphone verfolgen, inklusive explodierender Gebäude und rollender Panzer. Solche Schlagzeilen und Bilder können einen gefährlichen Sog entfalten. »Doomscrolling«, vom englischen Wort für »Verderben«, heißt das zwanghafte Scrollen durch Nachrichten, die einen wütend oder traurig zurücklassen.

Dass das der Seele nicht guttut, dürfte klar sein. Ständig schlimme Meldungen aus aller Welt zu hören, verstärkt Sorgen und schürt Ängste bis hin zur Panik. Wer bereits seelisch vorbelastet ist, ist besonders anfällig, umso mehr, je enger die Nachrichten mit eigenen Problemen zusammenhängen. So gaben Menschen, die unter Essstörungen leiden, an, ihre Symptome hätten sich durch die Berichterstattung über »Corona-Kilos« verschlimmert. Die Meldungen holten bei ihnen tiefsitzende Befürchtungen hervor. Von vergangenen Katastrophen wie den Terroranschlägen auf das World Trade Center am 11. September 2001 und dem verheerenden Tsunami am 26. Dezember 2004 wissen wir, dass ein exzessiver Konsum von Nachrichten Menschen im Extremfall sogar traumatisieren kann. Das führt in ein Dilemma: Einerseits will man sich vor solchen Folgen schützen, andererseits die Augen nicht vor Missständen verschließen. Was also tun?

Zu einem gesunden Umgang mit Nachrichten, die uns nicht persönlich betreffen, gehört, sich nicht dafür zu verurteilen, dass sie uns dennoch bewegen. Wer sich vom Weltgeschehen berühren lässt, zeigt schließlich, dass er offen für die Nöte anderer ist und empathisch mitfühlt. Wer wäre schon lieber völlig abgebrüht? Erkennen Sie also Ihre Emotionen an, egal, ob gerade Traurigkeit, Angst, Wut oder Hoffnungslosigkeit überwiegt. Erinnern Sie sich aber daran, dass man Gefühlen nicht hilflos ausgeliefert ist. Sie lassen sich beeinflussen.

Nimmt der Weltschmerz überhand, ist es mehr als legitim, sich Auszeiten von den Nachrichten zu erlauben. Wann es Zeit dafür ist, lässt sich anhand einfacher Fragen ermitteln: Geht es Ihnen jedes Mal merklich schlechter, wenn Sie neue Berichte gelesen, Beiträge gehört oder Videos angeschaut haben? Dann ist eindeutig der Moment für eine Pause gekommen. Ein schlechtes Gewissen brauchen Sie dabei nicht zu haben: Man darf glücklich sein, auch wenn andere gerade leiden. Wenn Sie durch den Nachrichtenkonsum in ein seelisches Tief geraten, ist damit schließlich niemandem geholfen. Die Summe des Leids auf der Welt nimmt dadurch nicht ab, sondern zu. Die zweite Frage, mit der sich prüfen lässt, ob eine Nachrichtenpause ratsam wäre, lautet: Lernen Sie noch etwas Neues? Wenn Sie zum Beispiel viel über die Klimakrise lesen, weil das Thema Sie sehr beschäftigt, kann es sein, dass Sie nach einer Weile erst einmal alles Relevante wissen. Dann hat das Lesen weiterer Nachrichten zu diesem Thema keinen Mehrwert, sondern löst nur noch Ängste aus.

Während einer Nachrichtenpause sollten Sie den üblichen Impulsen bewusst widerstehen. Lassen Sie die News-App auf Ihrem Smartphone geschlossen, greifen Sie am Kiosk ausnahmsweise nicht nach der Zeitung und stellen Sie Push-Benachrichtigungen am besten ganz ab. Nutzen Sie die frei gewordene Zeit für Unternehmungen, die Ihnen guttun. Lesen Sie zum Beispiel einen Roman, tauchen Sie in einen spannenden Film ab, verabreden Sie sich mit Freunden oder machen Sie einen Spaziergang. Versuchen

Sie, währenddessen nicht über die Weltlage zu grübeln. Vielleicht reichen Ihnen zwei Tage Nachrichtenfasten, um sich wieder leichter zu fühlen, vielleicht sind es eher zwei Wochen.

Danach gilt es, langfristig einen gesünderen Umgang mit den Nachrichten zu finden. Hier hilft es, sich selbst ein paar Regeln zu setzen. Können Sie oft vor Sorgen nicht einschlafen? Dann keine Nachrichten mehr nach 18 Uhr. Sind Sie besonders anfällig für den News-Blues, wenn Sie gerade ohnehin gestresst oder müde sind? Dann informieren Sie sich nur zu Zeiten, wenn Sie sich ausgeglichen und aufnahmebereit fühlen. Vielleicht stellen Sie auch fest, dass bestimmte Nachrichtenkanäle Sie besonders aufgewühlt zurücklassen, etwa Zeitungen mit reißerischen Überschriften oder Sender, die unnötig verstörende Bilder zeigen. Verzichten Sie auf Meldungen, die ein negatives Thema nach dem anderen bloß anschneiden und Sie dann mit Ihren Gefühlen dazu alleine lassen, zugunsten seriöser Hintergrundberichte, die in die Tiefe gehen.

Einige Redaktionen haben die Gefahr mittlerweile erkannt und setzen auf konstruktiven Journalismus. Diese Art der Berichterstattung soll gesellschaftliche Probleme nicht nur von allen Seiten beleuchten, sondern gleich potenzielle Lösungsansätze mitliefern. Auch positive Entwicklungen bekommen dabei vermehrt eine Bühne. Klar ist es die Aufgabe der Medien, Missstände schonungslos aufzudecken und »die Feder in die Wunde zu legen«, wie der französische Reporter Albert Londres es nannte. Dabei geht jedoch oft unter, wie viel Gutes jeden Tag geschieht. Der schwedische Gesundheitswissenschaftler Hans Rosling war sogar überzeugt, dass wir alle durch die ständige Flut negativer Nachrichten ein zu pessimistisches Weltbild entwickelt haben und die globale Lage düsterer einschätzen, als sie ist. In seinem Buch ›Factfulness‹ setzte er dem überraschende Zahlen entgegen, die man so selten in der ›Tagesschau‹ hört. Oder hätten Sie gedacht, dass sich die Anzahl der Menschen weltweit, die in extremer Armut leben, zwischen 1990 und 2022 mehr als halbiert hat? Dass selbst die Bewohner der ärmsten Länder heute älter werden als die Bevölkerung der reichsten Regionen im Jahr 1800? Dass die Mordrate in Westeuropa seit Jahrhunderten immer weiter sinkt? Die Welt ist in vielerlei Hinsicht nicht schlechter geworden, sondern besser. Wir sind jedoch – zum Glück – sensibler für Gewalt und Ungerechtigkeit geworden. Deshalb und weil die Medien oft ein Schlaglicht auf negative Trends werfen, weicht die öffentliche Wahrnehmung vielfach von der Wirklichkeit ab. Einen umfassenderen Eindruck vermittelt das Projekt »Our World in Data« der Oxford University, das mithilfe bunter Grafiken die großen Entwicklungen der Menschheitsgeschichte aufzeigt.

Doch nur weil die Welt in mancher Hinsicht besser geworden ist, ist sie noch lange nicht gut. Es gibt eine Menge zu tun. Gegen die Ohnmacht angesichts der Bilder von Krieg, Armut und Unterdrückung hilft es, vom Grübeln ins Handeln zu kommen. Über Angst und Wut werden nämlich Energien frei, die sich aktiv nutzen lassen. Statt die Probleme nur zu betrauern, können wir sie angehen und so von einer Haltung des »Warum ist die Welt so schlecht?« zu der Frage »Was kann ich tun, um sie besser zu machen?« kommen. Jeder und jede kann im Rahmen seiner und ihrer Möglichkeiten dazu beitragen. Dieser Idee hat sich zum Beispiel die Bewegung »Effektiver Altruismus« verschrieben. Sie liefert mithilfe wissenschaftlicher Methoden Informationen, wie sich mit begrenzten Mitteln möglichst viel Gutes bewirken lässt, etwa mit gezielten Spenden oder politischem und sozialem Engagement. Es geht dabei darum, die eigene Zeit und das eigene Geld wirkungsvoll einzusetzen.

Manchmal können relativ einfache Dinge eine überraschend große Wirkung entfalten. So gehören etwa günstige Moskitonetze, die vor Malaria schützen, zu den effizientesten Spendenzwecken. Ihnen vor allem ist es zu verdanken, dass zwischen 2000 und 2015 in betroffenen Regionen etwa 900 000 Leben gerettet werden konnten. Wir können also mehr erreichen, als wir oft meinen, und entkommen dabei zugleich dem Gefühl der Hilflosigkeit. Wer hilft und gleichzeitig akzeptiert, dass die Last der Welt nicht allein auf seinen Schultern ruht, kann schlimme Meldungen besser ertragen und das eigene Leben trotz allem genießen. So kann unser Mitgefühl zur Triebfeder für Veränderung werden: Wer bewegt ist, ist auf dem besten Weg, etwas zu bewegen.

16

# MACHT SCHLAFMANGEL KRANK?

»Schlafen kann ich, wenn ich tot bin«, meinte der Filmemacher Rainer Werner Fassbinder. Tatsächlich blieb sein rastloses Leben kurz: Mit 37 Jahren starb der Workaholic an einem Herzstillstand, wahrscheinlich ausgelöst durch einen Cocktail aus Koffein, Alkohol und Schlaftabletten. Vielen geht es ein wenig wie Fassbinder. Sie betrachten es als vertane Zeit, Abend für Abend für mehrere Stunden das Bewusstsein zu verlieren. Was könnte man nicht alles erledigen und erleben ohne das leidige Bedürfnis nach Schlaf? Warum wir überhaupt schlafen, war Wissenschaftlern tatsächlich bis vor Kurzem noch ein Rätsel. Dass es ohne nicht geht, ist allerdings schon lange klar.

Schlafmangel beeinträchtigt nicht nur unser Wohlbefinden, er schadet auch unserer Gesundheit. Wer ausreichend schläft, lebt erwiesenermaßen länger, ist weniger bedroht von Herzinfarkt, Schlaganfall, Infekten, Krebs, Diabetes und Demenz und im Alltag ausgeglichener. Gäbe es eine Pille, die all das leisten kann – sie wäre eine medizinische Revolution. Doch während mittlerweile jeder weiß, dass Sport und eine ausgewogene Diät zu einem gesunden Lebensstil gehören, wird die Rolle des Schlafs weithin unterschätzt. Zwei Drittel aller Erwachsenen in Industrieländern schlafen zu wenig.

Um körperlich und seelisch fit zu bleiben, brauchen wir jede Nacht zwischen sieben und neun Stunden Schlaf. Obwohl es individuelle Schwankungen gibt, kommt kaum jemand dauerhaft mit weniger als sieben Stunden aus, ohne in irgendeiner Weise Schaden zu nehmen. Dabei liegt der oder die Durchschnittsdeutsche nur von 23:04 Uhr bis 6:18 Uhr im Bett. Zieht man hiervon rund 15 Minuten Einschlafzeit ab, wird es mit dem 7-Stunden-Minimum schon knapp.

**Schlafbedürfnis nach Alter:**

| | |
|---|---|
| Neugeborene: | 14–17 Stunden |
| Säuglinge: | 12–15 Stunden |
| 1–2 Jahre: | 11–14 Stunden |
| 3–5 Jahre: | 10–13 Stunden |
| 6–13 Jahre: | 9–11 Stunden |
| 14–17 Jahre: | 8–10 Stunden |
| 18–64 Jahre: | 7–9 Stunden |
| > 65 Jahre: | 7–8 Stunden pro Tag |

Warum schlafen wir nicht so lange, wie es uns eigentlich guttäte? Früher waren es unbequeme Nachtlager und die Angst vor gefährlichen Tieren, die die Menschen um den Schlaf brachten, seit der Industrialisierung hat sich das Schlafbedürfnis den Produktionsabläufen und dem durchgetakteten Alltag unterzuordnen. Oft bestimmen nicht mehr Sonnenaufgang und -untergang über Aktivität und Ruhephasen, sondern die Arbeitsschichten – Elektrizität macht's möglich. Der Strom stellt dem Schlaf so einige Fallen: Wecker reißen uns aus den Träumen, Fernseher flimmern bis tief in die Nacht, Straßenlaternen und Leuchtreklamen erhellen das Schlafzimmer.

Ob man morgens leicht oder schwer aus dem Bett kommt, hängt vor allem vom individuellen Schlaf-wach-Rhythmus ab, also davon, zu welchem Chronotyp man gehört: Etwa 40 Prozent der Menschen gelten als Lerchen – sie gehen gerne zeitig schlafen und sind wie die kleinen Singvögel Frühaufsteher. 30 Prozent ähneln eher Eulen. Sie sind oft noch bis spät in die Nacht aktiv und würden dafür gerne in Ruhe ausschlafen. Die restlichen 30 Prozent befinden sich irgendwo in der Mitte, man könnte sie als Tauben bezeichnen. Dass Menschen zu verschiedenen Zeiten müde werden, hatte früher durchaus einen tieferen Sinn. Unsere Vorfahren schlummerten so sicherer, denn sie konnten sich bei der Nachtwache abwechseln. Die Eulen unter ihnen übernahmen die erste Schicht, die Lerchen die zweite.

Heutzutage sind Eulen im Nachteil. Der frühe Arbeitsbeginn, die morgendliche Vorlesung oder die erste Schulstunde zwingen sie aus dem Bett, wenn sie noch gar nicht bereit dazu sind. Jugendliche zählen fast ausnahmslos zu den Eulen. Von Teenagern zu verlangen, um 22 Uhr ins Bett zu gehen, damit sie um 7 Uhr problemlos und am besten auch noch gut gelaunt aufstehen können, ist so, als würde man Erwachsene bitten, sich schon um 19 Uhr hinzulegen, um morgens um 3 Uhr fit und ausgeruht zu sein. Kein Wunder also, dass die meisten Jugendlichen unter Schlafmangel leiden – mit allen Konsequenzen. Da sie zum Zeitpunkt des Unterrichtsbeginns in der Regel noch gar nicht aufnahmebereit sind, fällt ihnen nicht nur das Lernen schwer, auch ihre Seele leidet, da sie in der Jugend besonders sensibel reagiert. Chronischer Schlafmangel macht Jugendliche depressiv, ängstlich, labil und übellaunig. In einigen Fällen würde es gar nicht zu seelischen Krisen und Erkrankungen kommen, könnten Schülerinnen und Schüler gemäß ihrem biologischen Rhythmus schlafen. Während jüngere Kinder oft noch Lerchen sind und mit dem frühen Aufstehen keine allzu großen Probleme haben, sollte die Schule für Jugendliche idealerweise erst am späteren Vormittag beginnen. In US-amerikanischen Highschools, die den Schulbeginn entsprechend nach hinten verlegt haben, schneiden Schülerinnen und Schüler in Tests deutlich besser ab als in herkömmlichen Highschools.

Teils hindern uns also die gesellschaftlichen Rahmenbedingungen am Schlafen. Manche Menschen sind darüber hinaus von Natur aus schlechte Schläfer. Ihre Nachtruhe reagiert besonders empfindlich auf Störungen. Und Stress tut häufig sein Übriges. Wer überlastet ist, schläft nachweislich schlechter. Wenn uns ein

Problem beschäftigt, wir beruflich unter Druck stehen oder uns um den Zustand der Welt sorgen, gerät unsere Seele aus dem Gleichgewicht. Probleme beim Ein- und Durchschlafen sind die frühesten Alarmsignale, die sie aussendet – und auf die wir hören sollten.

### Schlafe ich ausreichend?

- Fühlen Sie sich morgens nach dem Aufwachen ausgeruht?
- Kommen Sie gut ohne koffeinhaltige Getränke durch den Tag?
- Schlafen Sie im Urlaub etwa genauso viel wie im Alltag?

Wenn Sie mindestens eine der drei Fragen klar mit Nein beantworten, bekommen Sie wahrscheinlich zu wenig Schlaf.

# 17

# WOZU BRAUCHT DIE SEELE SCHLAF?

Schlafstörungen gehören in der westlichen Welt zu den verbreitetsten Erkrankungen. In Deutschland ist die Insomnie die häufigste Schlafstörung. Sie ist gegeben, wenn Menschen über drei Monate hinweg schwer einschlafen können, nachts immer wieder aufwachen und nicht zurück in den Schlaf finden und am darauffolgenden Tag dann so ausgelaugt sind, dass sie ihre Aufgaben kaum bewältigen können – oft liegen die Nerven blank. Dabei muss immer abgeklärt werden, ob es eine andere medizinische Ursache für die quälende Schlaflosigkeit gibt, etwa nächtliche Atemprobleme oder Schmerzen oder ob es sich zum Beispiel um die Begleiterscheinung einer Depression handelt. Schlaflosigkeit und Depression gehen oft Hand in Hand. Dass der Schlaf bei einer Depression beeinträchtigt ist, ist nachvollziehbar, manchmal ist aber auch die zermürbende Schlaflosigkeit zuerst da und die Depression entwickelt sich daraus. Um dies zu verhindern, ist eine frühzeitige Behandlung der Insomnie von entscheidender Bedeutung – die kognitive Verhaltenstherapie ist hier äußerst wirksam.

Inzwischen ist klar: Eine schlaflose Seele ist nicht nur anfällig für Depressionen, sondern auch für Ängste, Zwänge, Abhängigkeit und viele andere psychische Störungen. Ohne guten Schlaf hält die Seele sogar traumatischen Erlebnissen schlechter stand. Doch woran liegt das? Dass im Schlaf ein körperliches Wartungsprogramm abläuft, ist mittlerweile bekannt. Wird etwa auch die Seele Nacht für Nacht wieder fit gemacht? Die Indizien dafür haben sich in den letzten Jahren verdichtet.

Die erste Spur führt zu den Nervenzellen, die vor allem im Gehirn und Rückenmark zu finden sind. Sie kommunizieren untereinander über elektrische Impulse und verarbeiten so unter anderem Sinneseindrücke. Nach Phasen hoher Aktivität brauchen sie Erholung. Die bekommen sie, während wir schlafen, denn dabei gewinnen wir Abstand von der Außenwelt, deren Reize tagsüber auf uns einprasseln. Gleichzeitig werden Schadstoffe abtransportiert und Schäden in der Zell-DNA repariert, wie israelische Forscher 2021 zeigen konnten.

Im Schlaf wird aber nicht nur in den Zellen aufgeräumt, auch unser Erinnerungsvermögen wird geordnet. Das, was wir im Wachzustand erlebt haben, überträgt sich ins Langzeitgedächtnis, neu Gelerntes verfestigt sich. Deshalb sind Mittagsschläfchen während der Vorbereitung auf eine Prüfung eine gute Idee – oder auch nach einer Psychotherapiesitzung, denn so können die besprochenen gesünderen Denk- und Verhaltensweisen besser in Fleisch und Blut übergehen. Im Schlaf kann das Gehirn Erinnerungen ungestört abspeichern, weil nichts Neues auf es einströmt. Am effektivsten passiert das im Tiefschlaf, in den wir etwa eine halbe Stunde nach dem Einschlafen sinken.

Allerdings schlafen wir nicht nur, um uns zu erinnern, sondern auch, um zu vergessen. Im Gedächtnis wird während des Schlafs gesichtet, sortiert, verwaltet und Platz für Neues geschaffen. Mentales Gerümpel wie die Info, auf welchem Parkplatz wir letztens beim Einkaufen unser Auto abgestellt haben oder welche Sorte Nudeln gerade im Angebot war, muss Wichtigerem weichen. Auch emotionalen Ballast werfen wir im Schlaf ab. Das geschieht in der nächsten Schlafphase, dem sogenannten REM-Schlaf. REM steht für »Rapid Eye Movement«, denn in dieser Phase bewegen Schlafende die Augen hin und her, als würden sie auf dem Inneren ihrer Lider einen Film sehen. Tatsächlich haben wir im REM-Schlaf die lebhaftesten Träume.

In dieser Schlafphase werden Ereignisse des Tages verarbeitet. Auch schmerzhafte Erlebnisse werden dabei neuronal aktiviert – allerdings anders als im Wachzustand. Sie können nun nicht mehr ihre ganze emotionale Wucht entfalten, denn einzig im REM-Schlaf ist das Gehirn frei vom Stresshormon Noradrenalin. Durch die Aktivierung des Erlebten in einem Zustand, in dem die Hirnchemie die Gleichmut fördert, wird der emotionale Gehalt der Erinnerung abgeschwächt. Vergangene traurige oder bedrohliche Momente verlieren so auf natürliche Weise ihren Schrecken. Es heißt, die Zeit heilt alle Wunden, doch viel mehr ist es der Schlaf, der unserer Seele nach und nach Linderung verschafft. Sind wir verletzt darüber, dass uns eine gute Bekannte nicht zum Geburtstag eingeladen hat, kommt uns das Ganze dank dem nächtlichen Gefühlsdetox am nächsten Morgen nur noch halb so schlimm vor. Deshalb ist es in vielen Fällen ratsam, eine Nacht darüber zu schlafen, bevor man sich zu voreiligen Reaktionen hinreißen lässt.

Den heilsamen Effekt des REM-Schlafs konnten Forscherinnen der Universität des Saarlands 2019 nachweisen. Versuchspersonen, die vor dem Schlafengehen einen aufwühlenden Zusammenschnitt aus Horror-Schockern wie ›I Spit on Your Grave‹ und ›German Angst‹ gesehen hatten, waren in den nächsten Tagen seelisch weniger mitgenommen, wenn sie in der Nacht viel REM-Schlaf bekommen hatten. Der hatte offenbar die emotionale Antwort so weit abgeschwächt, dass sie kaum unter den Erinnerungen an die Gewalt auf der Leinwand litten. Weil wir vor allem in der zweiten Nachthälfte in den REM-Schlaf gleiten, kann es helfen, nach emotionalen Belastungen auszuschlafen. Der Wecker reißt nämlich viele aus dem Traum und verkürzt damit ausgerechnet die Komponente des Schlafs, die besonders wichtig für die Seele ist.

Im Schlaf regeneriert sich also nicht nur der Körper. Auch die Seele braucht eine tiefe und erholsame Nachtruhe, um die Balance nicht zu verlieren. Guter Schlaf macht sie widerstandsfähiger gegen Angriffe, denn er konserviert unsere Erinnerungen und ordnet unsere Gefühlswelt. Bei anhaltender Schlaflosigkeit ist der Gang zur Ärztin oder zum Psychotherapeuten unverzichtbar, aber erfolgversprechend – Insomnie lässt sich sehr gut behandeln. Es gibt aber auch einiges, was Sie selbst sofort für Ihren Schlaf tun können – tagsüber, abends und nachts.

## Guter Schlaf beginnt am Tag

Zwei Dinge lassen uns müde werden: das körpereigene Hormon Melatonin und der sogenannte Schlafdruck, der sich aufbaut, je länger wir wach und aktiv sind. Damit Melatonin pünktlich zur Schlafenszeit ausgeschüttet wird, muss es tagsüber hell sein. Wer regelmäßig Tageslicht tankt und die Zeit an der frischen Luft noch mit Bewegung verknüpft, hält seinen Schlaf-wach-Rhythmus gesund.

Der zweite Müdemacher neben dem Melatonin, der Schlafdruck, wächst während unserer wachen Stunden Stück für Stück an und nimmt ab, wenn wir schlafen. So kommt die Montagmorgen-Müdigkeit vor allem vom langen Ausschlafen am Wochenende. Wir tun uns vermeintlich etwas Gutes, stehen sonntags erst um 10 Uhr auf und wundern uns, wenn wir am Abend vor der neuen Arbeitswoche nicht zur Ruhe kommen. Der Schlafdruck reicht dann schlicht noch nicht aus. Ein möglichst regelmäßiger Rhythmus ist daher die vielleicht wichtigste Säule guten Schlafs. Die meisten hören es nicht gern und für Schichtarbeitende ist es kaum umsetzbar, aber jeden Tag zu einer ähnlichen Zeit aufzustehen, ist fast ein Garant für gesunden Schlaf – sogar noch wichtiger als eine regelmäßige Bettgehzeit. Wer keine Schlafprobleme hat, darf natürlich gerne hin und wieder bis mittags im Bett liegen. Alle anderen probieren Folgendes: Machen Sie am Wochenende den Morgen zum Abend. Beginnen Sie den Tag nicht mit Pflichten und Zwängen, sondern erklären Sie den Sonnenaufgang ganz bewusst zur »Me-Time«. Schauen Sie die Serie vom Vorabend weiter oder machen Sie es sich mit einem Cappuccino und einem guten Buch gemütlich, statt auszuschlafen.

Öfter, als man denkt, ist es auch der Milchkaffee am Nachmittag, der verhindert, dass sich die wohlige Müdigkeit zur richtigen Zeit einstellt. Kaffee, Energydrinks und andere stimulierende Getränke wirken nämlich mehr als sieben Stunden lang. Koffein belegt im Gehirn Rezeptoren, an die normalerweise das Hormon Adenosin andockt, das sich mit wachsendem Schlafdruck ansammelt. Manche Menschen bauen Koffein genetisch bedingt schnell ab und können sich sogar nach dem Abendessen noch ohne Probleme einen Espresso genehmigen. Alle anderen müssen aufpassen: kein Koffein nach 15 Uhr. Wer schlecht einschläft, sollte nach dieser Uhrzeit auch keinen Mittagsschlaf mehr halten. Vorher ist ein Nickerchen aber erlaubt.

## Der Abend stellt die Weichen

Damit wir einschlafen können, muss unsere Körpertemperatur sinken. Deswegen ist das Raumklima des Schlafzimmers wichtig. Es sollte eher kühl sein, am besten unter 20 Grad. Paradoxerweise hilft aber auch ein heißes Bad am Abend beim Abkühlen. Es regt die Blutzirkulation an und sorgt so dafür, dass Wärme aus dem Inneren des Körpers nach außen abgegeben wird. Schon zehn Minuten im heißen Wasser, ein bis zwei Stunden vor der Schlafenszeit, helfen beim Einschlafen.

Auch Rituale lassen uns zur Ruhe zu kommen. Das kann zum Beispiel unser persönlicher Schlummertrunk sein, etwa eine kleine Tasse Fencheltee oder heiße Milch mit Honig. Den Geschmack verbindet unser Gehirn nach und nach mit dem Müdewerden. Am besten funktioniert die Verknüpfung, wenn wir dieses Aroma ausschließlich vor dem Zubettgehen auf der Zunge haben und nicht noch zu anderen Tageszeiten. Man kann aber auch einen bestimmten Geruch als Einschlafsignal nutzen, zum Beispiel ein Lavendelöl, das auf dem Nachtschränkchen bereitsteht.

Wer hingegen auf das Feierabendbier als Ritual setzt, um die Sorgen zu vertreiben, oder hofft, mit einem Glas Rotwein am Ende des Tages abschalten zu können, erreicht eher das Gegenteil.

Alkohol lässt uns zwar tatsächlich schneller einschlafen, allerdings ist der Schlaf dann weniger erholsam. Wir bekommen weniger vom wertvollen REM-Schlaf und wachen häufiger zwischendurch auf. Ähnlich ist es mit Schlafmitteln. Sie verändern die Zusammensetzung des Schlafs, beeinträchtigen das Gedächtnis und machen relativ schnell abhängig. Irgendwann kann man ohne das Medikament gar nicht mehr einschlafen.

Für natürliche Entspannung sorgt am Abend eine Atemübung oder eine Achtsamkeitsmeditation, bei der wir auf dem Rücken liegend verschiedene Körperregionen bewusst spüren. Auch empfiehlt es sich, ein Abendessen zu sich zu nehmen, das zwar satt macht, aber nicht zu schwer im Magen liegt, und Laptop und Handy aus dem Bett zu verbannen. Der Organismus verknüpft den Schlafplatz sonst mit Wachsein und das bläuliche Licht der Bildschirme kann die Melatonin-Produktion hemmen. Blaues Licht wird allerdings oft zu sehr verteufelt: Wenn man keine Schlafstörungen hat, muss man sich auch keine Gedanken darum machen. Nur Menschen, die bereits Probleme mit dem Einschlafen haben, reduzieren besser ihre Screen-Time am Abend. Und wer sich nur schwer von einer spannenden Serie oder einem fesselnden Roman losreißt, seine Neugier aber mit bleierner Müdigkeit am nächsten Tag bezahlt, stellt sich am besten nicht nur einen Wecker zum Aufstehen, sondern auch einen, der daran erinnert, dass es jetzt Zeit ist zu schlafen.

## Nachts lässt sich das Blatt noch wenden

Wenn man mitten in der Nacht aufwacht und nicht wieder in den Schlaf zurückfindet, fängt die Gedankenmühle von ganz alleine an, sich zu drehen. Nach Sonnenuntergang sind wir besonders anfällig für Grübeleien, und die lassen uns dann erst recht nicht mehr einschlafen. Doch die Psychologie liefert wirksame Gegenmittel (siehe »Wie stoppt man das Gedankenkarussell?«). Wenn die Sorgen einem in der Dunkelheit auf die Pelle rücken und die

Angst vor dem nächsten Tag immer größer wird, hilft oft nur eins: Licht an und raus aus den Federn. Wälzen Sie sich nämlich immer wieder stundenlang schlaflos hin und her, besteht die Gefahr, dass Ihr Gehirn das Bett mit Wachsein verknüpft – Psychologen sprechen hier von »Konditionierung«. Schlafprobleme setzen sich oft auf diese Weise fest. Stehen Sie also lieber auf, sobald Sie für mehr als 15 Minuten nicht mehr einschlafen können. Und dann? Tun Sie am besten etwas Entspannendes: Setzen Sie sich aufs Sofa und lesen Sie ein Buch – keines, das Sie geistig zu sehr in Anspruch nimmt – oder hören Sie sich einen nicht zu aufregenden Podcast an. Auch richtig Langweiliges kann ausnahmsweise von Vorteil sein. Auf YouTube finden sich trockene Vorträge zu den unterschiedlichsten Fachthemen, die Sie garantiert schnell wieder müde werden lassen. Regeln Sie am Bildschirm die Helligkeit herab und aktivieren Sie den Nachtmodus – oder hören Sie einfach nur zu. Kehren Sie erst dann zurück ins Bett, wenn Sie schläfrig werden.

# 18

# WAS BEDEUTEN TRÄUME?

Rund fünf Jahre unseres Lebens verbringen wir im Traum. Wir flüchten vor Godzilla, fahren Rollschuh mit Elvis oder fallen unten ohne durchs Abi, ohne überhaupt das Bett zu verlassen. Da sich die nächtlichen Reisen kaum direkt erforschen lassen, wissen wir nur aus nachträglichen Berichten, wovon Menschen träumen. Genau genommen handelt es sich dabei immer nur um eine Erinnerung an den eigentlichen Traum.

Für den Inhalt unserer Träume ist vor allem die Großhirnrinde zuständig. Sie erschafft die Fabelwesen und alten Bekannten, denen wir im Traum begegnen. Hirnareale, die die Motorik steuern, sind dabei ebenfalls aktiv. Auffallend oft sind wir im Traum nämlich in Bewegung – rennen, fliegen, reiten oder schwimmen. Damit wir dabei nicht wild im Bett herumstrampeln oder gar auf Wanderschaft gehen, sind die Muskeln im REM-Schlaf, in dem wir die lebhaftesten Träume erleben, weitgehend lahmgelegt.

Im Traum sind wir aber nicht nur meistens auf Achse, die Uhren ticken auch oft langsamer. Die für die Zeitwahrnehmung zuständigen Regionen im Gehirn sind weniger aktiv. Das erklärt, warum wir manchmal beim Aufwachen den Eindruck haben, wir hätten in der Nacht ein ganzes Leben gelebt. In Wahrheit dauert ein Traum aber nur um die 20 Minuten. Erwachsene haben pro Nacht etwa vier bis sechs Träume, auch wenn sie sich am nächsten Morgen nicht immer daran erinnern können. Weniger rege als im Wachzustand sind auch Bereiche des Stirnhirns, die normalerweise für Vernunft und logisches Denken verantwortlich sind. Weil die sich eine Pause gönnen, hinterfragen wir das seltsame

Geschehen im Traum meist nicht – etwa warum die Schwerkraft plötzlich aussetzt oder was der King of Rock 'n' Roll neben uns macht.

Seit Tausenden von Jahren versucht der Mensch, den nächtlichen Fantasien Bedeutung abzuringen. Er sucht darin einen tieferen Sinn, einen Fingerzeig auf die Zukunft oder eine göttliche Botschaft. Schon im Alten Testament ist es ein Traum, der den Ägyptern Entscheidendes verrät. Der Pharao träumt, er steht am Ufer des Nils, als sieben fette und danach sieben magere Kühe aus dem Wasser steigen. Dann beginnen die mageren, die fetten aufzufressen. Josef, treffsicherer Traumdeuter und Sohn von Jakob, einem Stammvater der Israeliten, interpretiert die Szene für den Herrscher so: Sieben reiche Jahre stehen Ägypten bevor. Darauf folgen sieben Jahre des Hungers. Als tatsächlich Jahre des Überflusses anbrechen, können die Ägypter dank dem Traum überlebenswichtige Vorräte anlegen. Josef bringt es durch seine Gabe zu Reichtum und Ansehen.

In der Antike galt neben dem Orakelwesen und der Interpretation der Flugrouten von Vögeln auch die Traumdeutung als ein Weg, zukünftige Entwicklungen, Glück und Unglück vorherzusagen. Aufgrund der Schriften des Traumdeuters Artemidor von Daldis, der im zweiten Jahrhundert n. Chr. in Kleinasien lebte, wissen wir, welche Bedeutung die Menschen bestimmten Träumen zuschrieben. Wer sich etwa im Traum die Haare flocht, dem blühten nach damaliger Vorstellung im wahren Leben finanzielle Verwicklungen. Der Traum vom Fliegen kündigte laut Artemidor von Daldis eine bevorstehende Reise an – je rauer die überflogene Landschaft, desto beschwerlicher würde sie sein. Gleichzeitig dienten Träume auch der Prognose in der Medizin. Der griechische Arzt Hippokrates von Kos (460–370 v. Chr.) schloss von den Träumen seiner Patientinnen und Patienten auf deren weiteren Krankheitsverlauf. So sah er in Träumen mit gutem Wetter – blauem Himmel und Sonnenschein – ein Zeichen für das körperliche Wohlergehen. Regen oder Hagel galten hingegen als schlechtes Omen.

Ging man in der Antike noch davon aus, dass Träume etwas über die Zukunft preisgeben – den Ausgang einer Erkrankung oder das weitere Schicksal –, änderte sich das mit der Moderne. Sigmund Freud (1856–1939), der Begründer der Psychoanalyse, nutzte den Traum für einen Blick in verborgene Winkel der Seele. Für ihn war er der Königsweg zum Unbewussten und damit ein wichtiger Baustein bei der Behandlung seelischer Leiden.

Freud war überzeugt, dass nachts geheime Wünsche und Empfindungen aufsteigen, die man tagsüber unterdrückt – weil sie Angst machen oder gegen gesellschaftliche Normen verstoßen, zum Beispiel sexuelle Gelüste oder Gewaltfantasien. Im Traum, so Freuds Theorie, erfüllen sich diese Bedürfnisse, ohne dass man sie in der Realität ausleben muss. Damit man vor Bestürzung über die eigenen Abgründe nicht aufwacht, wird die eigentliche Handlung im Traum zensiert, verzerrt, verdichtet, die Szenenbilder werden verlegt und die Protagonisten verwandelt, bis für den Träumenden nicht mehr erkennbar ist, worum es eigentlich geht.

Die wahre Bedeutung des Traums ließ sich Freud zufolge nur gemeinsam mit einem Psychoanalytiker aufdecken. Der könne dabei helfen, die inneren Konflikte freizulegen, die er für die Ursache seelischer Beschwerden hielt. Bestimmte Traumbilder hatten bei ihm eine festgelegte Bedeutung: Messer, Schirme oder Krawatten standen seiner Meinung nach in Wahrheit für den Penis, Dosen oder Schiffe für weibliche Genitalien. Und wer sich im Traum einem Löwen gegenübersah, der träumte eigentlich von einem anderen »hohen Tier«, etwa dem Chef. Hinter Träumen vom Tod nahestehender Menschen, die in Wahrheit noch lebten, vermutete Freud einen heimlichen Groll gegen diese Personen. Freuds Schüler C. G. Jung (1875–1961) vertrat eine andere Theorie. Er glaubte, dass wir uns im Traum oft selbst gegenüberstehen und bestimmte Anteile von uns in jemand anderem erkennen können, der diese Eigenschaft verkörpert. Erscheint uns der eigene Vater oder eine Nachbarin im Traum, sollten wir uns daher fragen: Ist wirklich diese Person gemeint?

Die Ansicht, dass es universelle Traumsymbole gibt, die sich eindeutig dechiffrieren lassen, vertritt heute fast niemand mehr, denn es gibt keine Belege dafür. Aus diesem Grund hat sich die moderne Psychoanalyse von Freuds Idee der allgemeingültigen Nachtbilder abgewandt. Zwar beziehen Psychoanalytikerinnen Träume immer noch in die Behandlung ein, die Deutung ist dabei aber immer individuell und wird gemeinsam mit dem Patienten erarbeitet. Wissenschaftler hielten Träume lange Zeit für Schäume, ein bloßes Abfallprodukt nächtlicher Hirnaktivität – unsinnig, wirr und ohne Belang. Doch von dieser Sicht sind die meisten mittlerweile abgerückt, denn das, was wir träumen, hat durchaus etwas mit uns zu tun.

Wie sich zeigt, kommen vor allem in der ersten Nachthälfte im Traum Dinge vor, die wir am Tag gesehen, gehört und erlebt haben. Außerdem spiegeln Träume oft unsere persönlichen Interessen wider. Wer im Alltag viel Musik hört, ein Instrument spielt oder singt, der träumt auch häufig von Musik. Und wer selbst Stücke komponiert, träumt eher von neuen Melodien als von bekannten. 2017 ermittelten Forschende der Universität von Lyon, dass 80 Prozent der Träume ihrer Probanden mit persönlichen Erlebnissen zusammenhingen. 40 Prozent dieser Erlebnisse stammten erst vom Tag zuvor, 26 Prozent hatten sich im letzten Monat ereignet, 16 Prozent im letzten Jahr und 18 Prozent vor mehr als einem Jahr. Die meisten Erlebnisse bezeichneten die Versuchspersonen als wichtig für ihr Leben, nicht jedoch die vom Tag zuvor, die waren offenbar einfach frisch und deshalb gut zugänglich.

Ganz besonders eng mit dem persönlichen Empfinden sind offenbar unsere Albträume verknüpft, da sich in ihnen unsere innersten Ängste und Nöte zeigen. Das ergab eine 2020 veröffentlichte Auswertung von Träumen von Psychotherapiepatienten der Katholischen Hochschule Freiburg. Albträume erlauben womöglich einen besonderen Zugang zu unserer Seele. Wer im Traum immer wieder verfolgt wird, fühlt sich in seinem Leben vielleicht insgeheim von etwas bedrängt. Wer nachts ständig unvorbereitet Mathearbeiten schreiben muss, den plagen möglicherweise Versagensängste.

Der Traum neigt allerdings zur Übertreibung. Mancher Albtraum gleicht einem virtuos inszenierten Horrorfilm. Die Angst, die man dabei empfindet, ist echt; die beklemmende Stimmung begleitet einen oft noch den ganzen Tag.

---

Tipp Albtraum stoppen: Wenn Sie nachts aus einem Albtraum aufschrecken, machen Sie das Licht an und erzählen Sie wenn möglich jemandem von Ihrem Traum. Bleiben Sie 15 Minuten wach und versuchen erst dann weiterzuschlafen. Sonst ist die Gefahr groß, dass Sie direkt wieder in den REM-Schlaf eintreten und der Albtraum nahtlos weitergeht.

---

Quält einen immer wieder der gleiche Albtraum, lässt sich der nächtliche Schrecken noch mit einer anderen Methode besiegen: indem man ihn weiterdenkt. Das Problem: Aus einem Albtraum erwachen wir oft an der schlimmsten Stelle – wenn das Ungeheuer kurz davor ist, uns den Kopf abzubeißen. Die Lösung: das Drehbuch anderntags weiterschreiben und ihm ein Happy End verpassen. Nehmen Sie sich Zeit und schreiben oder malen Sie den Plot des Traums detailliert auf: Wo sind Sie? Wer ist alles vor Ort? Was passiert und wie fühlen Sie sich dabei? Jetzt, wo Sie wach und nicht im Traum gefangen sind, liegt es in Ihrer Hand, wie die Geschichte weitergeht. Vielleicht eilt Ihnen jemand zu Hilfe – ein guter Freund oder eine Figur aus Ihrer Lieblingsserie? Oder Sie finden selbst einen Ausweg, nutzen Kraft oder Scharfsinn, um den Feind zu besiegen? Bei dieser gedanklichen Übung ist alles erlaubt. Als Nächstes gilt es, die neue Geschichte so zu verinnerlichen, dass sie auch im Schlaf automatisch aktiviert wird. Das gelingt am besten, wenn Sie die positive Wendung zwei Wochen lang täglich im Geist durchspielen. Nutzen Sie Ihre Vorstellungskraft, um die Geschichte immer wieder vor Ihrem inneren Auge ablaufen zu lassen. Nach einiger Zeit verliert der Albtraum seine Macht und verschwindet.

Wenn das nach mehreren Anläufen nicht gelingen will – oder die Albträume die Folge eines echten Traumas sind –, ist psychotherapeutische Unterstützung angeraten. Das Vorgehen ist dabei fast das Gleiche, nur dass man die neue Geschichte gemeinsam mit der Therapeutin erarbeitet und einübt.

So hatte eine junge Patientin, die an einer Angststörung litt, drei wiederkehrende Albträume. Die handelten davon, wie sie von einer Gruppe eingekesselt wird, die vorhat, sie zu verletzen und sexuell zu bedrängen. Tatsächlich war die Frau in ihrer Schulzeit stark gemobbt und auch körperlich angegriffen worden. Dass sie Ausländerin war und sich noch dazu nicht typisch weiblich kleidete, nahmen ihre Mitschülerinnen und Mitschüler zum Anlass, ihr das Leben zur Hölle zu machen. Diese Erfahrung verfolgte sie nach wie vor im Traum. In der Therapie schrieb sie den Traum weiter: Umzingelt vom wütenden Mob holt sie eine Pfeife hervor und bläst hinein. Angerannt kommt ihr Hund und stellt sich schützend vor sie. Sie sagt den Angreifern ihre Meinung und geht erhobenen Hauptes davon. Die Menge macht ihr Platz, und da steht ihre Lebensgefährtin, die sie lächelnd in die Arme schließt.

# 19

# HAT DER VOLLMOND EINE WIRKUNG AUF UNS?

Wer klagt, bei Vollmond kein Auge zuzutun, wird schnell belächelt. Mondfühlige gelten als esoterisch, zuweilen sogar als ein bisschen verrückt. Also alles Einbildung?

Das fragten sich auch Biologen der Universität Basel bei einem Feierabenddrink in der »Vollmondbar«. Sie durchkämmten daraufhin Daten aus ihrem Schlaflabor, die sie zu anderen Zwecken erhoben hatten, noch einmal ganz gezielt. Im Schlaflabor lässt sich nämlich nicht nur der Schlaf genau überwachen, auch viele Dinge, die mitbestimmen, wie gut wir schlafen, werden kontrolliert: Lärmpegel, Zimmertemperatur, Luftfeuchtigkeit und Helligkeit. Sind alle diese Parameter optimal, lassen sich auch subtilere Einflüsse auf den Schlaf aufspüren.

Die Wissenschaftler glichen daher physiologische Messungen sowie Angaben, wie gut die beobachteten Personen geschlafen hatten, mit der Mondphase in den jeweiligen Nächten ab. Es zeigte sich: Im Schnitt brauchten sie in den Vollmondnächten fünf Minuten länger, um einzuschlafen, und schlummerten insgesamt 20 Minuten weniger. Ihr Speichel enthielt zudem geringere Konzentrationen des Schlafhormons Melatonin, und auch die für die Erholung wichtigen REM-Schlafphasen waren kürzer als sonst. Passend dazu hatten die Personen in diesen Nächten auch öfter den Eindruck, schlecht geschlafen zu haben. Das Mondlicht, das oft für den Effekt verantwortlich gemacht wird, konnten die Forschenden als Übeltäter ausschließen – schließlich gab es im

Schlaflabor keine Fenster. Auch die Gravitation des Mondes, die für Ebbe und Flut sorgt, bot keine stichhaltige Erklärung. Was sonst konnte die Ursache für eine mögliche Wirkung des Mondes auf den Körper sein?

Vielleicht tickt in uns ein evolutionäres Überbleibsel einer inneren Monduhr – neben einem »zirkadianen« Rhythmus könnte unser Organismus einem »zirkalunaren« Takt gehorchen. Zirkadiane Rhythmen, also Tagesrhythmen mit annähernd 24-Stunden-Intervallen, steuern verschiedene Körpervorgänge wie die Melatoninproduktion, die Aufmerksamkeit oder die Körpertemperatur. Ein zirkalunarer Rhythmus wäre demnach eine innere Uhr, die statt der Sonne dem Mond folgt und etwa einen Monat umfasst. Eingebaute Rhythmen, die sich am Mond orientieren, wurden schon bei Meeresbewohnern wie Krebsen und Borstenwürmern nachgewiesen. Die innere Monduhr hilft ihnen wahrscheinlich, die Fortpflanzungszyklen innerhalb einer Spezies aufeinander abzustimmen und den Zeitpunkt der Geburt ihrer Nachkommen optimal an die Gezeiten anzupassen. Aber auch bei Säugetieren wie dem Dachs gibt es Hinweise auf den Einfluss des Mondes. So paaren sich Dachse vor allem in den Tagen um Neumond.

Neue Hinweise auf eine innere Monduhr gab es 2020. US-amerikanische und argentinische Forschende konnten belegen, dass Menschen, die noch unter weitgehend natürlichen Bedingungen leben, also kaum mit elektrischem Licht in Verbindung kommen, im Einklang mit dem Mond schlafen. Die Wissenschaftler suchten dafür Menschen aus verschiedenen Dörfern und Gemeinschaften der Toba, einer indigenen Bevölkerungsgruppe in Argentinien, auf. 98 von ihnen erklärten sich bereit, mithilfe eines Aktivitätsmessgeräts am Handgelenk ihr Schlafverhalten untersuchen zu lassen. Die Messungen, die über zwei Monate hinweg stattfanden, zeigten, dass sich der Schlaf über die verschiedenen Mondphasen hinweg veränderte. Dabei offenbarte sich ein Muster: Im Schnitt legten sich die Toba in den hellen Nächten, die auf den Vollmond zugingen, 30 Minuten später hin und schliefen insgesamt eine

Stunde weniger – ähnlich wie Mondfühlige, die sich in Vollmondnächten hin und her wälzen.

Womöglich hat der Mensch im Lauf der Evolution einen Mondrhythmus verinnerlicht, der ihm erlaubt, die hellsten Nächte des Monats zu nutzen. Jedenfalls berichteten ältere Vertreter der Toba, sie hätten früher die hellen Nächte mit Jagen und Fischen verbracht. So ein genetisch verankertes Band mit dem Mond würde auch erklären, warum die Personen im fensterlosen Basler Schlaflabor in monderleuchteten Nächten weniger schliefen, obwohl sie das Licht gar nicht sehen konnten.

Nach seiner Entdeckung bei den Toba untersuchte das Forschungsteam rund 500 Studierende aus Seattle. Und tatsächlich fand es bei den jungen Städterinnen und Städtern das gleiche Muster, wenn auch etwas schwächer ausgeprägt. Der Effekt des Vollmonds zeigte sich also nicht nur in einer Umgebung ohne künstliches Licht, sondern sogar in einer flirrenden Metropole.

In anderen Schlafstudien wiederum ließ sich kein Mondeffekt nachweisen. Es braucht noch mehr Forschung, um zu klären, ob sich unser himmlischer Gefährte auf unseren Schlaf auswirkt, und wenn ja, wie. Vermutlich ist die Wirkung eher subtil und auch von Mensch zu Mensch unterschiedlich ausgeprägt. Abtun lässt sich der Eindruck, bei Vollmond schlechter zu schlafen, aber längst nicht mehr – ob es nun bloß am Mondlicht liegt, das das Schlafzimmer erhellt, oder doch an einer Macht des Erdtrabanten über uns, die wir noch nicht ganz verstanden haben.

# 20
# WAS STECKT HINTER DEM WINTERBLUES?

Unser Planet steht ein wenig schief. Weil sich dadurch im Lauf des Jahres der Winkel der Sonnenstrahlen verändert, haben wir auf der Erde Frühling, Sommer, Herbst und Winter. Manche erfreut der ewige Wechsel, andere können den kalten Monaten einfach nichts abgewinnen. Sobald die Tage kürzer werden, überkommen sie Melancholie und Müdigkeit. Im Extremfall sind sie in dieser Zeit so niedergeschlagen, dass Psychologen und Psychiaterinnen von einer Winterdepression sprechen. Pünktlich zum Frühlingsanfang, sobald die ersten Krokusse ihre Blüten zur Sonne recken, lichtet sich dann auch wieder der Nebel in ihrem Kopf. Etwa jeder Zwanzigste erkrankt in seinem Leben an dieser saisonalen Depression. Die leichtere Form, den sogenannten Winterblues, kennt mehr als jeder Zehnte.

Grund dafür ist das fehlende Sonnenlicht. Bei Dunkelheit produziert unser Körper mehr Melatonin. Das Hormon wird normalerweise erst gegen Abend in größerer Menge frei und hilft uns beim Einschlafen. Es macht uns allerdings nicht nur müde und antriebslos, sondern zuweilen auch schwermütig. Gleichzeitig geht eine starke Melatonin-Ausschüttung mit geringeren Mengen an Dopamin und Serotonin einher, die für Glücksgefühle, Motivation und Zufriedenheit sorgen. Manche Menschen haben sogar besonderes Pech: Ihre Licht-Rezeptoren sind weniger empfindlich. Schon wenn es nur wolkig und trüb ist, produziert das Gehirn zu viel Melatonin.

Wenn die Sonne spät aufgeht und schon früh wieder hinterm Horizont verschwindet, gerät bei diesen Sommermenschen die innere Uhr schnell aus dem Takt. Aber auch bei anderen verschiebt sich oft der gesamte Tag-Nacht-Rhythmus: In der dunklen Jahreszeit kommen sie abends erst spät zur Ruhe und haben morgens, wenn der Wecker klingelt, noch längst nicht ausgeschlafen. Wie gerädert müssen sie dann raus in die Kälte und den Arbeits- oder Schultag überstehen, und wenn sie zurück nach Hause kommen, ist es schon wieder düster. Ob und wie stark uns der Winter zusetzt, ist zum Teil genetische Veranlagung. Fielen schon Mutter oder Vater ab dem Herbst in ein Stimmungstief, tragen auch die Kinder ein höheres Risiko.

Womöglich ist der Winterblues ein Überbleibsel aus unserer fernen Vergangenheit. In harten Wintern, in denen es kaum Nahrung gab, war es äußerst sinnvoll, durch Rückzug und Schlaf Energie zu sparen. Auch die winterliche Lust auf Hochkalorisches ergibt vor diesem Hintergrund Sinn: Wer etwas Essbares in die Finger bekam, sollte das besser schleunigst aufessen. Vor rund 20 000 Jahren, als die letzte Eiszeit die Menschheit frösteln ließ, war dieser Ruhemodus vermutlich entscheidend. Besonders für Frauen im gebärfähigen Alter bestand darin ein Überlebensvorteil, denn eine Schwangerschaft verschlingt große Kraftreserven. Noch immer sind Frauen anfälliger für den Winterblues als Männer.

Doch niemand muss deswegen in den Süden auswandern. Mit den richtigen Routinen ist der Winter auch für Sonnenhungrige lebenswert. Licht ist dabei das wirksamste Mittel. Fangen Sie die raren Lichtstrahlen ein, indem Sie möglichst oft um die Mittagszeit einen Spaziergang machen. Dabei wirkt neben der Sonne auch die Bewegung stimmungsaufhellend. Wenn das nicht geht, helfen auch schon ein paar Minuten am Fenster. Selbst an wolkenverhangenen Tagen ist das Tageslicht deutlich heller als die Beleuchtung in Innenräumen. Eine Tageslichtlampe mit einer Lichtstärke von 10 000 Lux nützt erwiesenermaßen ebenfalls. Für eine kurze Lichtdusche schalten Sie sie am besten gleich morgens für eine halbe Stunde ein. Damit das Licht die Photorezeptoren auf der Netzhaut stimuliert und somit die Melatoninproduktion hemmt, sollten die Augen dabei geöffnet sein – schauen Sie aber nicht direkt ins Licht. Der optimale Abstand von der Lichtquelle beträgt 50 bis 80 Zentimeter. Achten Sie beim Kauf darauf, dass die Lampe die UV-Strahlung herausfiltert, um Hautschäden zu vermeiden. Wichtig: Ab dem späten Nachmittag sollte die Lampe ausbleiben, denn dann muss der Körper langsam mit der verstärkten Melatoninproduktion beginnen, damit Sie zur Schlafenszeit müde sind. Auch ein Vitamin-D-Mangel, der sich vor allem in der dunklen Jahreszeit bemerkbar macht, kann zu einer gedrückten Stimmung beitragen. Lassen Sie zur Sicherheit bei der Hausärztin Ihre Werte checken, wenn der Winterblues Sie plagt.

Doch wie die Jahre auf der Erde verläuft auch unser Leben in Zyklen. Nach bewegten Phasen kommt die Zeit zum Innehalten. Ein wenig sollte man dem Drang zum Winterschlaf daher getrost nachgeben. Gönnen Sie sich Plätzchen und Ruhe, einen Tee am Kamin und gemütliche Filmabende im Kerzenschein. Erlaubt ist alles, was die Seele wärmt.

# 21
# KANN DAS HERZ BRECHEN?

Als die Countrysängerin June Carter Cash 2003 im Alter von 73 Jahren an den Komplikationen einer Operation stirbt, ist das ein Schock für ihre ganze Familie. Niemandem aber wird der Boden derart unter den Füßen weggezogen wie ihrem Ehemann, der Countrylegende Johnny Cash, der mit June seit 35 Jahren verheiratet war. Vier Monate später stirbt auch er. Erlag der Sänger womöglich einem gebrochenen Herzen?

Wer schon einmal von einem geliebten Menschen Abschied nehmen musste – aus welchen Gründen auch immer –, weiß, dass sich dies genauso anfühlen kann, als würde das Herz in Stücke brechen. Fälle wie der der Cashs, in denen einander nahestehende Menschen auffällig kurz nacheinander sterben, gibt es tatsächlich immer wieder. Dass das kein Zufall ist, zeigen statistische Erhebungen. So ist etwa das Sterberisiko von Hinterbliebenen in den ersten drei Monaten nach dem Tod des Ehepartners oder der Ehepartnerin signifikant erhöht.

Das liegt unter anderem daran, dass schwere emotionale Belastungen Herzprobleme begünstigen. Nicht nur nach einem Todesfall in der Familie, auch nach Naturkatastrophen und Unfällen treten Herzinfarkte gehäuft auf. Und auch ganz andere aufwühlende Ereignisse können ein Auslöser sein: Während der Fußballweltmeisterschaft werden mehr Menschen mit Verdacht auf einen Herzinfarkt ins Krankenhaus eingeliefert als sonst.

Ein bestimmtes Herzleiden hängt so eng mit der Seele zusammen, dass es auf den Namen »Broken-Heart-Syndrom« getauft wurde. Es tritt vor allem bei Menschen auf, die gerade unter starkem Liebeskummer leiden oder einen Todesfall zu betrauern haben. Das Syndrom äußert sich ganz ähnlich wie ein Herzinfarkt, ist aber keiner. Betroffene bekommen auf einmal kaum noch Luft, haben Schmerzen in der Brust, die teils in den linken Arm oder in den Rücken ausstrahlen. Das Herz rast, oft kommen Schweißausbrüche und Übelkeit dazu. Sobald solche Symptome in bisher ungekanntem Ausmaß auftreten, sollte man sofort den Notruf wählen. Denn unbehandelt kann das Broken-Heart-Syndrom genauso lebensbedrohlich sein wie ein Herzinfarkt. Anders verhält es sich mit einer Panikattacke, die sich so ähnlich anfühlen kann, aber ungefährlich ist.

Natürlich bricht das Herz beim Broken-Heart-Syndrom nicht wirklich entzwei. Vielmehr lässt die Pumpleistung infolge von extremem Stress akut nach, etwa nach einer erschütternden Nachricht oder einem überwältigenden Erlebnis. Während bei einem Herzinfarkt die Blutgefäße des Herzens verschlossen sind, sodass der Herzmuskel nicht mehr ausreichend mit Sauerstoff versorgt wird, liegen beim Broken-Heart-Syndrom keine Verengungen der Blutgefäße vor. Stattdessen lähmt ein extremer Anstieg von Stresshormonen wie Adrenalin und Noradrenalin vorübergehend Teile des Herzmuskels. Häufig bläht sich die linke Herzkammer dabei auf wie ein Ballon. Schätzungsweise steckt hinter rund zwei Prozent der vermeintlichen Herzinfarkte in Wahrheit das Broken-Heart-Syndrom. Oft trifft es Frauen über 50.

Doch warum gehen Schicksalsschläge manchen Menschen derart ans Herz? Zwar sind die genauen Ursachen noch nicht geklärt, es gibt aber Hinweise auf eine genetische Veranlagung für das Syndrom. Die Herzmuskelzellen Betroffener sind besonders empfänglich für die Wirkung von Stresshormonen, auch scheint der geringere Östrogenspiegel bei Frauen jenseits der Wechseljahre eine Rolle zu spielen. Die gute Nachricht: Die akute Attacke kann man mit Medikamenten behandeln, sodass sich in den allermeisten Fällen Schlimmeres verhindern lässt. Und: Ein »gebrochenes« Herz verheilt erstaunlich schnell. Bei den meisten normalisiert sich die Herzfunktion innerhalb weniger Tage bis Wochen wieder. Dann wird es Zeit, die seelische Wunde zu versorgen, die das Herz zum Brechen brachte.

# 22

# WAS IST EIN TRAUMA?

Der Begriff »Trauma« kommt eigentlich aus der Medizin und beschreibt dort jede Art der Verletzung, zum Beispiel einen Knochenbruch, eine Verbrennung oder einen Tierbiss. Als Trauma bezeichnet man aber auch Erlebnisse, die sich nicht ins Fleisch, sondern in die Seele graben und dort tiefe Wunden hinterlassen. So ein Erlebnis kann ein gewaltsamer Angriff sein, eine Vergewaltigung, eine Entführung oder Geiselnahme, Krieg oder Folter. Auch ein schwerer Autounfall, eine riskante Entbindung oder der Moment, in dem die Ärztin eine lebensbedrohliche Diagnose stellt, gehören dazu. Traumatische Ereignisse sind also solche, in denen die körperliche und seelische Unversehrtheit oder sogar das Leben bedroht sind. Ihnen gemeinsam ist, dass so gut wie jeder dabei extreme Angst oder Verzweiflung empfindet. Doch nicht nur, wenn wir selbst derart bedroht sind, hinterlässt das Spuren. Auch mitzuerleben, wie einem anderen Menschen schwere Gewalt angetan wird, oder eine verstörende Nachricht, im schlimmsten Fall die, dass das eigene Kind oder eine andere nahestehende Person ums Leben gekommen ist, kann traumatisch sein. Je mehr solcher Situationen man erlebt und je länger diese anhalten, desto verheerender die Folgen.

Besonders klaffende Wunden hinterlassen Taten, die von Menschenhand verübt wurden. Sie bringen die Welt der Betroffenen oft stärker ins Wanken als Schicksalsschläge, für die niemand etwas kann. Am eigenen Leib zu erfahren, zu welchen Handlungen Menschen fähig sind, erschüttert das Vertrauen der Überlebenden tief. So gehören Gewaltverbrechen und Kriegserlebnisse zu den Ereignissen, die am wahrscheinlichsten zu einer schweren Traumatisierung führen. Viele, die ein solches Ereignis miterlebt haben, entwickeln daraufhin eine sogenannte Posttraumatische Belastungsstörung. Nach einem Bombenangriff oder direkten Beschuss erkrankt mehr als jeder Zweite daran, genauso nach einer Vergewaltigung. Nach einem Verkehrsunfall, in den sie selbst involviert waren, sind drei bis elf Prozent nachhaltig traumatisiert und nach einer Naturkatastrophe oder einem Brand etwa fünf Prozent. Eine Posttraumatische Belastungsstörung tragen auch zwei bis sieben Prozent der Menschen davon, die Zeugen eines Unfalls oder einer Gewalttat wurden. Etwa genauso viele Menschen wie an einer Posttraumatischen Belastungsstörung erkranken entwickeln nach einem traumatischen Erlebnis eine Depression.

Natürlich können auch andere einschneidende Erlebnisse wie das jähe Ende einer Beziehung die Seele schwer verletzen (siehe »Wie versorgt man seelische Wunden?«). Psychologen und Psychiaterinnen fassen den Begriff »Trauma« allerdings bewusst eng, weil die eingangs beschriebenen traumatischen Ereignisse charakteristische seelische Beschwerden hervorrufen, die sich von den Folgen anderer Erlebnisse unterscheiden. Und sie kommen gar nicht so selten vor. Einer Untersuchung aus dem Jahr 2018 zufolge hat jeder fünfte Mensch selbst im relativ friedlichen Deutschland schon einmal etwas potenziell Traumatisches erlebt.

Nach so einem Erlebnis verstört und verängstigt zu sein, neben sich zu stehen und immer wieder daran denken zu müssen, ist ganz normal. Es handelt sich um eine gesunde Reaktion der Seele auf eine außergewöhnlich schlimme Erfahrung, die in vielen Fällen mit der Zeit von selbst abklingt. Behandlungsbedürftig werden die seelischen Beschwerden, wenn sie mehrere Wochen anhalten und ein normales Leben unmöglich machen. Bei einer Posttraumatischen Belastungsstörung drängen sich den Betroffenen immer wieder Erinnerungen an das Trauma auf. Sie sind besonders lebhaft und intensiv und werden oft von halluzinationsähnlichen Sinneseindrücken begleitet, wie etwa Rauchgeruch, wenn das

Trauma mit einem Brand zu tun hat. Die Erinnerungen kommen dabei nur scheinbar aus heiterem Himmel. Meistens öffnet ein Schlüsselreiz das Tor zum Gedächtnis. Dieser ähnelt einem Reiz, den man während des schrecklichen Erlebnisses wahrgenommen hat. Dafür reicht schon die Farbe Rot, wenn man bei dem Vorfall Blut gesehen hat, oder ein Knall, wenn damals Autos lautstark aufeinandergeprallt sind.

Dass die Erinnerungen an das Trauma Menschen, die an einer Posttraumatischen Belastungsstörung leiden, immer wieder überrollen und schon durch minimale Reize getriggert werden, liegt an der Art, wie sie abgespeichert wurden. Unser Gedächtnis arbeitet unter extremem Stress nämlich anders als gewohnt. Es stellt sicher, dass alle Informationen leicht abzurufen sind. Immerhin könnten sie zu wichtigen Warnhinweisen werden, falls wir uns noch einmal in einer ähnlichen Situation wiederfinden sollten, und uns dann helfen, frühzeitig zu reagieren. Das Problem: Die Eindrücke rund um ein traumatisches Erlebnis werden dabei nicht wie üblich miteinander verknüpft und in ihren räumlichen, zeitlichen und autobiografischen Kontext gebettet. Diese Sortierarbeit des Gedächtnisses bewirkt normalerweise, dass sich Erinnerungen nur selten spontan und ungewollt in unser Bewusstsein drängen. Stattdessen müssen wir meist gezielt daran denken, wenn wir etwas aus unserer Vergangenheit wachrufen wollen. Die Erinnerung steigt dann zunächst verdichtet und wenig gefühlsbetont an die Oberfläche: Sicherlich können Sie spontan beantworten, wer mit 16 Jahren Ihr bester Freund war, und ihn näher beschreiben. Allerdings ist es eher unwahrscheinlich, dass Sie sofort ein detailliertes Bild von ihm vor Augen haben, seinen Geruch in der Nase spüren und von dem Gefühl durchströmt werden, das diese Freundschaft Ihnen gab. Das können Sie wahrscheinlich nur, wenn Sie länger darüber nachdenken und sich bewusst in diese Zeit zurückversetzen. Im Gegensatz dazu bahnen sich die nicht einsortierten Erinnerungen an ein Trauma sofort in all ihrer sinnlichen Qualität ihren

Weg in unser Bewusstsein, wenn wir einen entsprechenden Hinweisreiz wahrnehmen.

Hinzu kommt, dass sich die Seele während eines Traumas manchmal mit einem Notfallprogramm namens »Dissoziation« schützt. Bei der Dissoziation werden seelische Funktionen, die eigentlich zusammengehören, voneinander abgekoppelt. Eine solche Abspaltung kann etwa die Wahrnehmung, das Gedächtnis, das Bewusstsein oder auch die Identität betreffen. Wer dissoziiert, bekommt zum Beispiel nicht mehr richtig mit, was um ihn herum geschieht, er steht so sehr neben sich, dass es sich für ihn nicht mehr so anfühlt, als sei er er selbst, oder er kann sich später nicht normal an das Geschehene erinnern. Dass gewisse Wahrnehmungen vorübergehend aus dem Bewusstsein herausgehalten werden, kann in Extremsituationen durchaus sinnvoll sein, etwa wenn man kurz nach einem Unfall vor Schock erst einmal keine Schmerzen spürt und sich so in Sicherheit bringen kann. Dissoziation kann aber auch schädlich sein, weil sie oft die Verarbeitung des Traumas weiter beeinträchtigt: Wenn das Erlebte abgespalten wird, wandert die Erinnerung verloren umher und bricht immer wieder von selbst hervor.

Typisch für ein nicht verarbeitetes Trauma ist also die Hier-und-jetzt-Qualität der Erinnerungsfetzen, die die Betroffenen zwingt, den Schrecken immer wieder von Neuem zu durchleben, mitsamt allen Gefühlen von damals. In Extremfällen kommt es zu sogenannten Flashbacks, in denen Betroffene förmlich in die traumatische Szene zurückkatapultiert werden und kaum noch zwischen Erinnerung und Wirklichkeit unterscheiden können. Interessanterweise wird oft nicht der Höhepunkt des Traumas wiedererlebt, sondern die Momente, die diesem vorausgingen. So sah eine Frau, die in ihrem Haus von einem Eindringling vergewaltigt worden war, immer wieder den maskierten Täter in ihrem Schlafzimmer stehen – genau wie kurz vor der Tat.

Oft quälen traumatisierte Menschen unangemessene Scham- und Schuldgefühle (»Ich bin ekelhaft« oder »Warum habe ich mich nicht mehr gewehrt?«), oder sie deuten ihre Symptome als Indiz, langsam den Verstand zu verlieren, was natürlich Angst macht. Wer traumatisiert ist, meidet in der Regel alles, was mit dem Trauma zu tun hat, etwa den Ort des Geschehens. Gedanklich jedoch kommen Betroffene kaum vom Erlebten los und verbringen viel Zeit mit Grübeln. Grübeln ist nach einem Trauma besonders schädlich, weil es das Wiedererleben der Situation, etwa in Form von Flashbacks, triggern kann. Auch in Albträumen bricht sich das Trauma bei vielen immer wieder Bahn und lässt sie kaum zur Ruhe kommen. Der Schlafmangel, der sich daraus ergibt, trägt wiederum dazu bei, dass das Erlebte nicht verarbeitet werden kann. Oft kommt es zu einer Art seelischer Taubheit: Man fühlt sich wie unter einer Glasglocke, wie in Watte gepackt oder wie in einem Traum. Teils entgleiten Betroffene der Wirklichkeit sogar vorübergehend, erstarren und sind nicht mehr ansprechbar. Wen das Unvorstellbare derart aus dem Leben gerissen hat, dem fällt es auch schwer, jenen, die ihm eigentlich am Herzen liegen, nahe zu sein. Viele, die ein Trauma erlebt haben, fühlen sich abgeschnitten von der Welt, emotional abgekoppelt, reagieren reizbar oder verschlossen.

Traumatisierte Seelen sind schwer verletzt. Es gibt aber Grund zur Hoffnung, denn dank moderner Therapien stehen die Chancen auf Heilung gut. Am besten sucht man sich frühzeitig professionelle Hilfe und arbeitet das Erlebte gemeinsam mit einem Psychotherapeuten auf. Doch auch nach Jahrzehnten ist es noch nicht zu spät dafür. Wie es gelingt, ein Trauma oder andere Verletzungen der Seele zu heilen, erfahren Sie im Kapitel »Wie versorgt man seelische Wunden?«. Zunächst aber braucht die Seele Sicherheit, denn auch wenn die konkrete Bedrohung vorüber ist, steckt sie noch im Gefahrenmodus fest. Um das Aufwallen des erlebten Schreckens einzudämmen, kann jeder und jede selbst etwas tun: sich einen inneren Schutzwall bauen. Eine Technik aus der Traumatherapie, die man problemlos auch allein anwenden kann, nutzt dafür unsere Fantasie.

Wenn die Erinnerungen an das Erlebte Sie immer wieder überrollen, nehmen Sie sich einen Moment Zeit und schließen Sie die Augen für eine Imaginationsübung. Stellen Sie sich vor, dass Sie die Bilder, die Sie verfolgen, auf Zelluloid bannen. Übrig bleiben Fotos, die Sie in Ihrer Vorstellung in die Hand nehmen können. Gibt es bestimmte Szenen, die sich Ihnen ständig aufdrängen, speichern Sie diese im Geiste auf einen USB-Stick. Gehen Sie den Prozess dabei möglichst detailliert durch: Sie schieben den Stick in einen Port Ihres Rechners, wählen die richtigen Dateien aus und starten den Kopiervorgang. Sind alle Daten übertragen, lassen Sie den Stick auswerfen. Gibt es darüber hinaus Gedanken, die Ihnen Angst machen, stellen Sie sich vor, wie Sie diese auf einem Blatt Papier niederschreiben. Legen Sie nun alle Gegenstände, die Sie gerade erschaffen haben – die Fotos, den USB-Stick und die beschrifteten Seiten –, vor sich ab. Jetzt lassen Sie vor Ihrem inneren Auge einen Tresor erscheinen, einen dickwandigen, glänzenden Stahlschrank. Sie öffnen ihn behutsam und legen dort alle Gegenstände hinein. Schauen Sie sich dabei genau um: Wie sieht Ihr Tresor von innen aus? Ist er vielleicht mit grünem Samt ausgekleidet oder aus poliertem Walnussholz? Gibt es darin Schubladen und Geheimfächer? Wenn Sie alles, was Sie eine Weile nicht mehr sehen möchten, sicher verstaut haben, lassen Sie die schwere Tür, die dabei ein Quietschen von sich gibt, zufallen. Schließen Sie den Tresor mit einem Schlüssel ab. Bestimmt hat Ihr Tresor auch noch weitere Sicherheitsmechanismen. Gibt es ein Zahlenschloss oder ein Tastenfeld, auf dem sich ein Code eingeben lässt? Merken Sie sich die Kombination und stecken Sie den Schlüssel in Ihre Tasche. Wenn Sie möchten, dürfen Sie auch zusätzlich eine Wächterin vor Ihrem Tresor postieren oder ihn mit einem magischen Bann belegen. Verlassen Sie nun den Tresorraum und öffnen Sie die Augen. Je öfter Sie Ihren Tresor auf diese Weise befüllen, desto undurchlässiger wird er. Machen Sie diese Übung daher anfangs ruhig mehrmals täglich. Ihr Tresor wird die Erinnerungen an das Trauma nicht für immer zurückhalten. Er erlaubt Ihnen aber zu entscheiden, wann Sie sich damit beschäftigen wollen – und wann lieber nicht.

# 23

## WIE VERSORGT MAN SEELISCHE WUNDEN?

Manche Erlebnisse hinterlassen Verletzungen, die man fortan mit sich trägt. Besonders heftige Einschnitte bezeichnet man als Traumata. Traumata entstehen durch Situationen, denen unsere Seele nicht gewachsen ist. Wir empfinden dabei so überwältigende Angst oder Verzweiflung, dass das Erlebte nicht normal verarbeitet werden kann und sich stattdessen auf fatale Weise abspaltet. Die Erinnerungssplitter, die dabei entstehen, stechen immer wieder von Neuem zu: Das Grauen holt Betroffene plötzlich im Alltag ein, etwa in Form unkontrollierter Flashbacks. Aber auch Erfahrungen, die streng genommen nicht als Traumata gelten, können uns noch Jahre später beschäftigen. Es sind vor allem jene Momente, in denen die Welt plötzlich stehen bleibt, und Wendungen des Schicksals, die wir nicht begreifen können: wenn ein Plan, den wir jahrelang geschmiedet haben, zusammenfällt wie ein Kartenhaus; wenn jemand, für den wir die Hand ins Feuer gehalten hätten, uns hintergeht; oder wenn das, was wir für die große Liebe hielten, ohne Vorwarnung endet.

Jeder trägt seine ganz persönlichen Wunden mit sich herum. Von außen betrachtet sehen sie manchmal nicht so schlimm aus, doch sie gehen tief. Einzelne Verletzungen stammen schon aus der Schulzeit. So musste ein Patient immer wieder daran denken, wie er als Jugendlicher in einer Zeit, als er sich allein und verloren fühlte, alle Jungen aus seiner Klasse zu seinem Geburtstag einlud. Er wartete und wartete, doch am Ende kam niemand. Er wird sein

Leben lang nicht vergessen, wie er wie erstarrt vor den bestellten Pizzas saß und seiner Mutter nichts Besseres einfiel als: »Gut so, dann muss ich wenigstens später nicht aufräumen.« Der Schmerz, den diese Wunde verursachte, strahlte immer weiter aus. Zum Zeitpunkt, als er mit der Therapie begann, war er in vielen sozialen Situationen sehr befangen und fürchtete stets, von anderen nicht gemocht zu werden.

Manche Wunden ziehen nur bei bestimmten Bewegungen, andere tun permanent unvorstellbar weh. Mit der richtigen Therapie aber lassen sich die meisten Wunden so weit heilen, dass nur noch eine Narbe bleibt. Die kribbelt dann zwar ab und an, in schweren Zeiten sticht es auch mal wieder heftig an der Stelle, aber der Schmerz bestimmt nicht länger das Leben. Bloß, wie geht das? Seelische Verletzungen wollen ganz ähnlich versorgt werden wie körperliche. Eine Schürfwunde voller Staub und Steinchen würde man nicht einfach sich selbst überlassen, zu groß das Risiko, dass sie sich entzündet. Genauso ist es bei einer seelischen Wunde nicht förderlich, das Erlebte dauerhaft zu verdrängen und so zu tun, als sei nichts geschehen. Denn ohne jeden Zweifel findet es dann andere Wege, auf sich aufmerksam zu machen. Aber auch grobe Eingriffe sind gefährlich: Man würde wohl kaum mit dem Finger in einer offenen Wunde herumbohren – das tut nicht nur weh, sondern führt zu weiteren Verletzungen. Ebenso kann man mit unbedachten Hauruckmaßnahmen seelische Wunden unabsichtlich vergrößern. Mutet man sich zu früh zu viel zu, etwa indem man sich bald nach einem Angriff der Konfrontation mit dem Täter aussetzt, ist das oft schädlich. So wie man sich einer Schürfwunde sachte annimmt, sie vorsichtig reinigt und verbindet, besteht auch bei seelischen Wunden die richtige Behandlung darin, sich dem Erlebten wohldosiert und auf behutsame Weise zu stellen. Denn nur wenn wir uns dem Schrecken in einem sicheren Rahmen zuwenden, können wir das Unbegreifliche doch noch zu fassen bekommen.

Der Weg zur Heilung seelischer Wunden führt über die Sprache.

Um ein furchtbares Erlebnis zu verarbeiten, müssen wir Worte dafür finden – wieder und wieder. Genau darin besteht der Kern jeder wirksamen Traumatherapie. Wenn wir von dem Schrecken erzählen, der Geschichte einen Anfang, einen Mittelteil und ein Ende verleihen, können sich die Erinnerungssplitter mit der Zeit neu zusammensetzen und das Erlebte kann seinen rechten Platz im Gedächtnis finden. Statt kranker Erinnerungsfragmente, die sich immer wieder ungewollt Bahn brechen, formt sich langsam, aber sicher eine gesunde Gedächtnisspur. Jedes Mal, wenn man die Geschichte erzählt, spürt die Seele: Es ist vorbei. Die Vergangenheit wird damit immer mehr tatsächlich Vergangenheit und verliert ihre erdrückende Macht über das Jetzt. Wenn das gelingt, hört das Trauma auf, alles zu überschatten, und fügt sich stattdessen in das Buch unseres Lebens ein – als ein dunkles Kapitel zwischen vielen hellen.

Doch bis man sich traut, einem anderen Menschen sein düsterstes Erlebnis anzuvertrauen, braucht es Zeit. Es erfordert eine Menge Mut, das Geschehene freiwillig hervorzuholen und vor jemandem auszubreiten. Wann der richtige Moment dafür gekommen ist, kann einem nur die eigene innere Stimme verraten. Sobald man sich aber ansatzweise vorstellen kann, darüber zu reden, sollte man einen Versuch wagen. Überwindung gehört immer dazu und dabei Angst zu empfinden, ist ganz normal. Doch es lohnt sich. Liegt ein echtes Trauma vor, ist der geeignete Ort dafür eine Traumatherapie bei einer erfahrenen Psychotherapeutin. Aber auch dem besten Freund zu erzählen, was passiert ist, hilft – sowohl bei einem Trauma als auch bei anderen schlimmen Erfahrungen: von einer Fehlgeburt über eine Diagnose, die das ganze Leben auf den Kopf stellt, bis hin zu einem gewaltsamen Übergriff oder einer Demütigung in der Kindheit, die bis heute nachwirkt.

Alles Schritt für Schritt mit einem geduldigen Gegenüber durchzugehen, die Sache zu drehen und zu wenden und von allen Seiten zu betrachten, ist der Schlüssel zur Heilung seelischer Wunden, egal, wie tief sie sind. Viele tun das ganz intuitiv. Nach einer Trennung etwa ruft man eine Freundin an, erzählt ihr haarklein, wie es sich zugetragen hat, zur Not immer und immer wieder. Dabei lässt man seinen Gefühlen freien Lauf und fühlt sich mit jedem Mal ein winziges Stückchen leichter. Zur kathartischen Wirkung des Redens gehört, dass man in seiner emotionalen Reaktion bestätigt wird: Es war wirklich schlimm, und was ich fühle, ist berechtigt. Im Austausch mit einer einfühlsamen Person lassen sich außerdem Gefühle wie Schuld und Scham, die oft auf seelischen Wunden sitzen wie eine Kruste, langsam auflösen. Je öfter man erzählt, was geschehen ist, desto klarer erkennt man, dass es gute Gründe gab, im Moment des Angriffs nicht entschiedener Gegenwehr zu leisten, oder dass man nichts hätte tun können, um den Partner zu halten.

### Übung — Die eigene Geschichte schreiben

Neben dem Erzählen ist auch das Aufschreiben schlimmer Erfahrungen nachweislich heilsam. Wer die Geschehnisse auf Papier ordnet, stößt damit automatisch seelische Reparaturprozesse an und integriert das Erlebte nach und nach auf gesunde Weise in die eigene Biografie. So lassen sich selbst alte Wunden noch heilen und die schmerzlichen Erinnerungen daran werden seltener. Gehen Sie dafür wie folgt vor: Schreiben Sie Ihr Erlebnis in chronologischer Reihenfolge und so detailreich wie möglich auf. Auf Rechtschreibung, Satzbau und Grammatik müssen Sie dabei nicht achten. Lassen Sie Ihr Innerstes durch den Stift auf das Papier fließen: Womit fing alles an? Was geschah als Nächstes? Welcher war der schrecklichste Augenblick? Was konnten Sie währenddessen sehen, hören, riechen und fühlen? Was haben Sie dabei gedacht und empfunden? Gibt es ein Detail, das Ihnen besonders im Gedächtnis geblieben ist? Und wie ging es danach weiter? Wichtig ist, dass Ihre Geschichte nicht auf ihrem tragischen Höhepunkt endet. Halten Sie durch und schreiben Sie weiter bis zu einem

Moment, in dem Sie sich etwas besser fühlten oder in dem zumindest die unmittelbare Gefahr vorüber war.

Damit sich ihre Wirkung optimal entfalten kann, wiederholen Sie diese Schreibübung mehrmals in kurzen Abständen, am besten alle zwei Tage. Bereits beim dritten Mal versuchen Sie die Beschreibung leicht zu ändern. Nehmen Sie nun auch Dinge auf, die Sie damals im Angesicht des Schreckens noch nicht wissen konnten, etwa: »Ich dachte in dem Moment, ich muss sterben. Doch ich habe überlebt.« Oder: »Ich war sicher, ich ertrage das nicht. Aber ich habe nicht aufgegeben.« Nachdem Sie die Geschichte insgesamt vier Mal zu Papier gebracht haben, treten Sie das nächste Mal gedanklich einen Schritt zurück, um einen breiteren Blick zu erhalten. Schreiben Sie die Geschichte erneut und bringen Sie in einem weiteren Absatz das Erlebte mit Ihrem früheren Ich, Ihrem heutigen Ich und Ihrem zukünftigen Ich in Verbindung: Wer waren Sie vorher? Wie hat das Erlebnis Sie verändert? Wie geht es Ihnen heute? Was wünschen Sie sich für die Zukunft und wie können Sie sie mitgestalten?

---

Neben dieser gezielten Behandlung braucht die verletzte Seele eine begleitende Kur, die ihre natürliche Wundheilung anregt. Dazu gehören guter Schlaf, Bewegung, Kontakt zur Natur, zu Tieren und zu anderen Menschen. Genauso wichtig wie die sanfte Konfrontation mit dem Erlebten ist wohltuende Ablenkung. Erlauben Sie sich deshalb Momente der Leichtigkeit und nähren Sie Ihre hellen Anteile. Bald schon werden Sie spüren: Sie sind mehr als Ihre Verletzungen und weit weniger hilflos, als Sie vielleicht glauben. Das Erlebte ist für immer Teil Ihrer Geschichte. Aber es hat nicht das letzte Wort.

## 24

# KANN MAN EIN TRAUMA ERBEN?

Über manchen Familien hängt ein dunkler Schatten. Da ist etwas, das die Leben der einzelnen Mitglieder trübt, mal unerkannt, mal nur unausgesprochen. Diese Menschen tragen fremde Wunden auf ihrer Seele und werden von einem Schmerz heimgesucht, der eigentlich nicht ihrer ist. Der Ursprung dieses Schmerzes ist ein Familientrauma, die Last eines Vorfahren, der diese ungewollt weitergereicht hat.

Offensichtlich wird dieses Phänomen in Zeiten, die eine ganze Generation traumatisiert zurücklassen. Die dunkelsten Kapitel der Geschichte hinterlassen tiefe Spuren und strahlen im Verborgenen bis in die Gegenwart hinein. Heute weiß man etwa, dass das Kriegstrauma des Großvaters noch in den Enkeln weiterwirken kann. Die Nachfahren der durch Gefecht, Verfolgung und Folter Traumatisierten begleitet zuweilen eine tiefe Traurigkeit, die sie sich nicht erklären können. Mitunter leiden sie auch an Symptomen eines Traumas, auf die sie sich keinen Reim machen. Die Mechanismen dieser Weitergabe seelischer Wunden werden erst seit einigen Jahren erforscht.

Fest steht, dass sich ein Trauma über das Verhalten der Betroffenen in den folgenden Generationen manifestieren kann. Schwer traumatisierte Eltern können – obwohl sie möchten – oft nicht so gut auf die emotionalen Bedürfnisse ihrer Kinder eingehen wie seelisch unversehrte. Wer tief erschüttert ist oder selbst kaum Liebe und Wärme erfahren hat, kann diese nur schwer an die eigenen Kinder weitergeben. So wurde etwa im Nationalsozialismus eine perfide Erziehungsmethode propagiert und den Müttern, die teils selbst noch vom Ersten Weltkrieg traumatisiert waren, empfohlen, die emotionalen Bedürfnisse ihres Babys bewusst zu ignorieren. Die Anleitung dafür lieferte der 1934 veröffentlichte Bestseller ›Die deutsche Mutter und ihr erstes Kind‹ der Ärztin Johanna Haarer. Darin riet sie, Babys nicht zu trösten, wenn sie weinen – das härte ab. Von Zärtlichkeit solle man am besten ganz absehen, Zuneigung führe nur zur Verweichlichung der Kinder und lasse sie zu kleinen Tyrannen heranwachsen, die immer mehr Aufmerksamkeit fordern. Sogar Körperkontakt sollte so gut es geht vermieden werden. ›Die deutsche Mutter und ihr erstes Kind‹ verkaufte sich bis Kriegsende knapp 700 000 Mal, danach in überarbeiteter Form und mit leicht verändertem Titel weitere 300 000 Mal. Es dürfte daher bei einigen Großeltern oder Urgroßeltern im Bücherregal gestanden haben.

Wer mit seinem Verlangen allein blieb und schreien musste, bis er erschöpft aufgab, ist davon mit hoher Wahrscheinlichkeit traumatisiert. Kinder, die so groß wurden, finden vielfach später keinen Zugang zu den eigenen Bedürfnissen, können ihre Gefühle schlecht einordnen, geschweige denn bewältigen und haben durch den frühen Liebesentzug große Probleme, anderen Menschen emotional nahezukommen. Auch den eigenen Kindern. Und damit setzt sich der Kreislauf zuweilen fort.

Forschende der Icahn School of Medicine at Mount Sinai in New York konnten 2001 einen solchen tragischen Kreislauf nachweisen. Kinder von Holocaust-Überlebenden, die Unvorstellbares durchgemacht hatten, erlebten ihre Kindheit bei den tief verstörten Eltern oft ebenfalls als traumatisch. Ähnlich wie die Nachkommen von Kriegskindern berichteten sie häufiger als andere von Vernachlässigung. Ihre Eltern konnten oft nicht so für sie da sein, wie sie es gebraucht hätten, weil sie selbst seelisch so schwer verwundet waren. Aber auch abseits großer historischer Tragödien herrscht in manchen Familien ein Kreislauf der Gewalt. Manche Menschen, die als Kind erniedrigt, geschlagen oder missbraucht wurden, tun ihren eigenen Kindern später Ähnliches an.

Ihr eigenes Trauma wird so zum Trauma ihrer Nachkommen. Allerdings wird längst nicht jedes Opfer selbst zum Täter oder zur Täterin. Gut zwei Drittel derer, die Gewalt erfahren haben, schaffen es, den Kreislauf zu durchbrechen.

Erst vor einigen Jahren entdeckten Wissenschaftlerinnen einen weiteren Pfad, über den seelische Wunden von Mensch zu Mensch weitergegeben werden: Ein Trauma kann erkennbare Spuren im Erbgut hinterlassen und damit auf nachfolgende Generationen übergehen. Unsere Erfahrungen schreiben sich nämlich in die DNA ein, wie man seit Kurzem weiß. Was wir im Laufe unseres Lebens durchmachen, führt zu sogenannten epigenetischen Veränderungen. Nicht die Gene selbst werden dabei verändert, sondern ihre Aktivität: über Moleküle, die sich an einzelne Gene anheften und diese dadurch leichter oder schwerer auslesbar machen.

Epigenetische Veränderungen, die durch ein Trauma ausgelöst werden können, betreffen zum Beispiel die Ausschüttung von Stresshormonen. Die wiederum beeinflussen, wie schnell jemand durch belastende Erfahrungen traumatisiert wird. Wieder waren es Forschende der Icahn School of Medicine at Mount Sinai in New York, die das nachwiesen. Sie fanden bei Frauen, die am 11. September 2001 schwanger gewesen waren und infolge der Terroranschläge auf das World Trade Center eine Posttraumatische Belastungsstörung davongetragen hatten, veränderte Konzentrationen des Stresshormons Cortisol. Im Speichel ihrer Babys zeigten sich ähnlich veränderte Cortisolwerte. Sie hatten von ihren traumatisierten Müttern biologische Veränderungen geerbt, die ihr Risiko, selbst im Laufe ihres Lebens eine Posttraumatische Belastungsstörung zu entwickeln, erhöhten.

2017 zeigten brasilianische, deutsche und schwedische Forschende, dass Großmütter, die während ihrer Schwangerschaft Gewalt erlebt hatten, entsprechende Veränderungen bis zu ihren Enkeln weitervererbten. Die veränderten Gene stehen unter anderem in Zusammenhang mit der Entstehung von Depressionen und der Posttraumatischen Belastungsstörung. Im Leben der Kinder und Enkel dieser Frauen reichen dann oft schon ein paar negative Erfahrungen, um sie in ein tiefes Loch fallen zu lassen. So werden tatsächlich manche durch das Leid ihrer Ahnen schon vorbelastet geboren. Weil ihre Seelen verwundbarer sind, müssen sie besonders gut auf sie achtgeben.

# 25
# KÖNNEN SCHWERE ZEITEN DIE SEELE STÄRKEN?

»Inmitten des Winters lernte ich, dass in mir ein unbesiegbarer Sommer wohnt.« Diesen Satz hinterließ der Philosoph und Literaturnobelpreisträger Albert Camus (1913–1960) der Welt. Etwas derber hatte es einige Jahre zuvor schon sein Kollege Friedrich Nietzsche (1844–1900) ausgedrückt: »Was mich nicht umbringt, macht mich stärker.« Doch stimmt das? Wachsen wir an schwierigen Erfahrungen? Entfesseln Krisen gar ungeahnte Kräfte?

Tatsächlich gibt es Hinweise darauf, dass ein gewisses Maß an Widrigkeiten abhärtet. Psychologinnen und Psychologen der University at Buffalo und der University of California in Irvine fragten 2001 mehr als 2000 US-Amerikanerinnen und -Amerikaner, was sie in ihrem bisherigen Leben schon durchmachen mussten. Die meisten hatten bereits mindestens eine schlimme Erfahrung gesammelt, etwa den Tod eines Elternteils, eine bittere Trennung, eine ernste Krankheit oder Gewalt. Diejenigen, die im Laufe ihres Lebens schwere Zeiten erlebt hatten, entpuppten sich vielfach als seelisch gesünder und zufriedener als die immerhin acht Prozent der Befragten, die noch nie mit größeren Problemen zu kämpfen gehabt hatten. Sie ließen sich außerdem von negativen Ereignissen weniger aus der Bahn werfen als jene, die bis dahin gänzlich ungeübt im Umgang mit Krisen waren. Das zeigten Befragungen derselben Versuchspersonen in den Jahren darauf. Womöglich sind Menschen, die schon einmal eine Krise erfolgreich gemeistert haben, seelisch besser gerüstet. Ein Quell ihrer Stärke dürfte die tiefe Überzeugung sein, auch bei einem erneuten Sturz wieder auf die Beine zu kommen. Sich selbst als fähig und Probleme als lösbar zu erleben, ist eine wichtige Säule der Resilienz, wie Psychologinnen die seelische Widerstandskraft nennen (siehe »Was schützt die Seele?«).

Doch zumindest Nietzsche müsste man aus heutiger Sicht widersprechen. Heftige Schicksalsschläge wirken sich fast immer negativ aus. Belastende Lebenserfahrungen, die unsere Fähigkeit zur Bewältigung übersteigen, schwächen das Immunsystem der Seele und machen sie anfälliger für Erkrankungen aller Art. Daran besteht nach Jahrzehnten psychologischer Forschung kein Zweifel. Auch die Studie aus den USA bestätigte diesen Befund: Positive Effekte fand man nur, wenn die schmerzlichen Erlebnisse ein bestimmtes Maß nicht überstiegen. Jenen Probanden, die in ihrem Leben schon besonders viele oder harte Rückschläge hatten einstecken müssen, ging es weitaus schlechter als den Wohlbehüteten oder den mäßig Gebeutelten.

Manchmal ist Schlimmes eben einfach nur schlimm. Leid hat oft keinen Sinn und die meisten hätten auf die dunkelsten Kapitel ihres Lebens wohl getrost verzichten können. Nicht jeder Schicksalsschlag birgt eine Lektion, und es ist völlig in Ordnung, wütend und traurig über das zu sein, was geschehen ist. Jedem Zweiten, der ein Trauma erlebt hat, geht es genauso. Die andere Hälfte der Menschen, denen etwas Derartiges widerfahren ist, ist allerdings im Nachhinein tatsächlich überzeugt, daran gewachsen zu sein. Auch in der Psychotherapie hört man von Patienten immer wieder Erstaunliches: Manche können dem Erlebten – so schrecklich es auch war – irgendwann etwas Gutes abgewinnen. Sie möchten die Einsichten, die es ihnen für ihr weiteres Leben gebracht hat, nicht mehr missen. Darunter sind sogar Menschen, die Krieg erlebt haben, vergewaltigt wurden, an Krebs erkrankt sind oder ein Kind verloren haben. Doch worin besteht dieser steinige Reifungsprozess, den Psychologen »posttraumatisches Wachstum« getauft haben?

Positive charakterliche Veränderungen nach einem Trauma konnten zwar bisher nicht objektiv nachgewiesen werden, einige Menschen haben aber zumindest subjektiv den Eindruck, sich durch die Krise weiterentwickelt zu haben. Dazu gehört eine neue Wertschätzung für das Leben – wer die Dunkelheit kennt, liebt das Licht umso mehr. Die Betroffenen sagen, sie könnten die guten Zeiten nun mehr genießen oder fühlten sich endlich in der Lage, radikal Prioritäten zu setzen. Sie sähen durch den heftigen Einschnitt plötzlich andere Wege, hätten den Mut, Neues zu wagen, oder nähmen alte Leidenschaften wieder auf. Einige Menschen nutzen die Erfahrung, um sich einer Sache zu verschreiben, die ihnen am Herzen liegt. Manche machen sich für etwas stark, das mit ihrer eigenen Leidensgeschichte zu tun hat, setzen sich für andere Geflüchtete ein oder versuchen Überlebenden sexueller Gewalt zu helfen. Andere möchten ihre Energie lieber an neutraler Stelle investieren und engagieren sich in einem Bereich, der für sie weniger vorbelastet ist, etwa indem sie sich in ihrer Freizeit im Naturschutz betätigen und ein Paradies für Insekten und Vögel schaffen. Es gibt zudem auch Menschen, die in einer Krise zum Glauben finden oder ihre Spiritualität entdecken und das als große Bereicherung für ihr weiteres Leben begreifen. Nicht selten berichten jene, denen schweres Leid widerfahren ist, außerdem, dass sie dadurch einen tieferen Zugang zu ihren Mitmenschen gewonnen hätten. Sie verstünden nun besser, wie sich andere in bestimmten Situationen fühlen müssen, und begegneten ihnen mit mehr Wohlwollen und Wärme.

Posttraumatisches Wachstum heißt dabei keineswegs, frei von Symptomen zu sein. Erschütterung und Einsicht, Schmerz und Progress können nebeneinander existieren: Viele derer, die glauben, durch das Erlebte ein reiferer Mensch geworden zu sein, haben trotzdem noch mit den seelischen Folgen zu kämpfen. Indem sie dem Schrecken in der Rückschau etwas Gutes abgewinnen, haben sie aber einen Weg für sich gefunden, den Schmerz erträglicher zu machen.

# 26

# WIESO WIEDERHOLE ICH DIE VERGANGENHEIT?

Es ist eines der seltsamsten Phänomene der Seele: Menschen, die eine schwierige Kindheit hatten, suchen sich später oft mit traumwandlerischer Sicherheit einen Partner, der sie auf die gleiche Weise schlecht behandelt wie damals die Eltern. Aus einer gefühlskalten Mutter wird eine abweisende Ehefrau, der prügelnde Vater wird zum gewalttätigen Freund und nach dem Ende einer zerstörerischen Beziehung geht das Spiel mit der nächsten Person von vorne los. Eigentlich müssten doch gerade jene, deren Grenzen schon einmal überschritten wurden, bei den ersten Anzeichen Reißaus nehmen. Zwar kommt das vor: Manche Menschen schaffen es tatsächlich, sich von den Ketten der Vergangenheit zu befreien und gesunde Beziehungen einzugehen, sobald sie die Wahl haben. Doch oft, so zeigt es sich immer wieder in der Psychotherapie, gelingt das nicht. Sind wir etwa zum Wiederholen verdammt?

Den Eindruck hatte schon der Begründer der Psychoanalyse, Sigmund Freud. Vieles von dem, was er über die Seele zu wissen glaubte, gilt mittlerweile als überholt. Mit einigen Dingen lag der Pionier der Seelenkunde jedoch gar nicht so falsch. So sprach er schon Anfang des 20. Jahrhunderts vom »Wiederholungszwang«, dem absurden Impuls, alte Gedanken, Gefühle und Beziehungskonstellationen wiederaufleben zu lassen, selbst wenn diese überaus schmerzhaft waren. Bis heute gibt es keine eindeutige Erklärung für dieses Phänomen, wohl aber überzeugende Ansätze.

In der zwanghaften Wiederholung liegt womöglich der unbewusste Versuch, die ursprüngliche seelische Wunde zu heilen. Dahinter steckt eine trügerische Hoffnung: Wenn ich es diesmal schaffe, Harmonie herzustellen und so geliebt zu werden, wie ich bin, dann kann auch die alte Verletzung behoben werden. Aus diesem Wunsch heraus suchen sich manche der seelisch Versehrten eine der frühen Bindungsperson ähnelnde Ersatzfigur, mit der die Katharsis gelingen könnte. Die Sehnsucht, das alte Trauma doch noch zu heilen – und sei es über einen Stellvertreter – ist dann größer als der Drang, es hinter sich zu lassen. Die meisten Patientinnen und Patienten, denen durch eine der ersten Bezugspersonen eine seelische Wunde zugefügt wurde, jagen tief drin immer noch dem Wunsch hinterher, von genau diesem Menschen geliebt zu werden. Diese Ursehnsucht ist oft sehr groß, selbst bei jenen, die nicht in die Wiederholungsfalle tappen.

Ein weiterer Grund, warum manche Menschen sich scheinbar aus freien Stücken erneut in fragwürdige Hände begeben, ist, dass sie die frühen Botschaften verinnerlicht haben. Gerade weil sie von denen, die sie eigentlich hätten beschützen müssen, ignoriert, zum Versager erklärt oder misshandelt wurden, sind sie überzeugt, es nicht besser verdient zu haben. Ihr Überlebensinstinkt hat ihnen als Kind irgendwann geraten, sich dem mächtigen Gegenüber klaglos zu fügen, da es eh kein Entrinnen gibt. Dieses Bewältigungsmuster erwies sich damals als sinnvoll, brannte sich ihnen aber zugleich so sehr ein, dass sie heute nicht nur nicht fliehen, sondern der Gefahr bereitwillig in die Arme laufen. Hinzu kommt: In vielen Dingen ist der Mensch eben ein Gewohnheitstier. Der Sog des Vertrauten, und sei es noch so schlecht, ist manchmal mächtiger als der Drang nach Veränderung. Zumindest weiß man schon, was einen erwartet.

Wie Sisyphos, der in der griechischen Sage immer wieder erfolglos einen gewaltigen Stein einen Hügel hinaufwälzen muss, sind manche Menschen in einer Wiederholungsschleife gefangen: Einmal angekommen, geht das Ganze von vorne los. Anders als

Sisyphos können wir unser Schicksal aber gestalten. Wir haben die Kraft, tiefsitzende Muster zu durchbrechen. Dazu müssen wir uns dieser Muster aber zunächst bewusstwerden und so den seelischen Autopiloten, der immer wieder das gleiche Ziel ansteuert, stören. Das kann zum Beispiel durch Gespräche mit empathischen Freunden oder – manchmal noch besser – mit einer erfahrenen Psychotherapeutin gelingen, in denen man die Zusammenhänge zwischen damals und heute aufdeckt und zu erkennen lernt, wann man wieder in alte Muster zu verfallen droht. Danach gilt es, Schritt für Schritt neue Wege zu beschreiten.

# 27

# IST ES SCHLIMM, WENN ICH STIMMEN HÖRE?

Als Frau A. ihrem sechsjährigen Sohn zu erklären versuchte, was ein psychiatrisches Krankenhaus ist, tat sie das so: »Dort werden Menschen behandelt, die Stimmen hören, obwohl da keine sind.« Womit sie nicht rechnete, war die Antwort ihres Kindes: »Ich höre die auch manchmal. Muss ich da jetzt hin?« Frau A. war verständlicherweise sehr beunruhigt und traute sich nicht, mit jemandem darüber zu sprechen. Mittlerweile ist der Junge 15. Er hört heute keine Stimmen mehr und kann sich nicht einmal mehr daran erinnern.

Die meisten würden sich wohl große Sorgen machen, wenn die eigenen Kinder – oder sie selbst – Dinge wahrnehmen, die nicht da sind. Geht es um das Hören von Stimmen, denken viele sofort an schwere psychische Erkrankungen. Tatsächlich handelt es sich um ein typisches Symptom einer Psychose, eines psychischen Ausnahmezustands, der zum Beispiel bei Menschen mit Schizophrenie auftritt. Betroffene verlieren zeitweise den Bezug zur Realität und stehen dabei oft schlimme Ängste durch. Manche sehen überall verdeckte Zeichen und Botschaften und fühlen sich verfolgt, andere hören Stimmen, die ihr Verhalten abschätzig kommentieren oder ihnen Befehle erteilen. Oft haben Menschen während einer Psychose auch das Gefühl, fremdgesteuert zu sein.

Weniger bekannt ist, dass auch viele Gesunde das Phänomen kennen. Etwa jeder Zehnte hat in seinem Erwachsenenleben schon einmal Stimmen gehört, die nicht echt waren. Bei weniger als einem Viertel davon liegt tatsächlich eine Psychose vor, bei gut drei Viertel aber steckt keine Erkrankung dahinter. Bei Kindern und Jugendlichen ist die Zahl derer, die Stimmen hören, mit 15 Prozent sogar noch höher als bei Erwachsenen. Die meisten der Grundschülerinnen und -schüler, zu denen vorübergehend imaginäre Stimmen sprechen, erinnern sich mit 13 Jahren nicht mehr daran. Stimmenhören ist also überraschend normal. Dabei klingen die unbedenklichen Stimmen genauso laut und genauso echt wie jene, die während einer Psychose auf den Plan treten. In beiden Fällen melden sich oft verschiedene Stimmen zu Wort und auch die dazugehörige Gehirnaktivität ist in beiden Fällen die gleiche.

Es gibt allerdings ein paar Anzeichen, an denen sich unbedenkliche Stimmen erkennen lassen: in erster Linie am Inhalt. Was sie sagen, ist meist freundlich oder neutral. Der Sohn von Frau A. hörte zum Beispiel sachliche Ratschläge wie »Es ist spät, geh jetzt mal ins Bett« oder »Denk dran, du musst noch Hausaufgaben machen«, während die Stimmen einer Psychose oft verletzend sind, bissige oder sogar gefährliche Befehle erteilen, denen Betroffene sich kaum widersetzen können. Unbedenkliche Stimmen, wie sie sich in der Kindheit gar nicht so selten bemerkbar machen, sind zudem häufig kein durchgehendes Radio im Kopf, sondern geben nur gelegentlich Kommentare ab, die sich relativ leicht ignorieren lassen. An einer Psychose hingegen erkrankt man selten im Kindesalter, häufig kommt es im jungen Erwachsenenalter zu ersten Symptomen.

Doch wer sind die mysteriösen Sprecher überhaupt? Im Grunde handelt es sich um innere Stimmen – Gedanken, wenn man so will –, die aber auf einmal von außen zu kommen scheinen. Sie werden also nicht mehr nur gedacht, sondern plötzlich auch gehört. Das liegt mitunter daran, dass neuronale Kontrollmechanismen ausfallen, die normalerweise dafür sorgen, dass wir innere von äußeren Signalen unterscheiden können. Hinzu kommt, dass manchmal die Hirnregionen, die Sinnesreize verarbeiten, ein

Eigenleben entfalten. Das spontane Feuern entsprechender Nervenzellen führt dann zu Trugwahrnehmungen. Es werden Lichter gesehen, die nicht da sind, Düfte gerochen, die sonst niemand riecht, imaginäre Berührungen gespürt oder eben nichtexistente Geräusche gehört. Sind die Trugwahrnehmungen so überzeugend, dass die betroffene Person sie für echt hält, spricht man von Halluzinationen. Ist der Person hingegen klar, dass sie dem eigenen Kopf entspringen, nennt man sie »Pseudohalluzinationen«.

Halluzinationen und Pseudohalluzinationen sind keineswegs immer ein Indiz für eine psychische Erkrankung. Im Grunde halluzinieren wir jede Nacht, wenn wir in eine Traumwelt abgleiten, die uns täuschend echt vorkommt. Aber auch im Alltag treten Halluzinationen auf. Vor allem wenn die Außenwelt gerade wenig Stimulation bietet, schafft sich das Gehirn manchmal seine eigenen Bilder und Geräusche. Neben Langeweile, Einsamkeit und Übermüdung kann auch emotionaler Stress Halluzinationen wie das Hören von Stimmen begünstigen. Im Fall des Jungen tauchten die Stimmen erstmals kurz nach dem Tod seines Großvaters auf, an dem er sehr gehangen hatte, und begleiteten ihn auch nur eine Zeit lang.

Abgesehen davon, dass sich heute Psychosen in vielen Fällen gut behandeln lassen, kennt die Psychotherapie auch bei unbedenklichem Stimmenhören wirksame Interventionen. Sie dürfen sich also ruhig Hilfe suchen, falls es Sie stört. Generell ist das Hören von Stimmen, die nicht da sind, aber kein Grund zur Sorge. Und hinzuhören kann sich lohnen: Vielleicht wollen die Stimmen Ihnen mitteilen, dass es Zeit für eine Pause ist, dass Sie Schlaf brauchen oder Kontakt.

# 28

# MACHT SEELISCHER STRESS GRAUE HAARE?

Die verschwenderische Königin Marie Antoinette landete am 16. Oktober 1793 im Zuge der Französischen Revolution auf dem Schafott. Der Legende nach soll sich das Haar der 37-Jährigen in Aussicht auf den Tod durch die Guillotine über Nacht weiß gefärbt haben. Auch wenn es sehr unwahrscheinlich ist, dass sich dies wirklich so zugetragen hat, gibt es durchaus eine Verbindung zwischen außergewöhnlichem Stress und vorzeitigem Ergrauen.

Mit dem Alter nimmt die Fähigkeit der Zellen ab, sich vor schädlichen Einflüssen zu schützen. Eine harmlose, aber auffällige Folge: Die Pigmentzellen eines Haars quittieren nach und nach den Dienst, bis der Vorrat erschöpft ist und das Haar weiß nachwächst. Wie früh die ersten hellen Strähnchen auftauchen, ist vor allem genetisch bedingt.

Stresshormone können diesen Prozess allerdings beschleunigen und sowohl die Pigmentierung als auch das Haarwachstum beeinträchtigen. Deshalb kann eine gestresste Seele – mittelfristig, nicht über Nacht – sowohl für das Ergrauen als auch für Haarausfall verantwortlich sein. 2021 wiesen US-amerikanische, britische und deutsche Forschende jedoch etwas Erstaunliches nach: Durch Stress vorzeitig ergraute Haare können ihre Farbe zurückgewinnen, wenn sich die belastende Lebenssituation entspannt. Den Forschenden war es gelungen, Männer und Frauen verschiedener Herkunft ausfindig zu machen, die ungewöhnliche zweifarbige Haare auf ihrem Kopf trugen: an der Haarspitze weiß, am Haaransatz aber wieder in ihrer ursprünglichen Tönung. Da ein Haar etwa einen Monat braucht, um einen Zentimeter zu wachsen, konnten die Forschenden den Zeitpunkt benennen, wann die Haare ergraut waren und wann sie ihre Farbe zurückgewonnen hatten. Das stimmte in vielen Fällen tatsächlich mit stressigen beziehungsweise entspannten Phasen überein, von denen die Versuchspersonen berichteten. Wenn Sie also so ein zweifarbiges oder auch ein frisch ergrautes Haar auf Ihrem Kopf entdecken, können Sie möglicherweise zurückverfolgen, wie es Ihrer Seele in dieser Zeit ging.

# 29
# WAS MACHEN SPIEGEL MIT UNS?

Als Sie heute Morgen in den Spiegel geschaut haben, was haben Sie gesehen? Ein schönes, rosiges Gesicht oder Augenringe, Pickel und ein Doppelkinn? Unser Urteil über das eigene Aussehen ist erstaunlich tagesabhängig. Sind wir gut gelaunt, gefallen wir uns weitaus besser als an Tagen, an denen die Stimmung ohnehin im Keller ist. Weil wir unser eigenes Gesicht so gut kennen, fallen uns zudem kleine Veränderungen schnell auf, eine leichte Schwellung um die Augen etwa oder ein neuer Mitesser. Außenstehende hingegen bemerken Studien zufolge so einen *bad face day* bei uns meistens nicht einmal. Deren Einschätzung, wie wir aussehen, bleibt ziemlich stabil.

Der Blick in den Spiegel ist riskant. Gefällt uns nicht, was wir darin sehen, trifft uns das ins Mark. So wie die aktuelle Laune beeinflusst, wie schön wir uns fühlen, kann umgekehrt eine unvorteilhafte Reflexion in einer Fensterscheibe für Stunden unsere Stimmung ruinieren. Stellen Sie sich nun vor, jemand hält Ihnen bei einem beruflichen Meeting oder abendlichen Treffen mit Freunden permanent einen Spiegel vor. Seit der Corona-Pandemie ist das durch Videokonferenzen für viele absurde Realität geworden. Noch nie in der Geschichte hat sich der Mensch so oft und so lange selbst angestarrt.

In unseren glücklichsten Momenten vergessen wir uns, gehen ganz im Augenblick auf und machen uns keine Sorgen, wie wir gerade wirken. Was hingegen passiert, sobald wir einen Spiegel vor uns haben, ist gut untersucht: Wenn wir uns selbst betrachten, bewerten wir uns stärker und strenger. Das erzeugt Stress und führt dazu, dass wir uns traurig, ängstlich oder befangen fühlen. Wer im Übermaß zu einem solchen Selbstfokus neigt, erkrankt sogar eher an einer sozialen Angststörung oder Depression, denn oft sind die Gedanken, die dadurch aufkommen, abwertend. Wenn wir mit anderen Menschen zusammen sind, vor allem wenn wir sie nicht gut kennen, ist der innere Scheinwerfer ohnehin schon vermehrt auf uns selbst gerichtet. Auf Partys und bei anderen Zusammenkünften, wo wir einen guten Eindruck machen wollen, lenken wir unsere Aufmerksamkeit unbewusst stärker auf das eigene Aussehen und Verhalten: Sitzt meine Frisur? War die Antwort gerade witzig genug? Warum bin ich nicht schlagfertiger?! Kein Wunder, dass wir in solchen Situationen gern zu alkoholischen Drinks greifen, denn sie heben die Stimmung und entspannen und wir achten weniger auf uns selbst.

Die zahllosen coronabedingten Videokonferenzen förderten auch ein Phänomen namens »Zoom-Fatigue« zutage: Viele fühlten sich nach virtuellen Meetings körperlich und emotional ausgelaugt. Das liegt unter anderem an der erzwungenen Reglosigkeit. Man kann nicht weg und muss noch dazu den Kopf genau im Winkel der Kamera halten. Mehrere Studien zeigten jedoch, dass auch der Spiegeleffekt eine große Rolle spielt: Menschen, die unzufrieden mit ihrem Äußeren sind, leiden stärker unter Zoom-Fatigue. Das belegte 2022 eine Untersuchung US-amerikanischer Wissenschaftlerinnen und Wissenschaftler. Weil Frauen beim Blick in den Spiegel häufiger Unbehagen empfinden als Männer – ein Phänomen, für das Forschende der Stanford University den Begriff »Spiegelängstlichkeit« prägten –, stellen Videokonferenzen eine größere Belastung für sie dar. Ein Glas Wein hilft hier übrigens nachgewiesenermaßen nicht. Im Gegenteil, bei Videokonferenzen achten wir unter Alkoholeinfluss noch stärker auf unser eigenes Bild als nüchtern, wie ein weiteres Experiment zeigte. Denn hier wird das eigene Ich zum Außenreiz, noch dazu zu einem, der besonders hervorsticht.

Was also tun? Die Dauer und Frequenz von Videokonferenzen

zu beschränken, liegt vielleicht nicht in Ihrer Hand. Aber Sie können einen größeren Abstand zum Screen und eine bequeme Sitzposition einnehmen. Lenken Sie bewusst den Blick auf die anderen Teilnehmer. Ihr Bild lässt sich auf dem eigenen Display aber auch einfach mit einem Klebezettel verdecken. Greifen Sie also ruhig zum Post-it, wenn Ihr Spiegelbild Sie stresst, denn das muss wirklich nicht sein. (In vielen Programmen versteckt sich übrigens in den Einstellungen eine Funktion zum Ausblenden des eigenen Bilds.) Und noch ein anderes Feature kann helfen: der Button »Bild spiegeln«. Testen Sie, ob Sie sich so besser gefallen. Die meisten Webcams spiegeln das Bild bereits von selbst – dann brauchen Sie daran nichts zu ändern –, bei manchen muss man das erst einstellen.

Sich auf dem Bildschirm auf einmal andersherum zu sehen, als man sich aus dem Spiegel kennt, ist nämlich ungewohnt und fremd, manchmal sogar schwer zu ertragen. Der Grund: Die allermeisten Gesichter sind nicht ganz symmetrisch. Die Nase driftet zum Beispiel ein wenig zur Seite ab, das rechte Auge steht minimal höher als das linke. Im Spiegel haben wir uns an die leichte Asymmetrie längst gewöhnt, wir nehmen sie kaum noch wahr. Sehen wir unser Gesicht jedoch ungespiegelt, ist jede Unebenheit plötzlich seitenverkehrt und wirkt dadurch viel extremer, als sie in Wahrheit ist. Zeigt die Nasenspitze normalerweise im Spiegel fünf Millimeter nach rechts, steht sie nun, verschoben um einen ganzen Zentimeter, nach links weg. Manche kommen sich durch diesen Effekt krumm und schief vor und erschrecken förmlich vor sich selbst. Aus dem gleichen Grund mögen viele keine Fotos von sich. Denn auch dort sind wir nicht wie gewohnt gespiegelt, sondern so, wie wir wirklich sind – für uns falsch herum. Doch davon brauchen Sie sich nicht die Laune verderben zu lassen, das fällt nämlich nur Ihnen selbst auf. Der Rest der Welt sieht Sie immer so und bemerkt die vermeintlichen Makel daher gar nicht.

# 30

# WARUM FINDE ICH MICH NICHT SCHÖN?

Dem Traumkörper nachzujagen, macht unglücklich. Sich dem Schönheitswahn zu verwehren, ist aber gar nicht so einfach in einer Welt, in der Magazine jede Woche mit neuen Crash-Diäten aufwarten, man am Strand angeblich einen »Bikini-Body« braucht und Instagram dank chirurgischer Eingriffe und digitaler Retusche immer unrealistischere Ideale präsentiert. Kein Wunder also, dass ein Drittel der Deutschen mit dem eigenen Aussehen hadert. Für viele beginnt der Kampf schon in der Grundschule. Nur: Wie lassen sich die Waffen niederlegen?

Seit den 2010er-Jahren widmen sich Wissenschaftlerinnen und Wissenschaftler vermehrt dem »Body Image«. Das Körperbild basiert auf einer ausschließlich subjektiven Wahrnehmung. Es bestimmt, wie unser Körper *für uns* aussieht, wie es sich anfühlt, in ihm zu leben, und wie wir ihn bewerten – zum Beispiel als schön oder hässlich. Das Bild, das wir uns vom eigenen Körper machen, entspricht dabei nicht immer der Realität. So schätzen sich die meisten Menschen zum Beispiel fülliger ein, als sie in Wahrheit sind. Je geringer das Selbstwertgefühl, desto weniger finden sich Männer und Frauen selbst attraktiv – ganz unabhängig davon, was andere sagen. Auch viele objektiv sehr gut aussehende Menschen gefallen sich nicht, wenn sie in den Spiegel blicken. Das Bild vom eigenen Körper kann sogar krankhaft verzerrt sein. Das ist zum Beispiel bei Menschen mit Magersucht der Fall, die sich oft trotz Untergewicht als dick empfinden. Oder bei Menschen, die an der sogenannten körperdysmorphen Störung leiden. Sie halten ihr Äußeres – häufig ihr Gesicht – für entstellt und trauen sich teils kaum vor die Tür.

Sich schön fühlen zu wollen, hat nichts mit Eitelkeit zu tun. Das Körperbild ist eine wichtige Säule des Selbstwertgefühls und unmittelbar mit unserem seelischen Wohlbefinden verbunden. Wer auf Kriegsfuß mit dem eigenen Körper steht, leidet eher unter Ängsten und Depressionen. Menschen, die sich wohl in ihrer Haut fühlen, sind stressresistenter und glücklicher. Der Grundstein dafür, ob wir unser Äußeres mögen, wird schon in der Kindheit gelegt, in der Pubertät verfestigt sich dann das Bild vom eigenen Äußeren. Dabei spielen verschiedene Faktoren eine Rolle. Relevant sind insbesondere kulturelle Aspekte, also Schönheitsideale, die in einer Gesellschaft vorherrschen. Wurden üppige Körper im Barock noch gefeiert, gilt heute in der westlichen Welt Dünnsein als das Nonplusultra. Die scheinbar makellosen Bilder, die in den sozialen Medien kursieren, gehen dabei gerade an Jugendlichen nicht spurlos vorbei. Umso weniger, je stärker sie bestimmte Idealmerkmale mit Glück und Beliebtheit verbinden. Gute Freunde zu haben, die einen mögen, wie man ist, schützt schon Teenager davor, den Körper zwanghaft einer von der Gesellschaft vorgegebenen Form anpassen zu wollen. Hilfreich ist auch, wenn sich der Selbstwert noch aus anderen Quellen als dem Äußeren speist, zum Beispiel aus guten Noten, einem Talent für Sport oder sozialem Engagement.

Australische und britische Forschende untersuchten 2019, wie sich die mediale Darstellung bestimmter Körper auf die Seele auswirkt. Knapp 200 Frauen zwischen 18 und 30 Jahren sollten sich dafür 20 Instagram-Posts ansehen. Eine Gruppe bekam dabei nur Fotos von schlanken und durchtrainierten Models vorgelegt, zum Beispiel von Kendall Jenner oder Gigi Hadid. Eine andere betrachtete stattdessen Posts, in denen weniger normschöne Frauen unter dem Motto »Body Positivity« ihren Körper stolz zeigten. Alle Teilnehmerinnen füllten vorher und nachher eine Reihe von Fragebögen aus. Das Ergebnis: Während sie sich die Model-Fotos anschauten, verfinsterte sich die Laune der jungen Frauen. Die Body-Positivity-Posts hingegen verbesserten nicht nur die Stimmung. Die Fotos von »unperfekten« Körpern bewirkten außerdem, dass die Betrachterinnen anschließend zufriedener mit dem eigenen Körper waren.

Doch nicht nur die Medien prägen unser Körperbild. Auch die Art, wie frühe Bezugspersonen mit ihrem Körper umgehen, hat einen Einfluss. Kneifen Mama und Papa sich ständig vor dem Spiegel kritisch in den Bauchspeck, kann das als schlechtes Vorbild dienen. Wichtig sind auch die Rückmeldungen anderer zur eigenen Erscheinung. Wer zum Beispiel schon als Kind für seine abstehenden Ohren gehänselt wurde, läuft eher Gefahr, damit zu hadern, als jemand, dessen scheinbarer Makel liebevoll als Besonderheit betrachtet wurde. Und nicht zuletzt spielt auch die Persönlichkeit eine Rolle: Wer perfektionistisch ist, sich viel mit anderen vergleicht, sich generell nicht sehr mag oder dazu neigt, sich durch die Augen anderer zu sehen, hat eher ein negatives Körperbild.

Tatsächlich ist es gar nicht so leicht, den eigenen Körper zu lieben, wie er ist. So kann der Aufruf dazu manchmal erst recht Druck erzeugen. Einen Schritt weiter geht daher ein Ansatz namens »Body Neutrality«. Er lenkt den Fokus ganz weg vom äußeren Erscheinungsbild. Der Körper ist keine Dekoration, sondern trägt uns durchs Leben: Mit unseren Händen können wir die Menschen berühren, die uns wichtig sind, unsere Beine tragen uns von Ort zu Ort und helfen uns, etwas in der Welt zu bewegen. Unser Bauch verdaut die Nahrung und schenkt uns dadurch Kraft. Ein gesundes Verhältnis zum eigenen Körper zu haben heißt also nicht, dass man sich immer rundum schön fühlen muss. Wenn lieben noch nicht klappt, dann zumindest Frieden schließen. Für alles andere ist das Leben zu kurz.

## Vier Impulse für mehr Selbstliebe

### Fiese Gedanken stoppen

Hinterfragen Sie Gedanken über Ihren Körper, die Sie sich angewöhnt haben, wie »Meine Beine sind hässlich« oder »Alle anderen auf der Party sehen besser aus«. Wichtig dabei ist, solche automatisierten Gedanken zu bemerken und sich möglichst von ihnen zu distanzieren, nach dem Motto: Ah, da ist sie wieder, die kritische Stimme in meinem Kopf. Stoppen Sie sich auch selbst, bevor Sie wieder einmal vor anderen einen abschätzigen Kommentar über Ihr Äußeres abgeben: »Ich bin so fett geworden« oder »Mit diesen platten Schnittlauchhaaren gelingt keine Frisur«. Behandeln Sie sich stattdessen mehr wie einen Freund oder eine Freundin. Über die würden Sie nie so sprechen, oder? Warum dann über sich selbst?

### Vorbilder bewusst wählen

Vermeintliche Traumbodys in den Medien können Ihrem Körperbild schaden. Entfolgen Sie allen Accounts, die ein schlechtes Gefühl hinterlassen, und füllen Sie Ihren Social-Media-Feed stattdessen mit Content, der Sie glücklich macht. Suchen Sie sich realistische Vorbilder, die zum Beispiel eine ähnliche Figur haben wie Sie, genauso viele Sommersprossen oder auch eine große Nase. Auf Instagram & Co. finden Sie jede Menge Body-Positivity-Influencer.

### Innere Werte feiern

Es klingt abgedroschen, stimmt aber: Machen Sie sich klar, dass der Wert eines Menschen nicht darin liegt, wie gut er aussieht. Kleine Übungen können dabei helfen. Erinnern Sie sich, welche Menschen Sie bewundern – unabhängig von ihrem Look –, oder schreiben Sie eine Liste von Dingen, die Sie an sich selbst schätzen und die nichts mit Ihrem Aussehen zu tun haben, etwa: »Ich bin klug, neugierig und hilfsbereit.«

**Spüren, was guttut**

Auch wie nett Sie ihn behandeln, beeinflusst die Beziehung zu Ihrem Körper. Seien Sie daher gut zu ihm: Bewegen Sie ihn so, wie es sich angenehm anfühlt. Das kann ein leichtes Dehnen, ein Federballspiel mit Freunden oder auch nur ein langer Spaziergang in der Natur sein. Bewegung sollte Ihnen guttun und keine Strafe für zu viele Kalorien sein.

# 31

## BEEINFLUSST DIE KÖRPERHALTUNG DAS SELBSTBEWUSSTSEIN?

Beine breit aufstellen, Hände in die Hüften stemmen – und schon sind wir bereit, die Welt zu erobern. So lautet zumindest das Versprechen des »Power Posing«, einer Körpersprache-Technik, die 2010 einen regelrechten Hype entfachte. Den Zündstoff lieferte ein US-Forschungsteam der Harvard University und der Columbia University, das im Rahmen einer Studie untersucht hatte, wie sich bestimmte Posen auf unser Befinden, Verhalten und unsere Körperchemie auswirken.

Dafür ließ es 21 weibliche und männliche Versuchspersonen jeweils eine Minute lang eine dominante, raumgreifende Haltung einnehmen – eine »Power Pose«. Die erste Power Pose erfolgte im Stehen: Man setzte einen Fuß vor den anderen, lehnte sich nach vorne und stützte die Hände in einem schulterbreiten Abstand auf einem Tisch auf, als warte man nur auf den Startschuss zum Sprint. Die zweite Power Pose war eine ausladende Sitzhaltung. Die Versuchspersonen sollten sich dafür auf einem Stuhl zurücklehnen, die Hände hinter dem Kopf verschränken und die Füße locker übereinandergeschlagen auf dem Tisch ablegen. 21 weitere Probanden sollten stattdessen zwei eher unterwürfige Haltungen einnehmen: zusammengesunken auf einem Stuhl kauern oder mit verschlungenen Armen und Beinen dastehen, als wollten sie möglichst wenig Raum beanspruchen.

Anschließend bekam jede Versuchsperson zwei Dollar geschenkt. Die durften sie entweder einstecken oder einsetzen, um mit etwas Glück vier Dollar daraus zu machen. Ergebnis: Wer sich zuvor in eine Power Pose begeben hatte, zeigte mehr Mut zum Risiko, ließ sich also auch auf die Gefahr hin, am Ende leer auszugehen, eher auf das Glücksspiel ein. Zudem gaben die Power Poser öfter als die anderen an, ein Gefühl von Macht und Kontrolle zu verspüren. Speichelproben kurz vor und rund eine Viertelstunde nach dem Posieren legten nahe, dass die Power Poser im Vergleich zu den anderen Probanden höhere Testosteronwerte und einen niedrigeren Cortisolspiegel hatten, ein Hinweis auf eine stressreduzierende Wirkung der Pose.

Die Alltagswaffe Power Posing verbreitete sich in den Jahren darauf rasant. Zeitungen und Magazine von der ›New York Times‹ bis zur ›Brigitte‹ warben dafür, Coaches lehrten die Methode und der TED-Talk der Autorin der Studie, Amy Cuddy, wurde über 65 Millionen Mal aufgerufen. Vor allem die moderne Businessfrau sollte sich mit einer einfachen Superheldinnen-Haltung einen Selbstbewusstseinsboost verschaffen, zum Beispiel vor dem nächsten Vorstellungsgespräch. Wonder Woman wurde zum Vorbild der Fans des Power Posing.

Bis Zweifel an der Studie aufkamen. Mehrere Forschungsteams hatten in den Jahren darauf versucht, ähnliche Ergebnisse herbeizuführen – oft ohne Erfolg. Versuchspersonen, die eine dominante Körperhaltung einnahmen, wurden dadurch weder siegessicherer noch waren nennenswerte Veränderungen in ihrem Hormonhaushalt messbar. Power Posing geriet in Verruf. Doch wenige Einzelstudien sind nicht sehr aussagekräftig. Gerade wenn die Anzahl der Teilnehmer gering ist, kann man den Ergebnissen nicht immer trauen. Deshalb gelten Forschungsarbeiten, die die Ergebnisse vieler Studien zu einem Thema zusammenfassen und statistisch miteinander verrechnen, als weitaus verlässlichere Quelle. Solche sogenannten Metaanalysen gibt es inzwischen auch zum Power Posing. 2022 veröffentlichten Forschende der Universität Bamberg eine Analyse, für die 88 Studien mit insgesamt fast 10 000 Teilnehmern ausgewertet worden waren. Das Fazit: Power Posing wirkt doch. Zwar gab es für den Einfluss auf den Hormonhaushalt keine ausreichenden Belege, Menschen fühlen sich aber danach tatsächlich souveräner. Allerdings stärkt eine aufrechte Haltung, wie sie schon unsere Großmütter forderten (»Kind, setz dich gerade hin!«), das Selbstbewusstsein kurzfristig genauso wie die auffälligen Dominanzgesten. Äußere und innere Haltung scheinen sich also durchaus zu beeinflussen: Wer kauert, fühlt sich klein.

### Übung — Der Baum

Erhobenen Hauptes trauen wir uns mehr zu. Bringen Sie sich vor der nächsten Prüfung, der Gehaltsverhandlung oder einem schwierigen Gespräch für zwei Minuten in folgende Position: Stellen Sie sich hüftbreit hin und suchen Sie einen festen Stand. Malen Sie sich aus, wie Sie Wurzeln schlagen, immer sicherer im Boden verankert sind und gleichzeitig immer weiter in den Himmel wachsen. Spannen Sie den Bauch leicht an, bringen Sie Ihre Schultern nach hinten und strecken Sie Ihre Brust stolz heraus.

# 32
# WORAUS WÄCHST DER SELBSTWERT?

Manche Menschen sind sich so sicher: Sie sind sich ihrer Stärke bewusst, ohne andere klein machen zu müssen. Sie fühlen sich in ihrer Haut zu Hause und stellen sich der Welt da draußen. Wenn ihnen etwas nicht gelingt, nicht schlimm. Nächstes Mal klappt es bestimmt. Bei vielen aber geht es im Inneren ganz anders zu. Sie sind nur selten mit sich im Reinen, empfinden sich schnell als wertlos und unfähig. In stillen Momenten befällt sie ein ungutes Gefühl, ein altbekannter Gefährte schlägt die Augen auf – und da ist er wieder, der innere Kritiker, die Stimme, die raunt: »Du bist nicht genug.«

Mit dem Selbstwertgefühl ist es so eine Sache. Es ist in der Tat nur ein Gefühl und hat wenig damit zu tun, was jemand wirklich kann, wie gewinnend er auftritt oder wie viel er zustande bringt. Und doch hat die eigene Wahrnehmung eine gewaltige Wirkung. Nicht aus großem Erfolg erwächst ein großes Selbstvertrauen, es ist vielmehr umgekehrt: Wer an sich glaubt, kommt weiter im Leben. Sich selbst zu vertrauen, ist nachweislich ein wichtiger Faktor für erfüllende Beziehungen und innere Zufriedenheit und trägt zu beruflichem Erfolg bei. Menschen mit geringem Selbstwertgefühl sind anfälliger für Depressionen, gleichzeitig verstärken sich Selbstzweifel und Schamgefühle während einer Depression noch einmal massiv. Auch mit der Angst geht mangelndes Selbstvertrauen gern Hand in Hand.

**Mögen Sie sich?**

- Die meiste Zeit bin ich mit mir selbst unzufrieden.
- Manchmal denke ich, dass ich nichts tauge.
- Ich besitze kaum gute Eigenschaften.
- Ich kann vieles nicht so gut wie andere Menschen.
- Ich habe wenig Achtung vor mir selbst.
- Es gibt nichts, worauf ich stolz sein kann.
- Hin und wieder fühle ich mich nutzlos.
- Ich halte mich nicht für einen wertvollen Menschen.

Sind Sie der Meinung, dass eine oder sogar mehrere dieser Aussagen auf Sie zutreffen, kann das ein Hinweis auf ein geringes Selbstwertgefühl sein.

Im Extremfall ist die Angst, die aus der Unsicherheit erwächst, so stark, dass Psychologen und Psychiaterinnen von einer sozialen Phobie sprechen. An ihr leidet mehr als jeder Zehnte im Laufe seines Lebens. Während fast alle hin und wieder befangen sind, etwa bei einem Bewerbungsgespräch oder auf einer Party unter lauter Unbekannten, können Menschen mit sozialer Phobie solche Situationen nur unter Qualen durchstehen oder meiden sie gleich ganz. Bei engen Vertrauten fühlen sie sich sicher, denn auf deren Zuneigung ist ja Verlass. Unter Fremden aber macht sich eine tiefe Angst vor Ablehnung in ihnen breit. Selbstunsichere Menschen hegen den schrecklichen Verdacht, nicht willkommen zu sein auf der Welt, mit anderen nicht mithalten zu können und in deren – und damit schlussendlich auch in den eigenen – Augen nicht zu bestehen. Sie fürchten, sich zu blamieren, sobald sie einen Raum betreten, herauszuragen, obwohl sie am liebsten verschwinden würden, und halten jedes Lachen für Hohn, der ihnen gebührt.

Die Verstrickung mit dem eigenen Ich ist derart mächtig, dass uns ein falsches Wort, ein abschätziger Blick oder die kleinste Kritik treffen kann wie ein Pfeil. Er bohrt sich in unseren innersten Kern und mit einem Mal scheint alles verloren. Sind wir fest überzeugt, nichts wert zu sein, warten wir nur darauf, dass andere das ebenfalls erkennen und sich von uns abwenden. Ein niedriger Selbstwert kann sich auf drei Arten äußern: Die einen ziehen sich vorsorglich zurück und bleiben lieber gleich allein. Andere bringen kein Nein über die Lippen, stellen die Bedürfnisse anderer an erste Stelle und lassen sogar ungewollte Berührungen über sich ergehen (siehe »Wann wird Harmoniesucht zum Problem?«). Bei wieder anderen wird die Befürchtung zur selbsterfüllenden Prophezeiung. Sie sabotieren ihre Beziehungen mit Überempfindlichkeit und Eifersucht, sodass der innere Kritiker am Ende triumphierend rufen kann: »Siehst du, niemand will dich!«

Die Beleidigungen, die unsere eingebauten Nörgler auf Lager haben, ähneln sich. Zu den verbreitetsten gehören »Du bist hässlich!« und »Du bist dumm!«. »Selbst wenn!«, könnten wir entgegnen. Denn ganz ehrlich, was wäre eigentlich so schlimm daran? Nicht jeder hat das Zeug zum Model oder zur Nobelpreisträgerin, na und? Doch wenn der ewige Mäkler in uns sein Gift versprüht, verstehen wir bei allem, was er sagt, nur dies: »Du bist nicht liebenswert.« Und das gleicht einem Todesurteil.

Manchmal richtet der innere Kritiker auch mit erhobenem Zeigefinger über uns: »Du bist böse!« Dabei widerlegt sich diese Unterstellung selbst. Diejenigen, die am ehesten etwas Böses an sich haben, Menschen mit gemeinschaftsgefährdenden Charakterzügen, wie Psychopathen oder krankhafte Narzisstinnen, kennen keine Gewissensbisse. Sie verspüren nachweislich weder Skrupel noch Reue und hegen kaum moralische Bedenken. Die Frage nach der eigenen Verkommenheit würden sich böse Menschen sehr wahrscheinlich gar nicht stellen. Ähnlich schnell ist der Vorwurf »Du bist faul!« vom Tisch, mit dem sich viele, die sich unnütz vorkommen, hin und wieder quälen: Wer die Arbeit ruhen lässt, braucht gerade entweder Erholung oder Inspiration. Wenn wir uns für faul halten, ist das wahrscheinlich im Gegenteil ein Zeichen dafür, dass wir einen besonders hohen Leistungsanspruch verinnerlicht haben.

Erstaunlicherweise sind es oft sogar die fleißigsten Menschen mit den vielseitigsten Talenten, die überzeugt sind: Ich kann nichts. Bestes Beispiel dafür ist das »Hochstapler-Syndrom«. Wer daran leidet, kann seine Erfolge nicht genießen, denn er glaubt, diese nur äußeren Umständen zu verdanken – Glück, Zufall oder wohlwollenden Förderern. Während er an Misserfolgen natürlich selbst schuld ist. Im Job verfolgt die vermeintlichen Hochstapler ständig die Angst aufzufliegen und als das entlarvt zu werden, was sie eigentlich sind: hoffnungslose Taugenichtse. Obwohl sie mitunter hohe Positionen innehaben, kompetent und arriviert sind, begleitet Betroffene das erdrückende Gefühl, nicht zu genügen. Zur Tarnung legen sie sich zusätzlich ins Zeug, machen Überstunden und entwickeln einen ungesunden Perfektionismus. »Je mehr ich erreiche, desto größer wird mein Gefühl der Unzulänglichkeit«, gab sogar die britische Schauspielerin Emma Watson zu. »Denn ich denke mir: Jeden Moment findet jemand heraus, dass ich alle nur täusche.« Manchmal, so erzählte sie, fühle sich der Erfolg regelrecht falsch an; zu stark klafften das Bild, das andere sich von ihr machen, und ihre eigene Meinung auseinander.

Doch woher kommen solche Minderwertigkeitskomplexe? Zwar steht fest, dass unsere Eltern mit darüber bestimmen, ob wir zu selbstsicheren Menschen heranwachsen oder nicht. Unklar ist jedoch, ob es nur ihre Worte und Taten sind, die uns prägen. Sehr wahrscheinlich vererben sie uns nämlich zu einem gewissen Teil auch ihr Vertrauen in sich selbst – oder aber die Neigung zu Selbstzweifeln. Leider wurde dazu noch nicht genug geforscht, sodass wir nicht wissen, wie groß der Einfluss der Gene tatsächlich ist. Ein sicheres Gesetz der Seele aber lautet: Unsere Liebe zu uns selbst wächst, wenn wir geliebt werden. Menschen, die als Kind Zuneigung und Fürsorge erfahren haben, für deren Sorgen und Leidenschaften sich jemand interessiert hat, die gesagt bekamen, wie schön das Bild ist, das sie gemalt haben, oder wie sanft sie mit ihrem Geschwisterchen umgehen, haben im Schnitt einen höheren Selbstwert als jene, deren Eltern sich weniger liebevoll und aufmerksam um sie gekümmert haben und ihnen stets vermittelten, sie seien nicht genug – oder zu viel.

Doch nicht nur die Zuwendung der Eltern, auch die erste große Liebe festigt das Selbstwertgefühl, sogar über ihr Ende hinaus. Psychologen der Universität Bern konnten das 2017 an über 9000 Jugendlichen und jungen Erwachsenen zeigen. Beziehungen, die mindestens ein Jahr lang hielten, gingen mit einem markanten Anstieg des Selbstwertgefühls der Beteiligten einher. Wenn die Liebe dann scheiterte und der Selbstwert zunächst einbrach – und zwar umso stärker, je länger die Beziehung gedauert hatte –, erholte sich das Selbstvertrauen in der Regel binnen eines Jahres vollständig und blieb nachhaltig gestärkt.

Wenn wir also einmal die Erfahrung gemacht haben, geliebt zu werden, übernehmen wir diesen wohlwollenden Blick auf uns selbst. Wenn wir nur oft genug gesagt oder gezeigt bekommen, dass wir wertvoll sind, glauben wir es irgendwann. Aber es gibt auch Ausnahmen. Trotz stützender Eltern und einer prägenden Jugendliebe setzt sich das Selbstvertrauen nicht bei allen fest. Woran das liegt, bleibt oft ein Rätsel. Mal ist die Unsicherheit tatsächlich in den Genen verankert, mal erwächst sie aus Erlebnissen, auf die Mutter und Vater gar keinen Einfluss hatten, etwa Mobbing in der Schule. Über einige Risiken für spätere Minderwertigkeitskomplexe weiß die Wissenschaft aber schon gut Bescheid. Das Aufwachsen in Armut gehört in jedem Fall dazu, denn in unserer Gesellschaft ist der soziale Status stark an die verfügbaren Finanzen geknüpft. Wer sich vieles von dem, was die anderen haben, nicht leisten kann, fühlt sich schnell unterlegen. Ungünstig für die Entwicklung des Selbstwertgefühls ist zudem ein Elternteil, das an Depressionen leidet – in entsprechenden Studien oft die Mutter. Kein Wunder: Wer mit eigenen Schatten zu kämpfen hat, dem bleibt kaum Kraft, adäquat auf die seelischen Bedürfnisse seines Kindes einzugehen. Das zeigt, wie wichtig die

Behandlung psychischer Erkrankungen ist – sie kommt sogar folgenden Generationen zugute.

Ein weiteres Risiko für wenig Selbstvertrauen ist ein abwesender Vater, und zwar sowohl für Mädchen als auch für Jungen. Mittlerweile ist aber auch bekannt, dass Väter vor allem für die Entwicklung ihrer Töchter eine entscheidende Rolle spielen. Noch mehr als ihren Söhnen geben sie ihnen Mut und Selbstvertrauen mit auf den Weg. Wenn sie noch kaum stehen können, werden kleine Mädchen in die Luft geworfen und landen wieder sicher in Papas Armen. Väter balgen mehr als Mütter mit ihren Töchtern, wirbeln sie herum, ermuntern sie, sich Herausforderungen zu stellen, und trauen ihnen oftmals mehr zu. Das steigert nachhaltig das Zutrauen des Kindes in die eigenen Fähigkeiten. Dabei muss eine ermutigende Vaterfigur gar nicht unbedingt der leibliche Vater sein und am Ende nicht mal ein Mann. Wichtig ist, dass auch Mädchen mit Eigenschaften in Berührung kommen, die wir traditionell eher Männern zuschreiben: Schneid, Tatkraft und eine unbeugsame »Ich schaff das schon«-Einstellung. Tatsächlich haben Frauen tendenziell ein geringeres Selbstwertgefühl als Männer. Ihr innerer Kritiker ist häufig lauter. Besonders unbarmherzig ist er zudem während der Pubertät und im hohen Alter. Im Schnitt am zufriedensten mit sich sind Menschen in ihren Fünfzigern.

Den inneren Kritiker langfristig zum Schweigen zu bringen, ist alles andere als leicht. Gut gemeinte »Glaub an dich«-Parolen nützen nicht viel. Aber manchmal hilft eine einfache Einsicht, um Distanz zu sich zu gewinnen – und sich gerade dadurch wieder näher zu kommen. Zum Beispiel die, dass es im Grunde nichts als Zufall ist, dass Sie *Sie* sind. Ebenso gut hätten Sie als der Nachbarsjunge, die Frau, die Ihnen morgens die Brötchen verkauft, oder eine Person auf der anderen Seite der Erdkugel geboren werden können. Weder für Ihre Talente noch für Ihre Schwächen können Sie wirklich etwas. Ihre Tollpatschigkeit, Ihre dünne Singstimme, Ihre Empfindsamkeit: All das sind Produkte einer kosmischen Lotterie – genau wie Ihr entwaffnender Humor und Ihr grüner Daumen. Unsere vermeintlichen Makel lassen sich nicht einfach ausradieren und alte innere Wunden kann man nie einfach wegwünschen. Wir können sie aber heilen, indem wir das Epizentrum innerer Unsicherheit angehen: die Beziehung zu uns selbst. Wie das geht, erfahren Sie im nächsten Kapitel.

# 33
# WIE BIN ICH MIR EIN GUTER FREUND?

Wäre es nicht so traurig, könnte man darüber schmunzeln: In der Psychotherapie klagt ein Patient, dass allen anderen alles gelingt, nur ihm nicht. Auch der nächste denkt das. Patientin um Patientin scheitert an den eigenen Ansprüchen und glaubt, damit allein zu sein. Eine Gruppentherapie bringt oft die entscheidende Erkenntnis: In Wahrheit geht es ganz vielen so. Der strenge Umgang mit sich selbst zählt zu den häufigsten Gründen für Unzufriedenheit. Viele Menschen machen sich Tag für Tag für ihr Aussehen fertig, für ihre Leistung im Job, für den Zustand ihres Gartens, für das Chaos in ihren Schränken, dafür, dass die Kinder zum dritten Mal diese Woche ein Fertiggericht vorgesetzt bekommen oder dass der Hund heute nur eine halbe Stunde draußen war. Sie reiben sich auf zwischen all den Rollen, die sie glauben, erfüllen zu müssen – zu niemandem sonst sind sie so hart. Wo bleibt die Freundschaft zu sich selbst?

Die Einsicht, dass Selbstfreundschaft mit Selbstmitgefühl beginnt, stammt aus dem Buddhismus. Dort wird seit mehr als zweitausend Jahren eine innere Haltung des Wohlwollens kultiviert – gegenüber anderen, aber auch gegenüber sich selbst (siehe »Macht Achtsamkeit egoistisch?«). Ebenso wie in der Tora und in der Bibel. Da heißt es: »Du sollst deinen Nächsten lieben wie dich selbst.« Große Weltreligionen fordern also geradezu dazu auf, gut zu sich zu sein. Unter Umständen ist dies sogar die Voraussetzung dafür, auch zu seinen Mitmenschen gut sein zu können. Im Flugzeug heißt es nicht umsonst: Setzen Sie zuerst die eigene Sauerstoffmaske auf, bevor Sie anderen helfen.

Diese Idee hat die Psychologie erst vor wenigen Jahren wiederentdeckt. Inzwischen wird Selbstmitgefühl in Psychotherapien gelehrt, denn es hilft Menschen nachweislich, Krisen besser zu meistern, Schicksalsschlägen standzuhalten und ein glücklicheres Leben zu führen.

Tipp Der einfühlsame Brief
Mit anderen mitfühlend zu sein, fällt uns in der Regel viel leichter als mit uns selbst. Stellen Sie sich also vor, Ihr bester Freund oder Ihre beste Freundin hätte mit einem ähnlichen Problem zu kämpfen wie Sie gerade: zum Beispiel mit Überforderung durch Job und Haushalt, mit einer chronischen Erkrankung, die die Leistungsfähigkeit einschränkt, oder mit der Trauer um einen Lebenstraum. Was würden Sie ihm oder ihr sagen wollen? Nehmen Sie sich genug Zeit und wählen Sie die Worte, die Sie zu Papier bringen, mit Bedacht: Welchen Trost, welche Unterstützung braucht er oder sie, um sich besser zu fühlen?

Während sich das Selbstwertgefühl nicht so einfach steigern lässt, kann man Selbstmitgefühl trainieren. Eine solidarische Haltung sich selbst gegenüber besteht aus drei Komponenten: Achtsamkeit, Verbundenheit und Selbstfreundlichkeit. Achtsam sein bedeutet zunächst einfach wahrzunehmen, ohne zu bewerten. Mithilfe der Achtsamkeit registrieren wir unangenehme Gefühle und Gedanken frühzeitig, ohne in ihnen zu versinken. Geht es uns nicht gut, kommt uns oft zusätzlich das Gefühl der Verbundenheit abhanden. Wir haben dann den Eindruck, von anderen Menschen abgeschnitten zu sein. Als verliefe zwischen ihnen und uns eine Mauer: auf der einen Seite das pulsierende Leben, auf der anderen – unserer – Seite das Leid. Dabei ist es gerade das Leiden, das uns mit anderen Menschen verbindet. Es gehört untrennbar zur menschlichen Existenz. Unzählbar viele kennen nagende Selbstzweifel, kennen das Gefühl, wie ein einsamer Satellit durch den Kosmos zu schweben und nirgendwo dazuzugehören. Wenn wir einsehen, dass wir mit dem Schmerz keineswegs allein sind, verliert das Leiden an Intensität. Selbstfreundlichkeit schließlich heißt, mit Wohlwollen auf sich zu blicken und sich selbst zu umsorgen, einfach nur, weil es einem gerade nicht gut geht. Das kann bedeuten, sich eine Auszeit zu nehmen, nach Hilfe zu fragen oder klar für sich einzustehen. Die drei Muskeln hinter der Kraft des Selbstmitgefühls – Achtsamkeit, Verbundenheit und Selbstfreundlichkeit – werden immer stärker, je öfter wir sie in schwierigen Momenten benutzen.

## Übung — Zeit für Selbstmitgefühl

Wenn Ihnen alles zu viel wird, wenn Sie Angst haben, traurig sind und Zuspruch brauchen, suchen Sie sich einen ruhigen Ort, an dem Sie bequem Platz nehmen können. Atmen Sie tief ein und aus, schließen Sie die Augen und legen Sie – wenn Sie möchten – Ihre Hände über Ihr Herz. Sagen Sie sich im Stillen die folgenden Sätze:

**»Ich leide gerade.«**
Erkennen Sie an: Das ist ein schwieriger Moment, er tut weh. Nehmen Sie sich Zeit, um unvoreingenommen hinzuspüren. Wo in Ihrem Körper fühlen Sie das Unwohlsein? Welches Wort beschreibt am treffendsten Ihr aktuelles Gefühl? Verweilen Sie kurz dabei, ohne es zu verurteilen. Wenn Tränen aufsteigen, lassen Sie sie zu.

**»Ich bin nicht allein.«**
So fühlt es sich an, ein Mensch zu sein. Alle kennen Momente des Leidens, wenn auch in verschiedenen Färbungen und Schattierungen. Wahrscheinlich aber sitzt gerade oder saß einmal irgendwo auf der Welt ein Mensch, der genau das Gleiche fühlte wie Sie in diesem Augenblick. Spüren Sie durch sich, durch dieses Gefühl hindurch, zu diesem Menschen, und spüren Sie, wie es Sie mit ihm verbindet.

**»Möge es mir gut ergehen.«**
Wünschen Sie sich selbst alles Gute dieser Welt. Sie verdienen ein schönes Leben, ganz egal, wie Sie aussehen, was Sie können oder welche Fehler Sie gemacht haben. Erinnern Sie sich daran, dass dieser Moment des Leidens, so wie alle anderen davor, vorübergehen wird. Ihre wichtigste Aufgabe ist jetzt, sich gut um sich selbst zu kümmern: Was könnten Sie tun, um sich besser zu fühlen? Was brauchen Sie gerade?

Selbstmitgefühl ist wie ein Erste-Hilfe-Koffer für die Seele. Mit ihm schaffen wir es, unsere Wunden eigenhändig zu versorgen. Wer sich in Selbstmitgefühl übt, lernt, sich selbst zu trösten. Er spürt genau das neben sich, was schon Kinder brauchen, wenn sie von Wut, Angst oder Verzweiflung überrollt werden: jemanden, der ihnen sagt: »Was immer du gerade fühlst, es ist berechtigt. Du bist nicht allein damit, jeder Mensch kennt dieses Gefühl. Wir schauen jetzt, was wir tun können, damit es dir besser geht.« Kinder, die so eine Person hatten, finden auch später im inneren Dialog leichter die richtigen Worte, können sich effektiver selbst beruhigen und wiederaufrichten.

Im Gegensatz zum Selbst*wert*gefühl beinhaltet das Selbst*mit*gefühl keine Wertung. Es geht nicht darum, dass wir uns schön, fähig und produktiv fühlen, sondern darum, dass wir uns so mögen, wie wir sind. Wer mitfühlend mit sich ist, braucht nicht mehr perfekt zu sein, um es mit sich auszuhalten, und begegnet sich mit Wohlwollen, selbst wenn er scheitert. Selbstmitgefühl ist also immer für uns da. Leidvolle Erfahrungen wie eine Trennung, eine Kündigung oder eine Krankheit schmerzen zwar auch mit einer Haltung des Selbstmitgefühls noch, aber gerade *weil* es wehtut, sind wir freundlich zu uns. Sogar dann, wenn wir selbst eine Mitschuld an der Misere tragen, unsere Partnerin nicht immer gut behandelt, bei der Arbeit einen riesigen Fehler begangen oder uns selbst mit einem ungesunden Lebensstil geschadet haben, ermuntert uns das Selbstmitgefühl, umso sanfter mit uns umzugehen. Diese Form der Selbstfürsorge ist keine übertriebene Nachsicht, vielmehr hilft sie uns, unsere Ziele im Blick zu behalten und es nächstes Mal besser zu machen. Sich selbst zu verurteilen hingegen spornt nicht an, sondern macht alles noch schlimmer. Die Forschung zeigt, dass selbstmitfühlende Menschen nicht nur weiter an sich arbeiten, sie verlieren sich auch weniger in destruktivem Selbstmitleid, sind hoffnungsvoller und dankbarer. Mit einem guten Freund an seiner Seite kommt man eben besser durchs Leben. Wie schön, wenn man ihn immer dabeihat.

# 34

# WER SPIELT IN MEINEM INNEREN TEAM?

Nicht immer sind wir uns mit uns selbst einig. Wir sind vielschichtige Wesen und unsere inneren Stimmen widersprechen sich zuweilen. Diesen Kanon können wir aber nutzen. Einige Ansätze in der Psychotherapie, allen voran die sogenannte Schematherapie, arbeiten mit dem Konzept des inneren Teams, um Menschen zu helfen, ihre seelischen Wunden zu heilen. Die Idee dahinter: In bestimmten Situationen kommen Anteile von uns zum Vorschein, die noch aus der Kindheit stammen. Dann fühlen wir uns wieder klein und hilflos, ziehen uns zum Beispiel zurück, lassen alles stumm über uns ergehen oder bekommen scheinbar grundlos einen Tobsuchtsanfall.

Gleichzeitig steckt in uns aber auch eine ganz andere Seite: der gesunde Erwachsene – ein ausgeglichener, souveräner und mitfühlender Part, der das innere Kind wenn nötig trösten und liebevoll an die Hand nehmen kann (siehe »Wie bin ich mir ein guter Freund?«). Diesen gesunden Erwachsenen zu stärken, sodass er immer öfter die Führung übernimmt, ist das Ziel der Schematherapie, mit der sich viele seelische Beschwerden erfolgreich behandeln lassen. Das Bild des inneren Teams kann aber nicht nur bei seelischen Erkrankungen helfen, sondern auch bei alltäglichen Problemen oder schwierigen Entscheidungen.

Wenn wir unseren verschiedenen inneren Stimmen Namen geben, ist es leichter, uns für einen Moment von ihnen zu distanzieren und uns zu fragen, ob wir ihnen Glauben schenken wollen.

Wer genau hinhört, vernimmt nämlich immer auch eine Gegenstimme. Je öfter wir ihr lauschen, desto lauter und selbstbewusster wird sie. Vielleicht war sie schon immer ein Teil von uns, vielleicht haben wir aber auch die gütige Stimme etwa der besten Freundin, eines liebevollen Elternteils oder eines lebensklugen Therapeuten mit der Zeit von außen in uns einsickern lassen. Die Auseinandersetzung mit dem inneren Team hilft, mentale Scheuklappen abzulegen und zu erkennen, dass es immer mehr als einen Weg gibt, mit einer Herausforderung umzugehen.

Auch wenn jeder sein ganz eigenes Team in sich trägt, sind manche Spieler besonders verbreitet. Am bekanntesten ist wohl der innere Kritiker. Er meldet sich immer dann zu Wort, wenn wir an uns selbst und unserem Können zweifeln. Beim Blick in den Spiegel nörgelt er an der Nase oder dem Bauch herum, nach einer Niederlage keift er: »War doch klar!« Manchmal betritt er die Bühne auch in Form des inneren Perfektionisten, der uns nie mit der eigenen Leistung zufrieden sein lässt. Beiden kann die innere Mutmacherin Paroli bieten, die trotz allem fest an uns glaubt.

Neben einem eingebauten Kritiker schleppen viele Menschen auch einen Antreiber mit sich herum. »Auf, auf, nicht faulenzen!«, ist seine Devise. Auch dieses Teammitglied ist höchstwahrscheinlich dadurch entstanden, dass wir äußere Stimmen verinnerlicht haben. So lernen wir meist schon früh – entweder von Eltern mit hohen Erwartungen, von strengen Lehrern oder einfach über gesellschaftliche Normen –, dass es immer etwas zu tun gibt. Das ist auch gut so, denn der innere Antreiber kann uns motivieren und dabei helfen, unsere Ziele zu erreichen. Wie alle Mitglieder wird er allerdings zum Problem, wenn er sich zum Teamleiter aufschwingt, stets am lautesten schreit und seinen Gegenpart, den inneren Müßiggänger, jedes Mal aussticht. Denn zur Arbeit gehört auch die Pause und manchmal ist es besser, fünf gerade sein zu lassen. Wer seinem inneren Müßiggänger nie nachgibt, bugsiert sich langfristig in ein Burnout oder wird auf andere Weise seelisch krank.

Bei manchen ist der innere Kritiker besonders laut, bei anderen gibt der innere Antreiber den Ton an, wieder andere tragen einen übermächtigen Schwarzmaler in sich. Wenn die innere Optimistin die Lust auf etwas Neues weckt – etwa einen Umzug in eine andere Stadt –, zerschlägt er mit seinen Bedenken sofort jede Hoffnung: »Das kann nur schiefgehen.« Dabei meinen es alle Teammitglieder eigentlich nur gut (der innere Schwarzmaler etwa will uns vor Enttäuschungen bewahren). Nur schießen sie leider immer wieder mal übers Ziel hinaus und erreichen damit nicht selten das Gegenteil.

## Übung — Die innere Teamsitzung

Das innere Team können Sie immer dann einberufen, wenn Sie nicht sicher sind, was zu tun ist. Am einfachsten ist es, wenn Sie erst einmal nur zwei Teammitglieder miteinander diskutieren lassen. Dabei bieten sich bestimmte Duos an, etwa der innere Kritiker und die innere Mutmacherin, der innere Antreiber und der innere Müßiggänger oder der innere Schwarzmaler und die innere Optimistin. Stellen Sie dafür ganz real zwei Stühle bereit und setzen Sie sich auf einen davon. Horchen Sie in sich hinein und geben Sie der dominanten Stimme Raum. Ist es der innere Schwarzmaler, darf dieser nun alle Bedenken äußern, die er auf Lager hat. Sprechen Sie einmal unzensiert alles aus, was Ihnen dazu einfällt: Was könnte bei Ihrem Vorhaben schiefgehen? Welche Katastrophen stehen womöglich bevor, wenn Sie sich so und nicht anders entscheiden? Wenn der Schwarzmaler fertig ist, wechseln Sie den Platz. Vielleicht hat sich bei seiner einseitigen Tirade gerade schon etwas Widerstand in Ihnen geregt: »SO schlimm wird es jetzt auch wieder nicht werden.« Geben Sie nun auch dieser Stimme Raum und erlauben Sie der inneren Optimistin, ihr Plädoyer zu halten. Sprechen Sie wieder laut aus, was Ihnen dazu einfällt: Welche Belohnungen winken, wenn doch alles gutgeht? Wie ließe sich das

Blatt noch wenden, wenn es am Anfang schwierig werden sollte? Wenn sich dabei der innere Schwarzmaler von Neuem rührt, wechseln Sie wieder den Stuhl und vertreten seine Position. Darauf darf die Optimistin dann erneut antworten.

Oft eröffnen sich bei diesem Spiel mit unterschiedlichen Rollen ganz neue Perspektiven. Wenn der innere Rat getagt hat, haben Sie einen besseren Überblick über Ihre Optionen. Eine solche Teamsitzung hilft dabei, aus gewohnten Mustern auszubrechen, die nicht guttun. So kann es für Workaholics und Dauergestresste erhellend sein, sich einmal die Argumente des inneren Müßiggängers genau anzuhören: »Das Leben besteht nicht nur aus Pflichten«, »Wie schön wäre es jetzt, sich den Rest des Tages freizunehmen«, »Dein Wohlbefinden ist wichtiger als eine blitzsaubere Wohnung« oder »Manche Dinge regeln sich von allein«. Das sind nur Beispiele. Bestimmt haben Ihre freundlichen Gegenstimmen noch ganz andere Weisheiten auf Lager, wenn Sie sie zu Wort kommen lassen.

# 35

# WANN WIRD HARMONIESUCHT ZUM PROBLEM?

Versuchen Sie stets, rücksichtsvoll und sensibel zu handeln? Sehen Sie immer das Gute im Menschen? Lassen Sie anderen gern den Vortritt und können gut verzeihen? Je mehr dieser Fragen Sie mit Ja beantworten, desto eher sind Sie das, was Psychologen »verträglich« nennen. Verträglichkeit ist eines der fünf Kernmerkmale der Persönlichkeit[1], mit denen sie Menschen charakterisieren. Wer verträglich ist, ist warmherzig, vertrauensvoll, ehrlich, bescheiden, altruistisch und kooperiert bereitwillig mit anderen. Friedlich und auf Harmonie bedacht zu sein, hat viele Vorteile: Schon Kinder, die entsprechend gepolt sind, sind besser in soziale Gruppen eingebunden. Sie kommen in der Klasse gut an, finden leicht Freunde und entwickeln mit der Zeit ein Talent, brenzlige Situationen zu entschärfen. Mit ihrer Milde erzielen Verträgliche – anders, als man meinen könnte – in Verhandlungen sogar meist ebenso gute Ergebnisse wie Menschen mit Ellenbogenmentalität.

Doch gesunde Harmonie ist ein Balanceakt. Es gibt einen Punkt, an dem die Waage kippt – nämlich dann, wenn die eigenen Bedürfnisse ins Hintertreffen geraten. Eine »uneingeschränkte Gemeinschaftsorientierung«, wie Psychologinnen eine Extremform

1 Die sogenannten Big Five lauten Offenheit für Erfahrungen, Gewissenhaftigkeit, Extraversion, Verträglichkeit und Neurotizismus, also emotionale Labilität.

der Verträglichkeit bezeichnen, ist weder von Vorteil noch gesund. Wer sich selbst vernachlässigt, sich immer für die Probleme anderer zuständig fühlt und Bestätigung allein im Außen sucht, kann seine Interessen schlecht durchsetzen und ist anfällig für Depressionen. Immer von allen gemocht werden zu wollen, laugt aus. Und der Plan geht nicht einmal auf: People Pleaser geben sich unkompliziert, fragt man aber ihr Umfeld, ist es oft genervt von der fehlenden Entscheidungsfreude und wünscht sich mehr Klartext. Harmoniesüchtige tragen eine Maske, hinter der sie ihre wahren Bedürfnisse verstecken. Wer Ja sagt, obwohl er Nein meint, nur um den Vorstellungen seines Gegenübers zu genügen, nimmt sich und den anderen die Chance auf einen ehrlichen Austausch. Menschen, die es allen recht machen wollen, spüren oft selbst, wie in jeder zwischenmenschlichen Situation eine andere Version von ihnen zum Vorschein kommt. So manches soziale Chamäleon macht sich deswegen Vorwürfe, fühlt sich falsch und unaufrichtig.

Bei manchen geht die Konfliktscheu sogar so weit, dass sie ihre Zeit am liebsten allein verbringen. Sobald sie mit anderen zusammen sind, verlieren sie sich, denn sie passen sich bis zur Unkenntlichkeit an. Baggersee oder Freizeitpark? – Mir egal. Italienisch oder Indisch? – Entscheide du. »People Pleaser« beißen die Zähne zusammen und ertragen alles, um bloß nicht anzuecken, selbst wenn sie gar keine Lust auf Achterbahnen haben und von Pizza Bauchschmerzen bekommen. Eigentlich wäre es kein Problem zu sagen, dass ihnen der Sinn eher nach einem entspannten Tag in den Bergen steht. Vielleicht hielte ihr Gegenüber das sogar für eine prima Idee. Manche Menschen aber haben da eine Sperre. Die Worte kommen ihnen einfach nicht über die Lippen.

Forschende der Monash University in Melbourne und der University of Queensland fanden Anzeichen für diese innere Blockade im Gehirn. Sie schoben Versuchspersonen in einen Hirnscanner und ließen sie, während sie in der Röhre lagen, 192 Aussagen als wahr oder falsch bewerten. Diese stammten von einem Professor, logen die Versuchsleiter, allerdings hätten sich ein paar Fehler eingeschlichen. Die Hälfte der Sätze war tatsächlich korrekt, etwa »Babys werden ohne Kniescheibe geboren«, »Wer an Alopezie leidet, verliert Haare« oder »Astronauten können im All nicht rülpsen«. Der Rest war frei erfunden, zum Beispiel: »Ameisen fallen stets auf die linke Seite, wenn sie betrunken sind«, »Amazonas-Flussdelfine sind grün« oder »Britische Spione nutzten einst Urin als unsichtbare Tinte«.

Wie oft trauten sich die Versuchsteilnehmer, dem angeblichen Professor zu widersprechen? Das war von Person zu Person sehr unterschiedlich und unabhängig von deren Fachwissen auf dem abgefragten Gebiet. Ein Teil der Probanden stimmte fast allen Aussagen zu und gab nur bei den allerabsurdesten Sätzen Widerworte. Ihre Tendenz, zu allem Ja und Amen zu sagen, zeigte sich auch in ihrem Gehirn. In den seltenen Fällen, in denen die Ja-Sager unter den Probanden doch einmal protestierten, waren bestimmte Areale des Stirnhirns sowie der vordere Teil der Inselrinde auffallend rege. Diese Regionen werden unter anderem dann aktiv, wenn wir in einen inneren Zwiespalt geraten – ein neuronaler Beleg dafür, dass Verstand und Harmoniebedürfnis bei diesen Menschen heftig miteinander ringen.

People Pleaser neigen nicht nur dazu, anderen zuzustimmen, sie übernehmen auch bereitwillig Verantwortung für deren Emotionen und geben sich – bewusst oder unbewusst – alle Mühe, das Befinden ihres Gegenübers zu verbessern. Manchmal stammt dieser Drang von früheren Erfahrungen. Wer als Kind schon dafür zuständig war, den Frieden zu wahren und die Eltern zu besänftigen, ist oft auch später noch um Eintracht bemüht. Wer sich von Beginn an keine Rebellion leisten konnte, hat manchmal im Alter noch Probleme, sich zu behaupten. Aber nicht immer hat übertriebene Diplomatie ihren Ursprung in der Kindheit. Vielen Menschen fällt es von Natur aus schwer, Nein zu sagen. Psychologen haben deshalb ein paar Regeln aufgestellt, mit denen es besser gelingt.

## Die vier Regeln des Neinsagens

### Sagen Sie das Wort

Es ist erstaunlich, wie schwer uns das Wörtchen »Nein« über die Lippen kommt. Dabei ist es keine Beleidigung, sondern bloß eine klare Rückmeldung. Viel zu oft winden wir uns und reden um den heißen Brei herum, wenn uns jemand Arbeit aufhalsen oder zu etwas bringen will, das wir nicht möchten. Falls wir nicht gleich zähneknirschend einwilligen, bekommen wir oft nur ein zögerliches »Ähm na ja, also eigentlich ungern« heraus – die perfekte Einladung, uns am Ende doch noch breitzuschlagen. Beginnen Sie Ihre Antwort jedoch mit »Nein«, sieht das schon anders aus. Je öfter Sie es aussprechen, desto leichter wird es Ihnen in Zukunft fallen. Anfänger erproben ihr Nein am besten in einfachen Situationen mit Menschen, bei denen sie sich wohl und sicher fühlen – zum Beispiel, wenn der Partner oder die Partnerin fragt, ob sie Lust haben, ins Kino zu gehen, und ihnen gar nicht der Sinn danach steht.

### Verlieren Sie sich nicht in Rechtfertigungen

»Diesmal kann ich dir leider nicht helfen«, »Da bin ich schon verplant« oder »Das ist mir nicht recht« reicht meist vollkommen als Erklärung. Widerstehen Sie dem Impuls, Ihrem Gegenüber haarklein darzulegen, warum Sie übernächste Woche nicht auf seine Katze aufpassen können, wieso Sie ihn oder sie nicht zu dem Free-Jazz-Konzert am Samstag begleiten oder nicht zum dritten Mal in einem Jahr beim Umzug helfen. Sie brauchen weder Ihren gesamten Terminkalender offenzulegen noch sich in Ausreden oder sogar Lügen zu ergehen.

### Zeigen Sie Mitgefühl

Wer Nein sagen lernt, wird deswegen nicht gleich zum egoistischen Eisklotz. Vielmehr lässt sich so viel bewusster entscheiden, zu was und zu wem wir Ja sagen. Und auch wenn Sie jemandem einen Gefallen abschlagen, heißt das nicht, dass es Ihnen an Empathie fehlt. Oft hilft schon ein kleiner Satz wie »Es tut mir ehrlich leid« oder »Ich verstehe total, dass das jetzt blöd für dich ist«. So machen Sie deutlich, dass Sie es nicht böse meinen und sich in die Person hineinversetzen können.

### Bleiben Sie standhaft

Besonders hartnäckige Zeitgenossen werden versuchen, Sie trotzdem umzustimmen. Sie appellieren an Ihr schlechtes Gewissen (»Ich habe doch sonst niemanden außer dir!«) oder schmeicheln Ihnen (»Aber du machst das immer so gut!«). Hier hilft nur eines: Wiederholen Sie ruhig, aber bestimmt Ihre Aussage, lassen Sie sich auch diesmal nicht zu übermäßigen Rechtfertigungen verleiten und bleiben Sie dabei: »Nein, tut mir leid, das geht leider nicht.«

# 36

# WIE STÜTZT MICH MEIN SOZIALES NETZ?

Der Mensch ist ein Herdentier. Er pflegt das komplexeste soziale Netzwerk im ganzen Tierreich, denn er verfügt nicht nur über die Fähigkeit, sich in seine Artgenossen hineinzuversetzen – ihre Gedanken, Gefühle und Absichten zu verstehen –, sondern auch über eine hoch entwickelte Sprache sowie ein Gedächtnis, das es ihm erlaubt, sich an Namen, Gesichter und vergangene Begegnungen zu erinnern.

In eine Gemeinschaft eingebunden zu sein, war früher überlebenswichtig, spielt aber auch heute noch eine entscheidende Rolle – für unser Wohlbefinden. Menschen, die sich aufgehoben fühlen, sind gesünder, leben länger, überstehen Krisen besser und leiden seltener an Depressionen und anderen seelischen Erkrankungen. Forschende der University of Illinois und der University of Pennsylvania veröffentlichten 2002 eine viel beachtete Studie dazu. Über ein Semester hinweg hatten sie das Glückslevel von 222 Studierenden erhoben. Diese sollten Tagebuch führen und regelmäßig Fragebögen zu ihrer Lebenszufriedenheit ausfüllen. Um auch den Blick von außen zu berücksichtigen, baten die Forschenden zusätzlich Freundinnen und Bekannte der Versuchspersonen, deren Gemütslage einzuschätzen. Anhand dieser Informationen wurden die Studierenden den Kategorien »sehr glücklich«, »mittel glücklich« und »wenig glücklich« zugeordnet. Was hatten die sehr Glücklichen unter ihnen gemeinsam? Was war ihr Geheimnis? Wie sich zeigte, waren sie weder schöner noch reicher als die anderen noch hatten sie über die Dauer der Studie mehr Gutes erlebt. Es fand sich jedoch ein enger Zusammenhang zwischen ihrem Glückslevel und der Qualität ihrer Beziehungen zu Familienmitgliedern, Freunden und ihrer besseren Hälfte, sofern sie vergeben waren. Die wenig Glücklichen hatten hingegen ein schwächeres soziales Netz und verbrachten viel Zeit allein. 2018 publizierte das Forscherteam erneut eine ganz ähnliche Arbeit, diesmal aber mit Daten von über 1,5 Millionen Menschen aus 166 Ländern. Wieder waren die Glücklichsten jene, die ihr Leben mit engen Verbündeten teilten – und in einer Gesellschaft lebten, in der es sozialen Zusammenhalt gab.

Gemeinschaft macht also glücklich. Ein Teil der Wahrheit ist aber auch: Wem es gut geht, dem fällt es leichter, auf andere zuzugehen und sich auf Beziehungen einzulassen. Dabei bräuchten wir gerade in schweren Zeiten eine Schulter zum Anlehnen oder am besten gleich mehrere, auf die wir die Last verteilen können. Besonders profitieren wir nämlich von vielfältigen Beziehungen – einer Handvoll vertrauter Menschen, die unser Leben mit ihrer ganz eigenen Art auf unterschiedliche Weise bereichern. Etwa Kemal, der uns mit seiner Unternehmungslust ansteckt, Helena, die immer die richtigen tröstenden Worte findet, oder Samira, mit der wir uns wunderbar in Rage reden können, wenn etwas richtig nervt.

Tatsächlich folgen unsere Beziehungsgeflechte einem universellen Muster, das zeigte der britische Anthropologe Robin Dunbar bereits in den 1990er-Jahren: Die meisten Menschen zählen 10 bis 15 Personen zu ihren Freunden, davon gehören aber normalerweise nur drei bis fünf zum inneren Kreis. Mit diesen engsten Vertrauten – den besten Freundinnen, dem Partner, manchmal gehören auch Geschwister oder ein Elternteil dazu – tauscht man sich mindestens einmal pro Woche aus, teilt mit ihnen Sorgen und Geheimnisse. Sie helfen einem beim Umzug, bringen Suppe ans Bett, wenn man krank ist, und spenden Rat, wenn man nicht mehr weiterweiß.

### Wie groß ist Ihr Bekanntenkreis?

Wenn Sie die Augen schließen und an die Menschen in Ihrem Leben denken – wie viele kommen Ihnen in den Sinn? Auch wenn die wenigsten diese Zahl ausreizen: Etwa 250 Menschen haben maximal in unserem Leben Platz. Denn die Kapazität unseres sozialen Gehirns und die Zeit, die wir für die Beziehungspflege zur Verfügung haben, setzen dem Gemeinschaftssinn Grenzen. Bei vielen Menschen sieht die Verteilung in etwa so aus:

**3–5 Vertraute:** Bei ihnen zeigen wir uns verletzlich. Sie wissen immer, was in unserem Leben gerade vor sich geht. Bekommen wir eine schlechte Nachricht, wählen wir als Erstes ihre Nummer.
**10–15 Freunde:** Hierzu zählen gute Freundinnen, aber auch Kumpel aus dem Fußballverein, die Sitznachbarin an der Uni, mit der wir uns super verstehen, oder der Lieblingskollege. Sie kennen zwar nicht jedes Geheimnis, wir können aber in vielen Lebenslagen auf sie zählen. Die Besetzung ändert sich im Laufe der Jahre, doch die Zahl bleibt erstaunlich stabil.
**50 gute Bekannte:** Diese Menschen – zum Beispiel ehemalige Mitschüler oder entferntere Verwandte – sehen wir nicht unbedingt regelmäßig, sie sind aber Teil unseres Lebens. Wir würden sie zum Beispiel zu einem runden Geburtstag einladen.
**150 entfernte Bekannte:** Zu diesen Leuten – darunter Nachbarn, Vereinsmitglieder, die langjährige Postbotin oder Freunde von Freunden – haben wir eine nicht näher definierte lose soziale Beziehung.

Andere Menschen, insbesondere die, die wir zu unseren Vertrauten oder Freunden zählen, gehen uns aber nicht nur zur Hand und geben uns Halt, sie verleihen unserem Dasein einen Sinn. Wir hegen schließlich eine tief verwurzelte Sehnsucht, teilzuhaben an einem größeren Ganzen. Dieser »need to belong« ist die treibende Kraft dahinter, dass Menschen sich zusammentun. Wir können uns in unserem Stadtviertel aufgehoben fühlen, einer Subkultur angehören, die einen bestimmten Mode- und Musikgeschmack vertritt, oder uns gemeinsam mit Leuten, die unsere Werte teilen, in einer sozialen Bewegung engagieren. Zugehörigkeit macht aus dem Ich ein Wir.

Eine Reihe von Studien, die indische und US-amerikanische Forschende 2013 publizierten, belegt, dass Menschen, deren »need to belong« befriedigt ist, ein erfüllteres Leben führen als diejenigen, auf die das nicht zutrifft. In einer der Untersuchungen sollten Versuchspersonen an zwei Personen in ihrem Leben denken, mit denen sie sich eng verbunden fühlten. Sie sollten deren Namen aufschreiben und sich vergegenwärtigen, wie es sich anfühlt, Teil dieser Gemeinschaft zu sein. Anschließend wurden sie gebeten, einen kurzen Text über ein konkretes Erlebnis zu verfassen, während dessen sie einen starken Zusammenhalt mit diesen Menschen gefühlt hatten. Diese Übung sollte kurzfristig ein Gefühl der Zugehörigkeit in den Versuchspersonen aktivieren. Anschließend wurden die Teilnehmenden gefragt, wie viel Bedeutung sie ihrem Leben beimessen. Diejenigen, die die Übung absolviert hatten, sahen in dem Moment mehr Sinn in ihrem Leben als eine Kontrollgruppe, die das nicht getan hatte.

Neben emotionalem Halt, praktischer Unterstützung und dem Gefühl dazuzugehören profitieren wir auch von der Wertschätzung, die wir in guten Beziehungen erfahren: Wir spiegeln uns in den Augen der anderen, werden gesehen und geachtet, wie wir sind. In einer Langzeitstudie an US-amerikanischen Erstsemestern ließ sich aus der Häufigkeit des Kontakts, der empfundenen Nähe und der gegenseitigen Unterstützung vorhersagen, welche

Freundschaften über einen langen Zeitraum Bestand haben würden. Doch nur ein einziger Faktor bestimmte, wen die Studierenden vier Jahre später als ihren besten Freund oder ihre beste Freundin bezeichneten: das Gefühl, von ihm oder ihr in der eigenen Identität anerkannt zu werden. Gute Freunde bestätigen uns in den individuellen Eigenschaften und sozialen Rollen, über die wir uns definieren. Sie lieben unseren speziellen Humor, feiern unser besonderes Talent oder bestärken uns darin, was für ein toller Vater, was für eine geduldige Lehrerin oder was für eine begnadete Bäckerin wir doch sind. Unsere engsten Freunde beflügeln unser Selbstvertrauen und freuen sich über unsere Erfolge, als wären es ihre eigenen.

Ein stabiles soziales Netz macht unser Leben also nicht nur leichter, sondern auf viele Arten auch reicher. Es lohnt sich, alte Freundschaften wiederaufleben zu lassen, innige Verbindungen zu pflegen und neue Bande zu knüpfen (siehe »Was lindert Einsamkeit?«). So gewinnt das Netz mit der Zeit an Festigkeit und Spannweite. Das Beste daran: Wir kennen noch gar nicht alle Menschen, die wir in unserem Leben lieben werden. Lassen wir uns also überraschen, wer uns als Nächstes ein Stück begleiten will.

# 37
# WIESO TUT SPORT DER SEELE GUT?

Wer sich regelmäßig auspowert, lebt länger: Sport stärkt das Immunsystem, reduziert das Risiko, an Krebs oder einem Herzleiden zu erkranken, und hält selbst im Alter Schmerzen in Schach. Je weniger Zipperlein, körperliche Einschränkungen und gesundheitliche Schicksalsschläge uns belasten, desto besser fühlen wir uns.

Immer mehr verdichten sich jedoch die Hinweise, dass Sport nicht nur dem Körper guttut, sondern auch direkt auf die Seele wirkt. Wer es etwa während der Hochphase der Corona-Pandemie schaffte, sein gewohntes Sportprogramm aufrechtzuerhalten, der stärkte damit gleichzeitig auch seine Psyche. Das zeigte eine 2021 veröffentlichte Untersuchung an mehr als 8000 Briten, Irinnen, Australiern und Neuseeländerinnen. Die ersten Indizien für diesen Zusammenhang traten bei Depressionen zutage. In einigen Studien half Bewegung Betroffenen sogar genauso gut wie eine Psychotherapie oder ein Medikament. Aber auch Gesunde holt Sport effektiv aus einem Stimmungstief.

Doch wie schafft es Bewegung, Trübsal zu vertreiben? Vieles spricht dafür, dass der Geist zur Ruhe kommt, sobald der Körper in Schwung gerät. Beim Sport sind bestimmte Hirnareale besonders rege – etwa jene, die die Muskulatur und Koordination steuern. Gleichzeitig sinkt die Aktivität in den vorderen Hirnbereichen, die am bewussten Denken und Abwägen beteiligt sind, aber auch Sorgenschleifen, Grübelspiralen und Katastrophenfantasien hervorbringen. Sport bringt uns vom Denken ins Machen, lenkt vom ungesunden Kopfkino ab und gibt dem Tag Struktur. Haben wir eine sportliche Herausforderung gemeistert, fühlen wir uns stolz und zufrieden, selbstbewusst und tüchtig. Dieser Selbstwertboost gilt als wichtiger Wirkfaktor.

Auch sonst passiert bei Bewegung einiges im Kopf. Sport regt das Wachstum von Nervenzellen an, fördert neue Verschaltungen zwischen ihnen und hilft dem Gehirn so bei wichtigen Umbau- und Lernprozessen. Das ermöglicht uns, gedanklich flexibel zu bleiben, und wahrscheinlich sogar, seelische Wunden zu heilen. Erste Studien deuten darauf hin, dass Sport in Ergänzung zu einer Psychotherapie dabei hilft, traumatische Erlebnisse zu verarbeiten.

Sowohl sofort nach dem Training als auch langfristig beruhigt Sport das Stresshormonsystem. Außerdem steigt die Konzentration bestimmter Botenstoffe im Gehirn, etwa von Noradrenalin – ganz ähnlich wie durch medikamentöse Stimmungsaufheller. So manche Läuferin fühlt sich nach einigen Kilometern sogar von einer Welle der Euphorie getragen: Sie spürt keinerlei Schmerzen und hat das Gefühl, ewig weiterrennen zu können. Das bekannte »Runner's High« beruht nach aktuellem Forschungsstand auf sogenannten Endocannabinoiden, quasi körpereigenem Cannabis. Dass die berühmten Endorphine für die Glücksgefühle beim Sport verantwortlich sind, gilt inzwischen als überholt.

Mittlerweile ist auch klar: Man kann der Angst sehr wohl davonlaufen. Nicht nur während eines Runner's Highs sind Ängste wie weggeblasen. Auch sonst hilft sportliche Betätigung gegen Beklemmungen – alltägliche wie krankhafte. Bewegung beugt Angsterkrankungen effektiv vor und ist ein wichtiger Baustein bei ihrer Behandlung. Weil bei Angstattacken das Herz rast, die Haut schwitzt und die Knie weich werden, meiden allerdings viele Betroffene körperliche Anstrengung. Denn die fühlt sich so ähnlich an wie die gefürchteten Anfälle. Dabei zeigen Untersuchungen, dass schon einzelne Trainingseinheiten angstlösend wirken und Panikattacken abschwächen. Wer also Angst vor dem Zahnarzt hat, tut gut daran, vor dem Termin eine Runde zu joggen: 30 Minuten Ausdauersport reduzieren nachweislich die Furcht auf dem Zahnarztstuhl.

Wie ist diese Wirkung zu erklären? Sport entspannt und macht zudem immun gegen die körperlichen Symptome der Angst. Wer schon einmal eine Angstattacke hatte, weiß, wie leicht man den inneren Tumult als Anzeichen eines Herzinfarkts deuten kann. Doch gerade diese fatale Fehlinterpretation heizt die Panik erst recht an. Angst läuft also vor allem dann aus dem Ruder, wenn man ihre körperlichen Begleiterscheinungen als Bedrohung interpretiert. Wer jedoch seinen Organismus durch Sport regelmäßig auf Touren bringt, den beunruhigen Schweiß und Herzrasen nicht so leicht. Der Teufelskreis aus furchtsamen Gedanken, der körperlichen Angstreaktion und der Angst vor diesen körperlichen Empfindungen wird durchbrochen.

Sport hebt nicht nur die Stimmung und bekämpft Angst, er macht auch fit im Kopf und lindert Schmerzen. Hinzu kommt: Wer sich tagsüber körperlich verausgabt, schläft nachts besser. Gesunder Schlaf ist eine wichtige Säule der seelischen Gesundheit und wird oft als Erstes in Mitleidenschaft gezogen, wenn wir seelisch aus dem Takt geraten. Doch welcher Sport tut der Seele ganz besonders gut?

Um herauszufinden, welche Art des Trainings das psychische Befinden am positivsten beeinflusst, sichteten chinesische Forschende von der Shenzhen University 38 Studien zum Thema. Das Ergebnis stand 2019 fest: Noch zuverlässiger als bei Ausdauersport wie Schwimmen, Laufen oder Radfahren stieg die Stimmung kurz nach dem Training bei anaeroben Aktivitäten – also solchen mit kurzen, starken Belastungen wie etwa beim Kraftsport. Schon eine halbe Stunde reicht aus, um die Laune zu heben. Dennoch: Der beste Sport ist am Ende immer der, den man auch macht. Wer Spaß am Tanzen hat, sollte genau das öfter tun. Andere blühen beim Jiu-Jitsu auf oder beim Wandern mit der besten Freundin.

Gute Nachricht für alle Sportmuffel: Neuere Studien zeigen, es muss nicht gleich das Fitnessstudio oder der Tennisverein sein.

Auch körperliche Aktivität im Alltag fördert das seelische Wohlbefinden. Also nehmen Sie Ihrer Seele zuliebe gerne öfter die Treppe, lassen das Auto stehen und freuen sich auf die Feel-good-Wirkung, wenn Sie das nächste Mal Wasserkästen schleppen. Als Faustregel gilt: 2,5 Stunden pro Woche sollte man ins Schwitzen geraten – ob auf dem Laufband oder bei der Gartenarbeit.

Zwar kann regelmäßige Bewegung bei Migräne, Kopf- oder Rückenschmerzen, Krebs, Arthritis, Herz-Kreislauf-Erkrankungen und vielen anderen Gesundheitsproblemen Linderung verschaffen. Menschen mit Vorerkrankungen sollten ein neues Sportprogramm allerdings mit ihrer Ärztin abstimmen. Denn wie immer gibt es Ausnahmen von der Regel: Bei Patientinnen und Patienten mit Fibromyalgie – einer Schmerzerkrankung, bei der vor allem Muskeln und Gelenke wehtun – kann ein zu strapaziöses Training Schmerzen triggern. Menschen mit dem Chronischen Fatigue-Syndrom, auch Myalgische Enzephalomyelitis genannt, müssen ebenso vorsichtig sein. Bei ihnen kann jede Anstrengung die ohnehin oft massiven Beschwerden verschlimmern.

Für die allermeisten Menschen ist Bewegung aber ein verträgliches und mächtiges Antidepressivum. Wir könnten viele teure und teils nebenwirkungsreiche Medikamente einsparen, würden wir mehr auf die Kraft der Bewegung setzen. Ein vielversprechendes Konzept sind Gesundheitszentren, in denen sich Ärzte, Psychotherapeutinnen sowie Physio- und Bewegungstherapeuten gemeinsam um die psychische und physische Gesundheit kümmern. In Ländern wie Neuseeland ist dieses Wissen längst angekommen: Dort gibt es seit einigen Jahren Bewegung auf Rezept.

# 38

# KÖNNEN TIERE DIE SEELE STREICHELN?

Manchmal zeigt sich das Leben von seiner dunkelsten Seite. Eine junge Frau war rundum zufrieden. Sie trat erfolgreich als Musikerin auf, war glücklich verheiratet, hatte einen kleinen Sohn und einen tollen Freundeskreis, als das Unglück über sie und ihre Familie hereinbrach: Ihr Mann erhielt die Diagnose Krebs. Es folgten fünf Jahre des Hoffens und Bangens, fünf Jahre, in denen der Kampf gegen die Krankheit ihr Leben bestimmte und den sie am Ende doch verloren. Bald – mit Mitte 30 schon Witwe – fiel die Frau in eine Depression. Sie war tieftraurig, emotional ausgelaugt und steckte alle Energie, die ihr geblieben war, in ihr Kind. Sich selbst hatte sie schon lange aus den Augen verloren.

Im Laufe der Psychotherapie, in die sie sich wegen ihrer Erkrankung begeben hatte, schaffte sie sich einen Hund an. Die Zuneigung ihres neuen vierbeinigen Begleiters, seine witzigen Marotten und seine Unternehmungslust hauchten ihr langsam, aber sicher wieder Leben ein. Auf einem ihrer gemeinsamen Streifzüge lernten die beiden ein weiteres Mensch-Hund-Gespann kennen. Frauchen und Herrchen verliebten sich ineinander und so ließ die junge Frau ihren Gefühlen freien Lauf. Auch ihr Sohn liebt den neuen Freund seiner Mutter inzwischen innig – und die beiden Hunde sowieso.

Was klingt wie der Plot eines Hollywoodfilms, ist die wahre Geschichte einer Patientin. Wir Therapeutinnen und Therapeuten erleben immer wieder, wie Tiere Menschen, die scheinbar am Ende sind, die Tür zurück ins Leben öffnen. Gerade in Krisen bieten Tiere Stabilität. Die täglichen Routinen – Fell bürsten, Stall ausmisten, Napf auffüllen – stützen uns, wenn wir ins Wanken geraten. Die Verantwortung für ein Lebewesen verankert uns in der Welt, wenn wir ihr am liebsten den Rücken kehren würden. Bei vielen seelischen Leiden, etwa Ängsten und Depressionen, sind die positiven Effekte des Kontakts zu Tieren gut belegt. Zeit mit Kaninchen, Katze, Wellensittich und Co. zu verbringen senkt nicht nur die Herzfrequenz, entspannt die Muskeln und lindert Schmerzen, sondern schlägt sich auch positiv auf das seelische Empfinden nieder, wie Studien zeigen.

Ein Team der Universität des Saarlandes untersuchte 2014, inwieweit uns tierischer Beistand in belastenden Situationen hilft. Wenn Wissenschaftler Versuchspersonen kontrolliert unter Stress setzen wollen, nutzen sie häufig Ausschnitte aus Spielfilmen, die nichts für schwache Nerven sind – zum Beispiel Gaspar Noés Thriller ›Irreversibel‹. So auch in diesem Fall. 80 Studentinnen, die einwilligten, sich im Dienste der Wissenschaft ein heftiges Video anzuschauen, bekamen einen elfminütigen Zusammenschnitt des Films zu sehen, darunter auch eine Vergewaltigungsszene. Ein Teil der Probandinnen war dabei ganz allein, einem Teil leistete eine weitere Studentin Gesellschaft. Wieder andere hatten einen ausgebildeten Therapiehund an ihrer Seite – zum Beispiel einen gemütlichen Labrador, einen langhaarigen Hovawart oder einen imposanten Cane Corso. Und um zu prüfen, ob auch allein die Anwesenheit eines kuscheligen Wesens einen Effekt hatte, wurde der Clip schließlich noch Testpersonen gezeigt, die einen lebensgroßen Plüsch-Collie bei sich hatten. Die Auswertung der psychologischen Fragebögen zeigte: Am meisten litten diejenigen, die den Film alleine ansahen. Auch das Plüschtier konnte den ausgestrahlten Szenen offenbar nicht den Schrecken nehmen. War jedoch ein lebendiges Wesen dabei, milderte das die Angst und Anspannung der Probandinnen sowohl während der Vorführung als auch danach signifikant ab. Ein Hund wirkte dabei genauso beruhigend wie ein Mensch.

Sozialer Beistand ist ein effektiver Stresspuffer und daher gerade für Menschen in seelischen Krisen wichtig – allen voran für jene, die nach einem schlimmen Erlebnis an einer Posttraumatischen Belastungsstörung leiden. Oft sind sie jedoch so verstört, dass es ihnen schwerfällt, sich anderen gegenüber zu öffnen. Sie haben Dinge erlebt, die ihr Vertrauen in Menschen schwer erschüttert haben. Manchen Traumatisierten fällt es deshalb leichter, mit Tieren in Beziehung zu treten. Studien wie die genannte belegen, dass selbst unbekannte Vierbeiner Stress abfedern können. Vor allem in den USA werden Hunde speziell darauf trainiert, Betroffenen Sicherheit zu geben und ihnen im Alltag ganz praktisch zur Seite zu stehen. So wecken sie etwa ihre Halter bei Albträumen sanft auf und beruhigen sie. Geraten die ihnen anvertrauten Menschen unterwegs in Panik oder verlieren sich in lebhaften Erinnerungen an das traumatische Erlebnis, können die ausgebildeten Begleithunde sie auf Kommando sicher nach Hause bringen oder durch gezieltes Anstupsen zurück ins Hier und Jetzt holen. So ein »Blindenhund für seelisch Versehrte« erinnert sein Herrchen oder Frauchen daran, die erforderlichen Medikamente zu nehmen, und bringt, wenn nötig, gleich die Pillendose.

Und auch für andere Dienstleistungen ist der Vierbeiner von unschätzbarem Wert: Untersuchungen mit Grundschulklassen zeigen, dass Kinder allein durch die Anwesenheit eines Hundes im Klassenraum ruhiger werden und der Lehrkraft aufmerksamer folgen. Dafür muss Bello nichts tun, als in der Ecke liegen und dösen. Die Kinder fühlen sich durch ihn offenbar sicherer und nehmen bereitwillig auf ihn Rücksicht.

Aber nicht nur Hunde werden inzwischen therapeutisch eingesetzt: Kinder mit dem Aufmerksamkeitsdefizit-Hyperaktivitätssyndrom, kurz ADHS, profitierten einer Studie zufolge ähnlich gut von einer Therapie mit Pferden wie von speziellen Medikamenten. Die betroffenen sechs- bis zwölfjährigen Mädchen und Jungen, die drei Monate lang zweimal die Woche Zeit mit und auf Pferden verbracht hatten, waren anschließend konzentrierter und ausgeglichener. Therapeutisches Reiten kann demnach Koordination, Selbstregulation, Sozialkompetenz und Selbstvertrauen fördern. Um seine positive Wirkung bei ADHS genauer belegen zu können, sind allerdings weitere und größer angelegte Studien nötig.

»Biophilie« nennen Fachleute die Liebe zu allem Lebendigen. Und die ist uns offenbar in die Wiege gelegt. Der Biologe Edward O. Wilson (1929–2021) etwa betonte, dass der Mensch sich im Laufe seiner Stammesgeschichte immer zusammen mit anderen Spezies entwickelt habe. Er ging deshalb davon aus, dass der Wunsch nach dem Zusammenleben mit ihnen tief in uns verwurzelt ist und Tiere eine Art heimelige Ur-Umgebung schaffen, in der wir uns ganz natürlich wohlfühlen. Mit anderen Worten: Ein Tier macht aus einem Haus ein Zuhause.

Befragungen zeigen, dass wir Kätzchen und Hundewelpen tatsächlich ähnlich bezaubernd finden wie unsere eigenen Nachkommen. Manche finden die kleinen Fellnasen sogar noch niedlicher als Menschenbabys. Erstaunlich, denn schließlich dient das Kindchenschema ja vor allem dem Schutz und der Pflege der eigenen Art. Warum kümmern wir uns trotzdem häufig genauso liebevoll um unser Haustier wie um unser Kind? Was macht neben der niedlichen Optik den Charme unserer tierischen Begleiter aus?

Seien wir ehrlich: Die Beziehung zu vielen unserer Mitmenschen ist kompliziert. Sobald wir aber in die Augen unseres Katers schauen, fühlen wir nichts als reine Liebe. Vermutlich besteht genau darin die einzigartige Macht der Freundschaft zu Tieren: Ihre Zuneigung ist sicher und beständig und wir müssen – anders als bei Menschen – keine Sorge haben, von ihnen für unsere Schwächen verurteilt zu werden.

Doch heißt das, dass das Klischee der verschrobenen Katzenliebhaberin stimmt, die ihre Unfähigkeit, menschliche Kontakte zu knüpfen, mit einer Schar von Vierbeinern kompensiert? Ganz im Gegenteil: Wer schon einmal mit einem Welpen eine Gassirunde gedreht hat, weiß, dass man kaum hundert Meter weit kommt, ohne von einem verzückten Passanten gestoppt zu werden. Im Nullkommanichts kennt man die ganze Nachbarschaft, wird von nun an freundlich gegrüßt und regelmäßig in ein Schwätzchen verwickelt. Tiere sind ein sozialer Magnet. Sie verschaffen uns nicht bloß schöne Begegnungen. Wie im Fall der jungen Witwe geschehen, locken sie mitunter auch Gleichgesinnte in unser Leben und können uns so aus einem seelischen Tief heraushelfen.

Aktuell sieht die Wissenschaft den Schlüssel zur Wirkung von Tieren in einem Hormon namens Oxytocin. Der früher etwas zu vereinfacht als Kuschelhormon titulierte Stoff stärkt Bindung und Vertrauen, fördert Empathie und sorgt für wohlige Entspannung. Wörtlich bedeutet Oxytocin »schnelle Geburt«, denn es spielt eine wichtige Rolle beim Einleiten der Wehen und beim Stillen von Babys. Oxytocin fördert aber nicht nur die Liebe zwischen Mutter und Kind, es kann auch das Band zwischen Paaren biochemisch festigen. Oxytocin aktiviert dabei den Parasympathikus, also jenen Teil des vegetativen Nervensystems, der mit Erholung und Gelöstheit in Verbindung steht.

In den letzten Jahren konnte man messen, dass auch dann, wenn wir unseren Hund streicheln, die Konzentration von Oxytocin steigt, und zwar bei beiden, uns und dem Hund – ein Hinweis darauf, dass die Zuneigung keineswegs einseitig ist. Je enger die Bindung, desto größer die Wirkung des Körperkontakts zwischen Tier und Mensch. Oxytocinwerte erhöhen sich aber nicht nur durch intensive Kuschelsessions, sondern auch, wenn wir nach der Arbeit nach Hause kommen und freudig von unserem Vierbeiner begrüßt werden oder ihm tief in die Augen blicken.

Wie wertvoll unsere Fähigkeit, mit anderen Spezies Freundschaft zu schließen, ist, lässt sich nicht mehr leugnen. Tiere tun unserer Seele gut. Doch auch deren seelisches Wohl müssen wir im Blick behalten. So ist das therapeutische Schwimmen mit Delfinen, die dafür leidvoll in Gefangenschaft leben, in Verruf geraten.

Und damit sich Haustiere bei uns wohlfühlen, muss zuallererst ihre Anschaffung gut überlegt sein. Wer sich die artgerechte Versorgung eines Tieres finanziell oder zeitlich nicht leisten kann, sollte nach anderen Wegen suchen, heilsame Zeit mit Tieren zu verbringen. Viele Tierheime freuen sich zum Beispiel über ehrenamtliche Mithilfe. Auch sie kann glücklich machen.

# 39
# WARUM BLÜHEN WIR IN DER NATUR AUF?

Ein sanft geschwungener Pfad führt aus der Hektik in die Muße. Während der weiche Boden federnd nachgibt, wirft die Seele Schritt für Schritt Ballast ab. In der Natur finden wir Ruhe und Trost. Die Farben der Blätter von Jade bis Karmesin verankern uns in der Jahreszeit, erinnern inmitten des Alltags an das große Ganze und geben uns die Gewissheit, dass – auch wenn die Dinge stets im Fluss sind – auf manches immer Verlass ist. Folgen wir den Spuren der Verbindung zwischen dem Menschen und seiner Umwelt.

»Shinrin Yoku«, Waldbaden, nennt man in Japan das bewusste Eintauchen in Laub, Moos, Gräser und Gehölz, um sich umströmt vom würzigen Duft der Erde, vom leisen Summen und Brummen und von der Sonne, die durch die Wipfel schimmert, erfrischen zu lassen. Waldbaden gilt dort inzwischen als Medizin, Ärztinnen verschreiben es auf Rezept. Die Idee hinter dem Begriff entstand 1982 und sollte die Menschen im Rahmen einer Naturschutzkampagne zu Aufenthalten im Grünen ermuntern. Etwa zur gleichen Zeit startete ein Forschungsprogramm, um die Anti-Stress-Wirkung des Waldes zu untersuchen. Von Asien schwappte der Trend erst nach Amerika und schließlich nach Europa. So wird mittlerweile fast überall in Wäldern »gebadet« und es gibt eine Fülle an wissenschaftlichen Erkenntnissen, die die Heilkraft der Bäume belegen.

Tatsächlich sondern Bäume eine Art Arznei ab, die wir bei Aufenthalten im Grünen einatmen. Sogenannte Terpene, Botenstoffe, mit denen Pflanzen untereinander kommunizieren, können antientzündlich wirken, die Immunabwehr stärken und die Nervenzellen schützen. Wie lange und in welcher Dosierung man ihnen dafür ausgesetzt sein muss, wird aktuell noch erforscht. Fest steht: Wer sich regelmäßig in der Natur aufhält, ist seelisch und körperlich gesünder. Nach einem großen Baumsterben in den USA durch den Asiatischen Eschenprachtkäfer stieg die Sterberate in den 15 betroffenen Bundesstaaten signifikant an. Der fehlende Schutzeffekt vor Lungen- und Herz-Kreislauf-Erkrankungen könnte über 20 000 Menschen das Leben gekostet haben, so eine epidemiologische Schätzung. Menschen, die in der Nähe von Wäldern, Wiesen oder Parks leben, sind aber nicht nur gesünder, sondern, wie großangelegte Studien zeigen, auch glücklicher – unabhängig davon, wie teuer oder sicher ihre Wohngegend ist.

Die Wirkung erklärt sich dabei keinesfalls nur über Stoffe in der Luft. Entscheidend ist, dass die Natur unser Innerstes berührt. Wir sind Teil eines eng verwobenen Netzwerks des Lebens, die Liebe zu allem Lebendigen steckt tief in unserer DNA (siehe »Können Tiere die Seele streicheln?«). Auch ist es kein Zufall, dass sich Menschen weltweit zu einer ganz bestimmten Landschaft hingezogen fühlen: zu einer weiten Graslandschaft mit vereinzelten Bäumen, durch die sich am besten noch ein Fluss schlängelt. Als besonders schön empfinden sie außerdem hoch gewachsene Bäume mit breiten Kronen, etwa die Schirmakazie. All das findet sich in der ostafrikanischen Savanne, der Wiege der Menschheit, in der unsere Wurzeln liegen. Hier haben wir den mit Abstand größten Teil unserer Entwicklungsgeschichte verbracht. Die Savanne bot uns Schutz und Überblick zugleich. Dieses Muster hat uns geprägt. Noch immer lieben wir den Mix aus Heimeligkeit und Weite, schattenspendenden Gewächsen und Gewässern, Lichtungen, Obstwiesen und Oasen. Dem tragen Landschaftsarchitektinnen Rechnung, indem sie Parks und Gärten unbewusst unserem evolutionären Zuhause nachempfinden.

Allein die Darstellung eines bewachsenen Flussufers wirkt heilsam. Einem Experiment aus Schweden zufolge haben auf einer Intensivstation herzkranke Menschen weniger mit Ängsten zu kämpfen und erholen sich schneller, wenn an der Wand das Bild einer Uferlandschaft hängt. Abstrakte Malerei erzielt den Effekt nicht im gleichen Maße. In verschiedenen – wenn auch kleinen – Studien hat man bereits verglichen, wie schnell Patienten genesen, je nachdem, wohin das Fenster ihres Krankenhauszimmers weist. Frisch Operierte, die auf einen Baum blickten, konnten im Schnitt früher nach Hause und hatten weniger Schmerzen als jene, die stattdessen eine Mauer oder die nächste Hauswand vor sich hatten.

Besser, als es nur vom Beckenrand aus zu betrachten, ist das aktive Abtauchen ins Grün. Zeit in der Natur zu verbringen, wirkt nicht nur entspannend und erholsam, sie fördert auch die Denkkraft und Kreativität. Das zeigt zum Beispiel eine Untersuchung an Wanderern, die US-amerikanische Forschende 2012 veröffentlichten: Nach vier Tagen Wanderurlaub in Colorado, abseits von Bildschirm und Beton, war ihr Geist deutlich erfrischt. In einem anschließenden Problemlösetest schnitten sie um 50 Prozent besser ab als eine Vergleichsgruppe vor der Expedition. Laut der Theorie der Aufmerksamkeitswiederherstellung können wir uns schon nach einem kurzen Aufenthalt in der Natur wieder besser konzentrieren. Diese These, die die Umweltpsychologen Rachel und Stephen Kaplan in den 1980ern aufstellten, ist inzwischen mehrfach belegt. Das Geheimnis liegt in der Art der Reize, die dort unsere Sinne kitzeln: Eine vorüberziehende Wolke, ein Baum, der sich im Wind wiegt, das sanfte Rascheln der Blätter oder der harzige Duft einer Fichte fangen unsere Aufmerksamkeit ein, ohne sie zu überbeanspruchen. Wir sind präsent, aber nicht hyperfokussiert. Das gibt unseren Aufmerksamkeitsressourcen die perfekte Gelegenheit zu regenerieren. Wir können uns anschließend wieder mit frischem Blick an die Arbeit machen – oder den neu gewonnenen Fokus nutzen, um uns in ein gutes Buch zu vertiefen.

Bewegung an der frischen Luft schlägt Indoor-Sport, wenn es um die körperliche Gesundheit geht. Der Seele kommt es zusätzlich auf die Kulisse an: Wanderungen in der Natur beenden Grübelschleifen effektiver als Streifzüge durch Wohngebiete oder Innenstädte. Auch Hirnareale, die mit Stress in Verbindung stehen, kommen in ländlicher Umgebung stärker zur Ruhe. 2022 wollten französische Forscherinnen und Forscher der Universität Reims wissen, wie genau sich ein Spaziergang in der Natur auf unsere Gefühlswelt auswirkt. Sie ließen 50 Studierende eine halbe Stunde dem Lauf eines Kanals folgen, entlang eines kleinen Waldes, vorbei an Weinreben und Wiesen – angeblich als Teil einer Sportstunde. Weitere 50 Teilnehmende schritten stattdessen einen asphaltierten Weg ab, inmitten von Parkplätzen, Fabriken und Hochhäusern. Eine Kontrollgruppe, ebenfalls 50 Personen, hörte eine Vorlesung. Alle füllten davor und danach einen ausführlichen Fragebogen zu ihrer aktuellen Stimmung aus.

Waren einige der Studierenden anfangs noch ängstlich wegen einer anstehenden Prüfung, traurig über einen Misserfolg oder einfach grundlos gereizt, hatten sich ihre negativen Emotionen nach beiden Spaziergängen größtenteils verflüchtigt, anders als bei der Kontrollgruppe, die nur herumsaß. Bei der Tour durch die nordfranzösische Natur war allerdings noch mehr in den Testpersonen passiert. Bei ihnen wurden darüber hinaus positive Emotionen geweckt. Die Studierenden fühlten sich anschließend nicht nur weniger schlecht, sondern regelrecht enthusiastisch, fröhlich und motiviert.

Das ist nicht selbstverständlich, denn positive und negative Gefühle sind keineswegs einfach zwei Seiten einer Medaille. Traurigkeit und Freudlosigkeit unterscheiden sich eklatant. Sie beruhen auf verschiedenen neuronalen Systemen und lassen sich unabhängig voneinander empfinden. So manches seelische Tief besteht gar nicht aus Traurigkeit, vielmehr leiden viele Menschen darunter, dass ihnen Vorfreude, Heiterkeit und Genuss abhandengekommen sind. Wenn nichts mehr Spaß macht, verliert das Leben seine Würze. Die Natur kann in diesen Zeiten die Lebensgeister wecken. Dabei muss es gar nicht zwingend der viel beschworene Wald oder das Flussufer sein – denn als von außen verordnete Gesundheitsmaßnahme verliert selbst die Natur ihren Zauber. Die Frage ist: Welche Landschaft ruft *Sie*? Vielleicht sind es Pferdekoppeln und Felder, die an die Ferien bei den Großeltern erinnern, vielleicht sind es die Berge, nach denen Sie sich am meisten sehnen, oder es ist der Ozean.

Die Ergriffenheit, die jeder Einzelne in seiner liebsten Landschaft empfindet, nennen Psychologinnen »awe« (engl. für Ehrfurcht) – ganz ähnlich wie der Laut, der uns dabei entfährt. Ehrfurcht ist ein seltenes Gefühl geworden, doch Naturerfahrungen schaffen es zuweilen noch, es in uns auszulösen. Zwar machen es das Erwachsensein und auch die Moderne dem ehrfürchtigen Staunen schwer. Wir kennen die Welt schon, bevor wir sie bereist haben, sind aufgeklärt und abgeklärt. Aber sind die Polarlichter weniger faszinierend, weil wir wissen, wie sie entstehen? Ist es nicht unglaublich, dass 150 Kilometer über einem Planeten, der taumelnd durchs All fällt, Teilchen leuchtend aufeinanderprallen und dort unten auch noch fühlende Wesen leben, die das Ganze beäugen? Wenn wir angesichts eines solchen Naturschauspiels staunen, tritt das eigene Ich in den Hintergrund. Die Probleme werden kleiner, die Last, die wir auf unseren Schultern tragen, leichter. Fremdes Leid wird uns dabei nicht etwa egal: Staunende Menschen verhalten sich sogar selbstloser. Sie teilen eher mit anderen.

Was bedeutet das für uns Menschen, die wir nicht nur offiziell als »urbane Spezies« gelten, sondern außerdem längst zur Indoor-Art geworden sind? Europäerinnen und Europäer verbringen nicht mal mehr zehn Prozent ihrer Zeit im Freien. Dennoch ist das Klischee, dass das Stadtleben per se der Seele schadet, überholt. Zwar leiden Landbewohner weniger unter Angststörungen, dafür sind Depressionen in Großstädten sogar seltener als in Kleinstädten und Dörfern – zumindest in den USA. Städte bieten im Gegensatz zum platten Land ein reiches kulturelles Angebot. Die Chancen, Inspiration und Gleichgesinnte zu finden, stehen hier schlicht besser. Doch die Stadt der Zukunft muss grüner werden. Untersuchungen zeigen, dass mit Parkanlagen, Wildblumenwiesen und Alleen die Heilkräfte der Natur zumindest zum Teil in die Metropolen zurückgeholt werden können.

Natürliche Umgebungen zu bewahren und dort, wo sie verdrängt wurden, wiederherzustellen, wäre ein effizienter Weg, die Gesundheit und das seelische Wohl vieler Menschen gleichermaßen zu verbessern. Und auch die Tier- und Pflanzenwelt würde es uns danken. Wir müssen die Gärten der Erde schützen – denn wir sind noch immer fester mit ihnen verbunden, als wir denken.

TEIL 3

# DER GEFÜHLSKOMPASS

# 40

# BIN ICH, WEIL ICH FÜHLE?

Die überwältigende Freude bei der Geburt des eigenen Kindes oder das Lampenfieber vor einem großen Auftritt: Emotionen bestimmen, wie sich unser Leben anfühlt, und beeinflussen zugleich, wie wir die Welt wahrnehmen. Sind wir traurig, erscheint sie uns als rauer Ort. Wie von selbst kommen trübe Gedanken und Erinnerungen an Zeiten, als uns ähnlich zumute war. Sind wir dagegen froh, sieht die Welt gleich ganz anders aus: einladend und voller Möglichkeiten. Wir sind überzeugt, dass sich alles fügen wird, und wenn wir in einem solchen Moment auf die Vergangenheit zurückblicken, erscheint auch sie in einem freundlichen Licht.

»Affektive Reaktionen«, wie Psychologinnen Gefühlsregungen auch nennen, sind evolutionär älter als kognitive. Das Fühlen kam also vor dem Denken. Es geht schneller, verbraucht weniger geistige Ressourcen und motiviert uns im richtigen Moment zu sinnvollen Handlungen, ohne dass wir lange überlegen müssen. So sicherte es schon unseren Vorfahren das Überleben. Emotionen berühren unser archaisches Erbe, unseren innersten Kern. Wenn wir fühlen, fühlen wir uns lebendig. Deshalb sind den meisten Menschen selbst unangenehme Gefühle lieber als gar keine. Emotionale Taubheit zählt zu den schlimmsten seelischen Zuständen, in die wir geraten können. Während leichte Depressionen noch von spürbarer Traurigkeit geprägt sind, leiden schwer depressive Menschen unter einer quälenden inneren Leere – sie fühlen oft nichts mehr.

Emotionen sind die Farben der Seele, wie der Schriftsteller William Paul Young schrieb, ohne sie bleibt alles grau. Die »Grundfarben« der Seele, die sechs Primäremotionen, sind Angst, Wut, Überraschung, Freude, Traurigkeit und Ekel. Sie gelten als universell. Überall auf der Welt wird gelächelt, wenn etwas Schönes passiert, geweint, wenn jemand stirbt, und die Nase gerümpft, wenn es stinkt. Aber natürlich hat der Farbkreis der Gefühle noch wesentlich mehr Facetten zu bieten. Je nach Mischverhältnis entstehen komplexere Töne wie Scham, Neid, Stolz, Sehnsucht, Heimweh, Verlegenheit, Euphorie, Eifersucht oder Empörung. Diese Empfindungen werden nicht überall in gleicher Weise gefühlt und zum Ausdruck gebracht, Erziehung und Kultur spielen dabei eine wichtige Rolle. Für manche Nuancen kennen überhaupt nur einzelne Sprachen ein Wort. »Fageoiu« etwa heißt bei den Menschen, die auf Ifalik, einem mikronesischen Atoll im Pazifik, leben, ein bittersüßer Mix aus Mitgefühl, Liebe und Traurigkeit. Die deutsche »Schadenfreude« wiederum wurde von anderen Sprachen übernommen und existiert inzwischen auch im Englischen, Französischen, Portugiesischen und Polnischen.

Ausgelöst werden Emotionen durch äußere Ereignisse: eine Gehaltserhöhung, einen Kuss oder die Nachricht, dass ein Mensch, der uns etwas bedeutet hat, gestorben ist. Manchmal legen aber auch innere Regungen den Schalter in uns um – zum Beispiel eine Erinnerung, ein Gedanke oder ein körperlicher Schmerz. Jede gefühlsbestimmte Reaktion, etwa die Freude über das Wiedersehen einer alten Freundin, besteht aus fünf Komponenten: der emotionalen Empfindung an sich (Glück), der körperlichen Erregung (Herzklopfen), dem mimisch-gestischen Ausdruck (breites Grinsen), der gedanklichen Bewertung (»Wie schön, dass sie da ist!«) und zu guter Letzt der Handlung, zu der wir dadurch motiviert werden (mit offenen Armen auf sie zugehen).

Wann sich eine spezielle Emotion einstellt, ist teils universell, teils individuell. Dabei spielt nicht nur unser Naturell eine Rolle, sondern auch unsere Vorgeschichte. Zu den evolutionär in uns verankerten und damit allgemein verbreiteten Gefühlsreaktionen gehört zum Beispiel die Angst vor gefährlichen Tieren wie Löwen und Krokodilen oder der Ekel vor Exkrementen. Im Laufe des Lebens bildet sich jedoch bei jedem Menschen ein ganz eigenes Gefühlsgedächtnis. Wird jemand in einer bestimmten Situation von einem besonders heftigen Gefühl überwältigt, kann sich die emotionale Reaktion auf ähnliche Situationen ausweiten. Psychologen sprechen bei dem Lernmechanismus, der dahintersteckt, von »Konditionierung«.

Ein eindrückliches Beispiel: Eine Patientin musste sich einmal aus beruflichen Gründen für kurze Zeit in einer ausgebrannten Wohnung aufhalten. Sie wusste, dass in dem Feuer mehrere Menschen ums Leben gekommen waren. Als sie in dem völlig verkohlten Zimmer stand, stieg entsetzlicher Ekel in ihr auf, sie bekam Schweißausbrüche, ihr wurde schwindelig und sie hätte sich beinahe übergeben. Zwar handelte es sich dabei um eine weitgehend angeborene Reaktion: Den meisten Menschen wäre es unter diesen Umständen nicht anders ergangen. Der Organismus der Frau verknüpfte sie jedoch so sehr mit dem Rauchgeruch, der währenddessen in der Wohnung hing, dass sie seither auch auf Grillfesten einen überwältigenden Ekel verspürt. Liegt das Fleisch auf dem Rost, bekommt sie sofort Brechreiz. Diese spezielle Ekelreaktion ist nur mit ihrer Vorgeschichte zu erklären und deshalb erlernt. Hier hatte die Konditionierung, die uns häufig hilft, günstig auf neue Gegebenheiten zu reagieren, negative Folgen. Der erlernte Ekel verdirbt der Frau viele Sommertage mit Freunden und Familie. Dass sich Gefühle manchmal so ausweiten, dass sie sich selbst in Situationen Bahn brechen, die eigentlich gar keine solche Reaktion erfordern, trägt auch maßgeblich zur Entstehung von Angsterkrankungen bei.

Und doch: Auch wenn sie manchmal übers Ziel hinausschießen, sind unsere Gefühle auf unserer Seite und unterstützen uns dabei, die richtigen Entscheidungen zu treffen. Angst schützt uns vor Verletzungen, Ekel hält uns von Krankheitserregern fern, Überraschung macht wach und hilft uns, uns schnell auf eine veränderte Lage einzustellen, Wut bringt uns zur Verteidigung in

Stellung, Freude spornt uns an, Gutes zu wiederholen, und Traurigkeit lässt uns innehalten und das weitere Vorgehen überdenken, wenn wir versagt oder etwas verloren haben. Die Emotion, die wir in der jeweiligen Situation empfinden, informiert uns blitzschnell darüber, was ein bestimmtes Ereignis für uns bedeutet, und setzt sogleich körperliche Veränderungen in Gang, die dafür sorgen, dass wir passend reagieren können. So kurbeln etwa Angst und Wut automatisch den Kreislauf an und ermöglichen uns so, schneller wegzulaufen oder entschlossener zu kämpfen.

Was oft vergessen wird: Emotionen dienen auch als sozialer Kitt. Sie signalisieren anderen unmittelbar, wie es uns geht. Wenn unsere Mitmenschen unsere Stimmung richtig deuten und empathisch reagieren, festigt das die Beziehung. Manchmal sind Gefühle auch regelrecht ansteckend – mit dem Ergebnis, dass die Mitglieder einer Gruppe an einem Strang ziehen und zusammenhalten. Gemeinsame Freude ist ein besonders starker Kleber, aber auch trösten und getröstet werden verbindet: Geteiltes Leid ist halbes Leid. Hinweise auf den aktuellen Gefühlsstatus des Gegenübers können zudem heikle Situationen entschärfen. Erkennt jemand Furcht in unseren Augen, merkt er vielleicht, dass er zu forsch war, und schlägt einen sanfteren Ton an. Ein finsterer Gesichtsausdruck verrät uns im Zweifel rechtzeitig, dass es jetzt brenzlig wird, und wir versuchen dem Gespräch eine versöhnliche Wendung zu geben.

Dabei sind Emotionen keine allmächtigen Lenker, sondern lassen uns durchaus Spielraum. Das erste Aufwallen eines Gefühls können wir noch nicht beeinflussen. Es ähnelt einem Reflex: Hören wir einen lauten Knall, zucken wir unweigerlich zusammen und das Herz schlägt schneller – plötzlich ist da Angst. Im zweiten Schritt aber wird die emotionale Reaktion differenzierter und zugänglich für das Denken. Durch unsere kognitive Bewertung können wir Emotionen nämlich direkt verstärken oder abschwächen: Gehen wir davon aus, dass es sich bei dem Knall um einen Schuss gehandelt haben muss, bekommen wir sofort noch mehr Angst.

Wir fangen an zu schwitzen und versuchen, uns in Sicherheit zu bringen. Fällt uns jedoch ein, dass ganz in der Nähe Bauarbeiten stattfinden, ebbt die Angst schnell wieder ab. Ein anderes Beispiel: Wer seinen Partner vertraut mit einer unbekannten Schönheit durch die Fußgängerzone schlendern sieht, bei dem regt sich vielleicht Eifersucht. Vom Gedanken, dass das wohl seine Cousine sein muss, die gerade in der Stadt ist, wird das Gefühl jedoch fix beseitigt. Nicht nur unsere Vernunft, auch die Regeln des zivilisierten Zusammenlebens können Emotionen modulieren und hindern die meisten inzwischen an allzu steinzeitlichen Reaktionen. Selbst wenn man meint, den Partner in flagranti erwischt zu haben, würden die wenigsten ihrem aggressiven Impuls nachgeben und den beiden eins überbraten.

Das ist auch gut so, denn nicht immer können wir unserem Gefühl trauen. Emotionen können kluge Berater sein, keine Frage. Immerhin sind sie das Ergebnis eines unbewussten Analyseprozesses. Unter der Oberfläche arbeiten Erfahrung und Urinstinkt an einer schnellen, aber möglichst treffenden Einschätzung der Lage. Das Gefühl, das am Ende in unser Bewusstsein dringt, ist nur die Spitze des Eisbergs. Manchmal lernen wir jemanden kennen und haben sofort ein mulmiges Gefühl, ohne recht zu wissen, warum. Später stellt sich dann vielleicht tatsächlich heraus, dass unsere Skepsis berechtigt war. Manchmal irrt die Intuition aber auch. Vielleicht führt die betreffende Person gar nichts im Schilde und erinnert uns schlicht an jemand anderen, mit dem wir eine unschöne Erfahrung verbinden. Schon das erste Aufwallen einer Emotion kann demnach trügerisch sein, zum Beispiel wenn wir gar nicht unseren Partner eng umschlungen mit einer fremden Frau durch die Einkaufsstraße flanieren sehen, sondern jemanden, der ihm lediglich ähnlich sieht.

Und selbst mit unserer gedanklichen Bewertung, die die emotionale Reaktion maßgeblich beeinflusst, liegen wir ab und an daneben, zuweilen sogar systematisch. Gerne möchten wir glauben, dass wir die Welt um uns herum stets objektiv betrachten, dabei tragen wir alle eine unsichtbare Brille auf der Nase, die unseren Blick in eine bestimmte Richtung verzerrt. Der eine ist meistens ein bisschen zu naiv, die andere oft sofort auf 180. Dahinter steckt etwas, das Psychologinnen »Schema« nennen, die ganz persönliche Art und Weise, wie wir die Welt wahrnehmen und strukturieren. Dieser Bezugsrahmen, in den jede Erfahrung eingeordnet wird, besteht aus verschiedenen Grundannahmen, die sich oft unbewusst im Laufe des Lebens herausgebildet haben. Wer zum Beispiel die Annahme »Die Leute wollen mir Böses« oder »Die Welt ist schlecht« verinnerlicht hat, reagiert schneller mit Wut oder Angst als jemand, der seine Mitmenschen grundsätzlich wohlwollend und vorbehaltlos betrachtet. Wer davon überzeugt ist, nicht gut genug zu sein, in dem regt sich leicht Scham. Dann genügt schon die kleinste kritische Bemerkung wie »Ich bin nicht ganz sicher, ob dein Vorschlag funktioniert«, um in ihm ein unangenehmes Gefühl auszulösen. Doch auch Schemata sind nicht in Stein gemeißelt. Hinterfragen wir sie bewusst und öffnen uns für gegenteilige Erfahrungen, lassen sie sich durchaus umschreiben. Und damit verändern sich automatisch auch die Gefühle, die mit ihnen einhergehen.

Fühlen ist eine Stärke und intensive Emotionen sind oft wertvoll. Manchmal stehen sie uns aber im Weg. Wer vor allem Möglichen Angst hat, lässt Chancen verstreichen, wer seine Wut nicht im Griff behält, verletzt sein Umfeld. Negative Gefühle können zur Qual werden, wenn wir nicht wissen, wohin mit ihnen. Was also machen wir mit den Gefühlen, die zu viel werden? Bei kleineren Gefühlsstürmen hilft manchmal schon ein Spaziergang, ein Schaumbad oder ein Stück Schokolade, das wir mit Genuss essen. Zwei Tüten Chips, die wir geistesabwesend in uns hineinstopfen, oder eine Flasche Wein sind allerdings keine geeigneten Gegenmittel, wenn wir stinksauer oder todtraurig sind. In Wahrheit ergreifen wir solche Maßnahmen – dazu gehören auch Arbeitswahn oder selbst gemachter Freizeitstress –, um unangenehme Gefühle nicht spüren zu müssen. Ein weiterer unbewusster Versuch, einer Emotion, die wir nicht mögen, aus dem Weg zu gehen, ist das Grübeln. Indem wir uns krampfhaft auf gedanklicher Ebene mit einem Problem befassen, vermeiden wir zu fühlen, was es mit uns macht. Die Emotion, die sich angestaut hat, wird dadurch leider nicht abgebaut. Der innere Druck nimmt sogar zu.

Besser ist es, sich dem Gefühl zu stellen, es zuzulassen und möglichst unvoreingenommen hinzuspüren – denn jedes Gefühl darf sein. Es mag paradox klingen, dass Akzeptanz ein probates Mittel gegen unangenehme Empfindungen sein soll. Doch sobald wir ihnen erlauben, da zu sein, lassen sie ein wenig nach. Vielleicht wollen wir aber fürs Erste einfach auf andere Gedanken kommen. Das gelingt am besten mit einer Tätigkeit, die die volle Konzentration erfordert und damit das Grübeln verhindert.

Eine andere Möglichkeit, wie wir uns auf gesunde Weise selbst beruhigen können, wenn wir ängstlich, traurig oder aufgebracht sind, besteht in tiefen, langen Atemzügen. Oder darin, unsere Gefühle spontan zu Papier zu bringen. Expressives Schreiben zählt zu den wirkungsvollsten Strategien zur Regulierung von Emotionen. Was ebenfalls immer hilft, wenn Gefühle uns übermannen, ist eine mitfühlende Haltung uns selbst gegenüber – auch dann, wenn wir doch einmal versehentlich in Rage eine Tüte Chips vertilgt haben (siehe »Wie bin ich mir ein guter Freund?«). Sie sehen: Es gibt nicht das eine Patentrezept, sondern sogar eine ganze Menge wirksamer Wege, die je nach Situation besser oder schlechter geeignet sind, unsere emotionalen Bedürfnisse zu befriedigen. Wer versiert ist im Umgang mit den eigenen Gefühlen, hat viele Strategien zur Hand und kann diese flexibel zum Einsatz bringen.

# 41

# WIE ENTKOMME ICH DER ANGST?

Angst ist vielleicht das mächtigste Gefühl überhaupt. Wenn es zuschlägt, gelingt es nur schwer, gelassen zu bleiben, denn im Kern ist Angst ein Alarmsignal: Achtung, Gefahr! Sobald es brenzlig wird, animiert uns die unangenehme Emotion zu einer rettenden Handlung – so weit, so bekannt. Wie genau sie das tut, wissen allerdings die wenigsten.

Die Furchtreaktion, mit der unser Organismus auf Bedrohungen antwortet, umfasst fünf Eskalationsstufen. Diese heißen nach ihren Anfangsbuchstaben im Englischen auch »die fünf F's«: *freeze*, *flight*, *fight*, *fright* und *flag-faint*. Stellen Sie sich vor, Sie spazieren durch den Park, als Sie ein paar Meter weiter einen kräftigen Rottweiler sichten, der ohne Leine herumläuft. Wenn große Hunde Ihnen nicht ganz geheuer sind oder Sie sogar schon einmal von einem gebissen wurden, setzt nun wahrscheinlich die erste Stufe der Angst ein: die *freeze*-Reaktion. Sie halten inne und richten Ihre volle Aufmerksamkeit auf das Tier. Ihre Pupillen weiten sich, Seh- und Hörnerven werden empfindlicher, sodass Sie Ihre Umgebung besonders wach und genauer wahrnehmen als sonst.

Dreht sich der Hund nun um und kommt zähnefletschend auf Sie zu, reagieren Sie in Sekundenschnelle: Ihr Herz schlägt schneller und Ihre Muskeln werden verstärkt mit Energie versorgt. Sie flüchten (*flight*). Holt der Hund Sie ein, heißt es kämpfen (*fight*). Ohne nachzudenken heben Sie einen dicken Ast vom Boden auf und schlagen damit nach dem Tier, das bereits entschlossen nach Ihnen schnappt. Bekommt der Hund Ihren Arm zu fassen und gräbt seine Zähne in Ihr Fleisch, setzt womöglich für kurze Zeit die *fright*-Reaktion ein, eine Art Totstellreflex, der sich auch im Tierreich beobachten lässt. Die Beute bewegt sich nicht mehr, gibt keinen Ton von sich und suggeriert dem Angreifer so: Du hast gewonnen. Lockert der dann leichtsinnig seinen Biss, nutzt sie den Moment zur Flucht. Die stille Reglosigkeit ist dabei keine bewusste Taktik, sondern ein unwillentlicher Reflex, der sich aufgrund seines Erfolgs im Lauf der Evolution ausgebildet hat. Die *fright*-Reaktion tritt beim Menschen seltener auf als *freeze*, *flight* und *fight*, kommt aber durchaus vor. Überlebende sexueller Gewalt etwa berichten häufig, im Angesicht der unmittelbaren Gefahr nicht in der Lage gewesen zu sein, sich zu wehren oder auch nur zu schreien. Dafür können sie jedoch nichts. Die *fright*-Reaktion lässt sich nicht kontrollieren.

Zurück zu unserem fiktiven Hundeangriff. Packt das Tier nun fester zu und beginnt, in Tötungsabsicht Ihren Körper zu schütteln, kommt es wahrscheinlich zur *flag-faint*-Reaktion. Sie sacken in sich zusammen – »to flag« heißt so viel wie »schlappmachen«. Neben der Motorik setzen nun auch Bewusstseinsfunktionen aus. Sie nehmen kaum noch wahr, was gerade passiert, spüren keinen Schmerz mehr, sind wie betäubt oder fallen sogar in Ohnmacht, auf Englisch »to faint«. Die *flag-faint*-Reaktion hat neben dem offensichtlichen Vorteil, dass Sie den Schrecken nicht bei vollem Bewusstsein miterleben müssen, einen ähnlichen Effekt wie die *fright*-Reaktion: Ein Angreifer, der Sie bereits für tot hält, lässt möglicherweise von Ihnen ab. Die *flag-faint*-Reaktion tritt bei länger anhaltender Gewalt im Anschluss an die *fright*-Reaktion auf und öfter bei Menschen, die im Kampf körperlich unterlegen sind, etwa Kinder, Frauen oder Senioren. Ein verbreiteter Auslöser für die angstbedingte Bewusstlosigkeit ist der Anblick von Blut. Auch dabei hat sich die Natur etwas gedacht: Der plötzliche Blutdruckabfall, der mit der Ohnmacht einhergeht, schützt davor, dass aus einer Wunde zu schnell zu viel Blut austritt. Wer zur *faint*-Reaktion neigt, den wirft es zuweilen aber schon bei recht banalen Anlässen um, etwa wenn er sich beim Kochen in den Finger schneidet oder dabei zusieht, wie jemand Blut abgenommen bekommt.

Tipp Wenn Sie leicht in Ohnmacht fallen, können Sie dem schon bei den ersten Anzeichen wie Schwindel oder Übelkeit entgegenwirken: Überkreuzen Sie die Beine im Stehen und ballen Sie die Hände fest zu Fäusten. Spannen Sie gleichzeitig Bauch, Gesäß und Oberschenkel an und halten Sie die Spannung drei Mal hintereinander für 30 Sekunden. Indem Sie den Muskeltonus erhöhen, verhindern Sie einen Kreislaufkollaps.

Angst ist also eine effektive Reaktion auf Gefahr. Sie schärft zunächst die Sinne und weckt dann Kräfte, sodass wir fliehen oder kämpfen können. Sieht es schlecht für uns aus, bringt sie uns dazu, uns scheinbar zu ergeben, und verhilft uns damit mitunter zu einer letzten Chance, größeren Verletzungen zu entgehen. Der Haken dabei: Vielen modernen Bedrohungen – der nicht bezahlbaren Stromrechnung oder dem cholerischen Chef – entkommen wir nicht, indem wir einen Sprint hinlegen, zum Schlag ausholen oder uns totstellen. Noch dazu ist die Angst so entscheidend für das Überleben, dass sie manchmal übers Ziel hinausschießt: Es kommt zum falschen Alarm. Das passiert vor allem dann, wenn wir unter großem Stress stehen oder von Haus aus zu den Menschen gehören, bei denen die eingebaute Alarmanlage besonders scharf gestellt ist. Nach dem Motto »Lieber einmal zu viel als einmal zu wenig« bricht die Angst dann zum Beispiel nicht nur beim Anblick eines knurrenden Rottweilers durch, sondern auch bei Nachbars Dackel.

Zum Problem wird Angst immer dann, wenn sie uns nicht mehr schützt, sondern behindert. Wenn wir Dinge, die wir eigentlich tun möchten, aus Angst bleiben lassen, etwa nicht mehr in den Garten gehen, weil der Dackel uns am Zaun anbellen könnte. Die Ängste, die uns einschränken, sind vielfältig. Manche Menschen trauen sich wegen einer Spinnenphobie nicht mehr in den Keller, bei anderen steht die Flugangst dem Traum vom Reisen im Weg und Panik auf der Autobahn sorgt dafür, dass man Umwege fährt oder sich im Zweifelsfall gar nicht mehr hinters Steuer wagt. Angst, die aus dem Ruder läuft, raubt Freiheit. Überlegen Sie selbst einmal: In welchen Lebensbereichen schränken Sie sich aufgrund von Angst ein? Welche Herausforderungen scheuen Sie? Welche Dinge, die Ihnen früher Spaß gemacht haben, trauen Sie sich heute nicht mehr zu? Möglicherweise fahren Sie ja nur deshalb nicht mit Freunden in den Skiurlaub, weil Sie sich auf der Piste blamieren könnten, oder melden sich in Sitzungen so selten zu Wort, weil Sie fürchten, etwas Falsches zu sagen. Vielleicht gibt es auch einen Menschen, den Sie nur deshalb nicht zum Essen einladen, weil Sie fürchten, dass er ablehnt. Auch solche Ängste hindern uns zuweilen daran, das Leben zu führen, das wir uns wünschen.

Andere Ängste sind wiederum hilfreich: Wer bei hoher Geschwindigkeit auf kurviger Strecke Bammel bekommt, fährt vorsichtiger und baut weniger Unfälle, und wer sich vor Einbrechern fürchtet, sichert Fenster und Türen. Um zu ermitteln, ob eine spezielle Angst Ihnen nun nützt oder im Weg steht, können folgende Fragen helfen: Ist die Angst in diesem Fall rational? Wie bewerten andere Menschen die Gefährlichkeit der Situation? Und vor allem: Entgeht mir etwas, weil ich es aus Angst meide? Wenn Achterbahnen Sie einschüchtern, Sie Freizeitparks aber auch ansonsten nichts abgewinnen können, bringt es Ihnen keinen Nachteil, weiter mit der Angst zu leben. Wenn Sie hingegen gerne mehr Zeit in der Natur verbringen würden, sich jedoch alleine im Wald gruseln, wird die Vermeidung zum Verzicht. An dieser Angst könnten Sie also arbeiten. Spätestens wenn Ängste ein krankhaftes Ausmaß angenommen haben, wird es Zeit, etwas zu tun. Aus dem Ruder gelaufene Angst ist das Leiden, das die Seele am häufigsten befällt. Mehr als jeder Dritte ist im Laufe seines Lebens davon betroffen. Wenn Angst wiederholt in völlig ungefährlichen Situationen auftritt oder in keinem angemessenen Verhältnis zum Auslöser steht, quälend und unkontrollierbar wird, sollte man sie psychotherapeutisch behandeln lassen. Als am wirksamsten hat sich hier eine spezielle Form der Psychotherapie, die kognitive Verhaltenstherapie, erwiesen.

Die Chancen, der Angst zu entkommen, stehen äußerst gut. Dabei lautet das wichtigste Prinzip: Der Weg aus der Angst führt geradewegs durch sie hindurch. Verhaltenstherapeuten sprechen hier von »Konfrontation«. Die natürliche Reaktion auf etwas, das Angst in uns auslöst, ist schließlich das genaue Gegenteil: die Vermeidung. Das ist völlig normal, denn niemand will leiden. Wer Angst vorm Zahnarzt hat, geht immer seltener zur Vorsorge, und wer zu Klaustrophobie neigt, nimmt statt dem Fahrstuhl lieber die Treppe. Das geht vielleicht eine Zeit lang gut – bis sich die erste Wurzelentzündung bemerkbar macht oder das Vorstellungsgespräch in der 14. Etage stattfindet. Zudem ist es gerade dieses Vermeidungsverhalten, das dafür sorgt, dass sich Ängste festsetzen. Wer sich nämlich nie der Sache, vor der er sich fürchtet, aussetzt, verengt damit nicht nur seinen Handlungsspielraum, er verpasst auch die Gelegenheit für eine heilsame Erfahrung.

Genau diese guten Erfahrungen sind es, die den Teufelskreis der Angst durchbrechen können. In der Konfrontation mit dem, was Angst macht, lernt der Organismus, dass in Wahrheit gar nichts Schlimmes passiert, sodass er beim nächsten Mal keine Angst mehr erzeugen muss. »Und ob etwas Schlimmes passiert«, möchten Sie jetzt vielleicht einwenden: Ich muss das alles ertragen, den puren Schrecken, das Herzrasen, den Schweißausbruch, das Gefühl, dass sich alles dreht und ich gleich umkippe. Die Angst selbst ist oft der eigentliche Gegner. Doch sie hat eine Schwachstelle, die uns im Kampf gegen sie hilft: Sie kann nicht ewig anhalten. Das Gefühl, das sich als evolutionäres Notfallprogramm bei kurzfristigen Gefahren entwickelt hat, schaltet sich nach einer gewissen Zeit von selbst ab. Erst verstärkt es sich, wird immer intensiver, steigt scheinbar ins Unermessliche. Doch dann, auf dem Höhepunkt angekommen, lässt die Angst wieder nach – zwar etwas langsamer, als sie sich aufgebaut hat, aber stets verlässlich. Diese Wendung ist es, die wir erleben müssen, damit die Angst nachhaltig abnimmt. Im Hintergrund wird die emotionale Reaktion nämlich von Mal zu Mal umprogrammiert, wenn wir uns der Angst stellen. Psychologinnen sprechen bei diesem Vorgang von »Angstlöschung«.

Die Angst zu löschen ist etwas anderes, als zu versuchen, sie auszutricksen. Einige Menschen tun das, was ihnen schwerfällt, schließlich mit größter Überwindung trotzdem, machen dabei aber keine Fortschritte. Sie steigen zum Beispiel tapfer in den Flieger, obwohl sie beim Start durch die Hölle gehen. Um die Angst wenigstens ein bisschen zu mildern, bereiten sie sich akribisch vor. Sie besorgen sich Beruhigungstabletten, nehmen Sonnenbrille und Kopfhörer mit an Bord oder ziehen einen Kapuzenpulli über, um sich möglichst wirksam abzuschirmen. Sie kneifen die Augen zusammen, machen Musik an, die das Dröhnen der Turbinen übertönt, beamen sich im Geiste an einen anderen Ort oder sagen im Stillen das Alphabet rückwärts auf, um sich abzulenken. Das Problem dabei: All diese realen und gedanklichen Maßnahmen verhindern den natürlichen Angstverlauf, der zur Angstlöschung führt. Statt dass die Angst zu ihrer vollen Größe anschwellen und dann noch während des Flugs in sich zusammenfallen kann, pendelt sie sich auf einem mittleren Niveau ein und bleibt dort so lange, bis man wieder festen Boden unter den Füßen hat. Der Lerneffekt ist gleich null und die Angst wird beim Rückflug genauso stark zurückkehren. Damit sie langfristig abnehmen kann, muss man sich voll auf die Situation einlassen und die Gefühle, die dabei aufkommen, akzeptieren – auch wenn sie äußerst unangenehm sind. Es kann einige Zeit dauern, bis die Angst spürbar nachlässt, und in den meisten Fällen braucht es mehrere Wiederholungen, bis von der ursprünglichen Flugangst nur noch ein leichtes Kribbeln im Bauch übrig bleibt. Aber eines steht fest: Wer seine Angst besiegen will, muss sich ihr stellen.

Wenn nötig, kann man sich ihr auch in kleinen Schritten nähern. So beginnt man in der Behandlung einer Spinnenphobie häufig erst einmal mit dem Beobachten winziger Tierchen und arbeitet sich dann zu immer größeren Exemplaren vor, erst aus der Ferne, dann mit geringerem Abstand. Dieses Vorgehen funktioniert so gut, dass Patientinnen, die sich nicht einmal mehr auf eine Wiese trauten, am Ende eine Kellerspinne auf die Hand nehmen. Bei Ängsten, die nicht zu extrem ausgeprägt sind, können Sie eine Konfrontation auch selber durchführen. Haben Sie zum Beispiel Angst vor Hunden, schauen Sie sich am besten zuerst ein Foto von einem freundlichen Hund an. Sehen Sie hin und spüren Sie, wie die Angst in Ihnen aufsteigt. Hier hilft es, sich klarzumachen, dass es sich eindeutig um einen Fehlalarm handelt. Die Situation ist in keiner Weise gefährlich und auch die Angst selbst kann Ihnen nichts anhaben. Im Gegenteil: Manche Menschen genießen ein gewisses Maß an Angst sogar, etwa bei Horrorfilmen oder kurz vor einem Bungeesprung. Mit diesem Gedanken fällt es leichter, offen für die körperlichen Empfindungen wie Herzklopfen oder Schwindel zu bleiben, die gerade aufkommen. Was ebenfalls während der Konfrontation hilft – ob zu Hause oder im Flugzeug –, ist die Bauchatmung: Beim tiefen Einatmen wölbt sich der Bauch nach außen, beim langsamen Ausatmen wird er wieder flach. Diese Atmung löst eine Entspannungsreaktion aus und sorgt so dafür, dass die körperlichen Symptome der Angst schneller verschwinden.

Wenn Sie der Angst auf diese Weise mehrmals standgehalten haben und nun beim Anblick des Hundefotos kaum noch Furcht empfinden, dürfen Sie zur zweiten Stufe übergehen. Sie könnten zum Beispiel den freundlichen Dackel Ihres Nachbarn an Ihrer Hand schnüffeln lassen. Bei dieser erhöhten Schwierigkeitsstufe wird die Angst wieder verstärkt zurückkommen. Atmen Sie tief ein und aus, wie Sie es auch beim Anblick des Fotos getan haben, und versuchen Sie, Gedanken zu vermeiden, die die Angst noch weiter anheizen. Denn unsere Gedanken beeinflussen unsere Gefühle. Sie können sie verstärken, aber auch abschwächen. Da wir schlecht an nichts denken können, ersetzen Sie beklemmende Gedanken (»Der beißt gleich!«) wenn möglich durch positive (»Mein Nachbar hat mir versichert, dass der Hund noch nie gebissen hat.«) oder neutrale (»Ich wusste gar nicht, dass Hundeschnauzen sich so kalt anfühlen.«). Wenn Sie diese Situation gemeistert haben, fühlen Sie sich wahrscheinlich erschöpft, aber ziemlich stolz. Begrüßen Sie den Dackel immer mal wieder auf diese Art, bis Sie sich nicht mehr fürchten und vielleicht sogar Freundschaft mit ihm geschlossen haben. Als letzten Schritt könnten Sie im Park die Besitzerin eines größeren Hundes fragen, ob Sie ihn streicheln dürfen. Geben Sie dabei ruhig zu, dass Sie gerade an Ihrer Angst arbeiten, damit Sie Ihre Nervosität nicht verbergen müssen. Diese schrittweise Konfrontation können Sie bei fast jeder Form der Angst anwenden, sei es die vor Höhen, Dunkelheit, Keimen, Wespen, Spritzen oder Menschenmengen.

Bei einer anderen verbreiteten Form der Angst, der sozialen, unter der viele zumindest zeitweise leiden, hilft eine ähnliche Strategie. Menschen, die Furcht vor zwischenmenschlichen Begegnungen entwickelt haben, sind zum einen sehr darauf bedacht, gut anzukommen: Sie möchten auf andere sympathisch und kompetent wirken und um alles in der Welt vermeiden, dass jemand schlecht über sie denken könnte. Zum anderen befürchten sie, dem Anspruch ihres Gegenübers nicht zu genügen. Sie halten sich völlig unbegründet für ungeschickt, langweilig, unattraktiv oder dumm. Diese Kombination führt unweigerlich zu Angst in Situationen, in denen man sich der Bewertung durch andere aussetzt. Was also tun?

Wer sich immer weiter zurückzieht, Einladungen ausschlägt, nicht einmal mehr ins Restaurant geht und aus Angst auf vieles andere verzichtet, was ihm früher Spaß gemacht hat, umschifft das Problem nur. Die Lösung liegt wie immer darin, sich der Angst zu stellen. Je nach Ausmaß der Angst sollte man mit einer einfachen Aufgabe anfangen, zum Beispiel eine Mitarbeiterin im Supermarkt nach einem Produkt fragen. Fortgeschrittene können sich schon auf einen kurzen Smalltalk einlassen, etwa auf einer Party oder beim Bäcker. Dabei sollte man sich vergegenwärtigen, dass es im Leben nicht darum geht, stets geschmeidig zu performen. Jeder sagt mal etwas Doofes, stolpert oder läuft einen halben Tag mit einem Stück Petersilie zwischen den Zähnen herum. Eine kleine Peinlichkeit ist noch lange kein Weltuntergang. Hinzu kommt, dass andere Menschen uns im Alltag viel weniger im Blick haben, als wir glauben. Psychologinnen sprechen vom »Spotlight-Effekt«, wenn wir wieder einmal den Eindruck haben, dass uns jeder anstarrt, obwohl die Umstehenden nicht einmal Notiz von uns nehmen. Menschen, die zu sozialen Ängsten neigen, fokussieren sich auch in Gesprächen übertrieben stark auf ihre Außenwirkung. Statt sich auf das Gegenüber einzulassen, denken sie fieberhaft darüber nach, wie sie gerade aussehen und klingen. Vor ihrem geistigen Auge sind sie nass geschwitzt und übersät mit auffälligen Stressflecken oder sie haben das Gefühl, dass ihre Stimme extrem zittert, obwohl das gar nicht der Fall ist. Wenn Betroffene sich auf einer Filmaufnahme von außen betrachten, sind sie häufig überrascht, dass sie viel souveräner wirken als gedacht.

Tipp Wenn Sie in sozialen Situationen nervös werden, lenken Sie Ihre Aufmerksamkeit bewusst nach außen: Was sagt mein Gesprächspartner genau? Welche Gesten verwendet er dabei? Wirkt er gut gelaunt oder bedrückt? Fällt es Ihnen schwer, sich nicht auf sich selbst zu konzentrieren, üben Sie es zunächst unter einfacheren Umständen, zum Beispiel während Sie einen Podcast hören oder sich mit einer vertrauten Person unterhalten, bei der Sie sich sicher fühlen.

Selbst gegen die schlimmste Form der Angst, die Panik, lässt sich etwas ausrichten. Bis zu einem Drittel der Bevölkerung hat schon einmal eine Panikattacke erlebt. Dabei steigt plötzlich intensive Angst auf, die innerhalb von wenigen Minuten ihren Höhepunkt erreicht. So eine Attacke dauert im Schnitt etwa eine halbe Stunde. Auslöser kann eine reale Bedrohung sein, aber auch eine akut überfordernde Situation ohne Gefahr für Leib und Leben. Manchmal kommt es auch ohne erkennbaren Auslöser zu Panikattacken – scheinbar aus heiterem Himmel. Auch wenn viele das Phänomen kennen, entwickelt sich daraus nur bei zirka zwei Prozent eine Erkrankung, die sogenannte Panikstörung. Die schrecklichen Anfälle treten dann immer wieder und häufig unerwartet auf und beeinträchtigen das Leben deutlich. Eine Patientin beschreibt das typische Crescendo der Angst so: »Plötzlich geht ein sehr merkwürdiges Gefühl durch meinen Körper. Ich werde nervös und mein Herz rast. Ich kriege keine Luft mehr, meine Hände werden feucht vor Schweiß. Ich fühle mich, als ob ich Durchfall bekomme, es schüttelt mich. Oft erscheinen die Dinge um mich herum nicht so, wie sie sein sollten. Sie sind seltsam weit weg. Dann fürchte ich, dass ich vollends die Kontrolle verliere, ich denke ›Ich kann nicht atmen‹, ›Ich muss sterben‹ und ›Ich werde es nie schaffen‹.«

Eine aus dem Ruder gelaufene Panikreaktion ist der ultimative falsche Alarm. Es fühlt sich an, als stünde man einer tödlichen Bedrohung gegenüber, obwohl man sich in Sicherheit befindet. Oft stellen sich die ersten Panikattacken in Phasen ein, in denen man unter großem Stress steht, etwa gerade eine Trennung hinter sich hat oder einen Job in einer neuen Stadt beginnt. Ist man noch dazu übermüdet und hat statt ordentlich zu frühstücken nur drei Tassen Kaffee getrunken, ist die Wahrscheinlichkeit für eine Panikattacke stark erhöht. Dann reichen zum Beispiel schon Hitze und Gedränge in einer überfüllten U-Bahn, um den ersten verstörenden Anfall auszulösen. Körperliche Symptome und Katastrophengedanken (»Ich bekomme einen Herzinfarkt«, »Ich falle in

Ohnmacht«, »Ich sitze in der Falle«) schaukeln sich dabei gegenseitig auf. Die körperlichen Empfindungen – Übelkeit, Herzrasen, weiche Knie –, die man in diesem Moment nicht richtig einordnen kann, werden als bedrohlich gedeutet. Diese gedankliche Bewertung gießt Öl in das Feuer der aufflammenden Angst und lässt die Panik förmlich explodieren. Weil der Organismus die Angst mit der U-Bahn verknüpft, ist es möglich, dass die nächste Fahrt wieder eine Attacke auslöst. Betroffene fahren dann nicht mehr U-Bahn, nehmen vielleicht sogar nicht mal mehr den Bus. Oft entwickeln Menschen mit wiederkehrenden und unvorhersehbaren Panikattacken eine Agoraphobie, die Angst vor allen Orten, aus denen eine schnelle Flucht nicht möglich ist – etwa aus Fahrstühlen, Flugzeugen oder dem dichten Gedränge in der Innenstadt. Sie wählen im Kino, wenn überhaupt, nur noch Sitzplätze am Rand und gehen im Extremfall nicht einmal mehr vor die Tür.

In einer Psychotherapie können Betroffene wieder lernen, ihrem Körper zu vertrauen. Entscheidend ist zu verstehen, dass die Gefühle und Empfindungen, die während einer Panikattacke aufkommen, zwar schlimm, aber nicht gefährlich sind. Gelingt es so, die gedankliche Katastrophisierung zu entschärfen, werden auch die körperlichen Symptome mit der Zeit schwächer. Dann geht es darum, die Situationen, die man bisher vermieden hat, nach und nach wieder auszuhalten und sich Handlungsspielraum zurückzuerobern. Weil der Auslöser spontaner Panikattacken häufig eine harmlose Empfindung aus dem Inneren des Körpers ist, etwa ein beschleunigter Herzschlag oder ein kurzes Schwindelgefühl, die fälschlicherweise mit Gefahr verknüpft wurde, besteht der Schwerpunkt der Behandlung darin, sich wieder an solche Empfindungen zu gewöhnen. Es hilft zum Beispiel, immer mal wieder ein Stück zu sprinten oder eine Treppe hoch- und runterzurennen, um das Herz schneller zum Pumpen zu bringen. Das Pulsieren, das sich ganz ähnlich anfühlt wie während einer Panikattacke, kann man, weil man genau weiß, woher es rührt, furchtlos wahrnehmen und aushalten. Bei der Panik gilt es also, sich sowohl beängstigenden Situationen zu stellen als auch der Angst selbst. Wenn man ihr mutig entgegentritt, verliert sogar sie ihren Schrecken.

Tipp Wenn Ihnen das Gefühl der Angst selbst Angst macht, lenken Sie Ihre Aufmerksamkeit bewusst auf die körperlichen Empfindungen, die dabei aufkommen. Erspüren Sie, wo Sie sie fühlen: im Bauch oder in den Beinen? Im Hals oder in der Brust? Versuchen Sie, diese Empfindungen möglichst neutral wahrzunehmen und gedanklich in Worte zu fassen – wie eine Forscherin, die diese Phänomene zum ersten Mal in der Geschichte der Menschheit beschreibt. Ihre Gedanken ändern sich dann automatisch von »Oh nein, mein Herz bleibt stehen« zu »Da ist ein Pochen in der linken Brust«. Durch eine offene und neugierige Haltung klingen die körperlichen Symptome schneller ab und die Angst lässt nach.

# 42

# WOHIN MIT DER WUT?

Was haben verspätete Züge, unfaire Chefinnen und rücksichtslose Despoten gemeinsam? Richtig, sie bringen uns zur Weißglut. Uns reißt immer dann der Geduldsfaden, wenn andere nicht so wollen wie wir, wenn unsere Ziele verstellt sind oder wir etwas als ungerecht empfinden. Und das im Großen wie im Kleinen: Ein Lebenstraum platzt oder jemand drängelt sich beim Bäcker vor. Unsere ersten Reaktionen auf diese sehr unterschiedlichen Szenarien fallen erstaunlich ähnlich aus.

Richtig genutzt, können die Emotionen, die uns rotsehen lassen, Energien freisetzen, die uns weiterbringen. Falsch eingesetzt, lassen sie uns jedoch Dinge tun, die wir später bereuen. Und wenn wir sie verdrängen, fressen sie uns langsam, aber sicher von innen auf. Was also hilft in Momenten, in denen sich die Hände zu Fäusten ballen und uns die Zornestränen in die Augen schießen – und was nicht?

Wir geben unseren Emotionen den angemessenen Raum, wenn wir sie erst einmal zulassen und neugierig wahrnehmen (siehe »Bin ich, weil ich fühle?«): Wo in meinem Körper brodelt es gerade? Welche Gedanken schwirren mir durch den Kopf? Fühle ich reine Wut oder mischen sich Angst und Enttäuschung darunter? Die Gefühle sind da – und das ist gut so. Wer den Ärger sofort herunterschluckt, tut seiner Gesundheit keinen Gefallen, wie ein Experiment zeigt. Forschende ließen dafür Versuchspersonen in einem fiktiven Callcenter arbeiten. Eine Gruppe sollte dabei stets freundlich bleiben – egal, in welchem Ton sich der Kunde am Telefon beschwerte. Die andere Gruppe durfte ihren Gefühlen freien

Lauf lassen. Bei jenen, die ihren Unmut verbargen, stieg der Blutdruck höher als bei denjenigen, die den Pöbler in die Schranken weisen durften. Was wir mit aller Gewalt wegdrücken, holt uns früher oder später doch wieder ein: Angestaute Wut macht schwermütig, anfälliger für Schmerzen und langfristig krank. Menschen, die ihrer Wut nie Luft machen, haben beispielsweise ein höheres Risiko, einen Herzinfarkt zu erleiden.

Oft ist es sinnvoll, in der Situation, die uns wütend macht, Stellung zu beziehen. Denn der Zorn, der in uns aufsteigt, enthält nicht selten eine wichtige Botschaft. Wut ist eine mutige Beschützerin. Sie will uns vor seelischen Verletzungen bewahren und hilft uns, für uns und andere einzustehen: Wenn die Chefin uns immer wieder am Wochenende anruft und verlangt, dass wir springen, signalisiert uns die Wut, dass hier jemand eine Grenze übertritt.

Kommt es zum Konflikt, gibt der Klügere nicht immer nach. Eine Faustregel aus der Spieltheorie besagt: Es lohnt sich stets, zunächst entgegenkommend zu sein. Sobald das Gegenüber zum Angriff übergeht, ist es aber ratsam, die Kooperation einzustellen, bis der oder die andere sich wieder zugewandt zeigt. Manchmal jedoch – und das ist die Schwäche dieser »Wie du mir, so ich dir«-Strategie – steckt hinter einem gefühlten Affront auch schlicht ein Missverständnis. Daher ist es besser, dem Freund zu gestehen, dass man sich über ihn geärgert hat, als zu schmollen oder sich sogar still von ihm abzuwenden – ohne dass er je die Chance hatte, sich zu entschuldigen oder den Irrtum aufzuklären. Hier kann etwas Abstand helfen, den richtigen Ton zu treffen.

Wie lässt man in der Zwischenzeit die Wut am besten raus? Anders, als die meisten denken. Wer vor Zorn gegen Wände haut oder Dritte anschreit, lässt damit nämlich nicht etwa Dampf ab, sondern setzt den Kessel noch weiter unter Druck. Das konnten verschiedene Studien eindrücklich zeigen. So waren Versuchspersonen, die von Forschenden im Dienste der Wissenschaft auf die Palme gebracht wurden, erst recht auf 180, wenn sie danach auf einen Boxsack eindreschen durften. Tatsächlich verhielten sie sich hinterher noch angriffslustiger als andere Probanden, die stattdessen nach der Provokation einfach dasitzen sollten – also gar nichts taten, um ihre Wut zu mindern. Aggressives Abreagieren gießt Öl ins Feuer, statt zu beruhigen.

Wer die angestaute Energie auf gesunde Weise loswerden will, der entscheidet sich am besten für einen friedfertigen Sport: zum Beispiel Joggen. Laufschuhe an und ab in den Wald – das ist ein guter Plan, wenn Ihnen gerade der Kragen zu platzen droht. Anschließend fühlen Sie sich garantiert leichter. Wichtig währenddessen: Schluss mit dem Wutgrübeln! Das gelingt während des Laufens meist automatisch, in jedem Fall aber, wenn Sie Ihre Aufmerksamkeit bewusst nach außen richten. An welchen Bäumen komme ich vorbei? Welche Geräusche nehme ich wahr? Wie riecht die Luft?

Sport wirkt, weil er die körperliche Anspannung, die mit der Wut einhergeht, abbaut. Ist das Gefühl der Ruhelosigkeit nach dem Auspowern erst mal weg, verpuffen meist auch die dazugehörigen Gedanken. Denn Erregung und Grübeln befeuern sich bei Ärger gegenseitig. Nimmt man eines aus der Gleichung, geht die Flamme aus. Das funktioniert auch langfristig. Wer sich regelmäßig verausgabt, lässt sich wesentlich schwerer aus der Ruhe bringen. Das kann sogar eingefleischten Cholerikern helfen.

## Übung — Wut-weg-Trick

**Für zu Hause:**

Besonders effektiv sind Bewegungsübungen, die so viel Konzentration und Koordination erfordern, dass im Kopf für wütende Gedanken gar kein Platz mehr bleibt – etwa der Hampelmann über Kreuz: Starten Sie im breiten Stand, die Arme seitlich weggestreckt wie Flügel. Springen Sie hoch und kreuzen Sie beim Aufkommen die Beine und Arme so, dass der linke Fuß neben dem rechten steht und der linke Arm zur rechten Seite zeigt. Springen

Sie erneut und überkreuzen Sie Arme und Beine diesmal umgekehrt: 15 Wiederholungen, drei Mal.

**Fürs Büro:**
Wenn sich keine Gelegenheit für eine Gymnastikeinlage bietet, hilft ein kurzer Kälteschock. Gehen Sie zum Waschbecken und lassen Sie 15 Sekunden lang eiskaltes Wasser über Ihre Unterarme laufen. Der intensive Reiz unterbricht das Gedankenkreisen und lässt die Wut abkühlen.

Ist Sport keine Option, hilft auch gezieltes Atmen dabei, die überschüssige Anspannung abzubauen. Gegen akute Wut wirkt die Bauchatmung wahre Wunder: Kämpfen Sie nicht gegen Ihren Zorn an. Atmen Sie stattdessen tief in Ihre Mitte hinein, sodass sich der Bauch nach außen wölbt. Dann atmen Sie langsam aus, wobei der Bauch wieder flach wird. Vier Sekunden ein, sechs Sekunden aus – das ist die Formel für Gelassenheit, denn in diesem Takt beruhigt der Atem am effektivsten das Nervensystem. Tipp: Zwei Mal täglich jeweils elf Minuten praktiziert, mindert diese Übung dauerhaft Ihr Wutpotenzial und die dazugehörigen Stresssymptome wie Bluthochdruck.

# 43

# WIESO KOMMT TRAURIGKEIT MANCHMAL AUS DEM NICHTS?

Es ist Samstagmorgen, endlich frei. Eigentlich ist alles in bester Ordnung. Doch auf einmal ist da dieses Gefühl: ein Kloß im Hals. Die Augen werden feucht und fast hätte man Lust, einfach wieder zurück ins Bett zu kriechen, so trübe ist einem zumute. Schon den Begründer der Psychoanalyse, Sigmund Freud, beschäftigte die Schwermut, die scheinbar aus dem Nichts kommt. In seinem Werk ›Trauer und Melancholie‹ unterschied er die Trauer, mit der wir einen konkreten Verlust verarbeiten, etwa den Tod eines geliebten Menschen, von der Melancholie. Letztere erschien ihm rätselhafter. Anders als dem Trauernden ist dem, den eine melancholische Stimmung überkommt, nicht ersichtlich, worüber er eigentlich traurig ist. Freud vermutete dahinter seelische Konflikte, die nicht bis ins Bewusstsein vordringen.

Heute weiß man, dass sich manchmal recht profane Auslöser hinter einem scheinbar grundlosen Stimmungstief verbergen, zum Beispiel das trübe Wetter. Auch eine Erkältung, die sich gerade anbahnt, kann unbemerkt auf die Laune schlagen. Vor allem bei Frauen kommt es zudem vor, dass Hormonschwankungen für Trübseligkeit sorgen. Meist ist für eine scheinbar grundlose Bedrücktheit aber doch ein seelischer Auslöser verantwortlich, den wir nur nicht so recht zu fassen kriegen. Das kann ein beiläufiger Gedanke sein, der Wehmut in uns auslöst, oder ein vertrauter Duft, der uns in eine schlimme Zeit zurückversetzt, ohne dass wir es richtig registrieren. Oder die aktuelle Kulisse erinnert uns unbewusst an einen Ort, an dem es uns einmal nicht gut ging. Freuds Empfehlung für solche Fälle: Der Mensch soll die dunklen Ecken seiner Seele ausleuchten, bis er auf den Ursprung seiner Traurigkeit stößt.

Oft versuchen wir das bei alltäglichen Stimmungstiefs ganz automatisch. Wir spüren, dass eine Traurigkeit in uns aufsteigt, und beginnen sofort, über die Gründe zu grübeln. So mancher vermutet direkt ein größeres Übel dahinter, sieht die Trübnis als Zeichen, dass etwas mit ihm oder seinem Leben nicht stimmt. Die krampfhafte Suche nach dem Warum ist in solchen Momenten allerdings meist kontraproduktiv. Oft finden wir auf die Schnelle den Grund gar nicht – und selbst wenn: Gefühle verschwinden in der Regel nicht dadurch, dass wir sie intellektuell durchdringen. Schlimmer noch: Gefühle, die wir wie einen ungebetenen Gast behandeln, bleiben aus Trotz noch länger. Wie im Treibsand versinken wir immer tiefer darin, je mehr wir geistig dagegen anstrampeln. Viel besser wäre es, die Traurigkeit für einen Moment willkommen zu heißen und das Gefühl ganz bewusst wahrzunehmen. Es zu spüren und zuzulassen, anstatt es zur Katastrophe zu erklären. Traurigkeit gehört zum Leben dazu, egal, aus welchem Anlass sie uns gerade einen Besuch abstattet. Wenn wir sie nicht sofort ablehnen, uns nicht für unsere Empfindsamkeit verurteilen, wird sie gleich erträglicher.

Grund zur Sorge besteht erst, wenn Niedergeschlagenheit zum Dauerzustand wird. Zwar ist es auch dann wichtig, nicht zu viel über die schlechte Stimmung zu grübeln, man sollte sich in diesem Fall aber zusätzlich professionelle Unterstützung suchen (siehe Anhang, »Wenn ein Buch nicht reicht«). Dennoch: Traurigkeit ist keine Krankheit. Auch wenn ihr sicher niemand mit Hurra begegnet, muss sie nicht immer hastig mit einem Gegenmittel bekämpft werden. Leider ist es in unserer Gesellschaft nicht gern gesehen, wenn man sie allzu deutlich zeigt. Wem in der Öffentlichkeit die Tränen kommen, der sucht sich schnell ein Versteck. Dabei ist es gut zu weinen, wenn einem danach ist, denn Weinen beruhigt. Wenn man die Welle der Traurigkeit reitet, ebbt sie schlussendlich sogar schneller ab. Der Traurigkeit nachzugeben, sich für einen Moment in sie hineinfallen zu lassen, ist kein Zeichen von Schwäche, sondern ein Beleg dafür, dass man im gesunden Kontakt mit seinen Gefühlen steht. Um sich voll auf die Traurigkeit einzulassen, sie vielleicht sogar ein klein wenig zu zelebrieren, kann man beispielsweise einen melancholischen Song hören, durch den man sich verstanden fühlt, oder sich einen berührenden Film anschauen. Oder auch jemanden anrufen und sich verletzlich zeigen – Selbstoffenbarung kann Beziehungen nachweislich stärken.

Zu oft teilen wir Gefühle voreilig in gut und schlecht ein, wobei Traurigkeit in der Regel zu letzterer Kategorie gehört. Dabei kommen wir unter Umständen uns selbst und anderen durch sie näher. Traurige Verstimmtheit ist in mancher Hinsicht sogar von Vorteil, etwa wenn es um das Denkvermögen geht. Evolutionspsychologen glauben, dass darin eine sinnvolle Reaktion auf Herausforderungen des Lebens liegt. Denn gerade, wenn es für uns nicht so rosig aussieht, ist besonderer Scharfsinn gefragt. Schwermütige Menschen sehen die Dinge oft klarer, zum Beispiel sind sie vor Gericht verlässlichere Augenzeugen. Wer zum Zeitpunkt eines Vorfalls schlecht gelaunt war, gab diesen in einem Experiment später eher realitätsgetreu wieder und ließ sich weniger durch falsche Informationen in die Irre leiten als fröhliche Probanden. In einer anderen Studie konnten sich Menschen an einem tristen, verregneten Tag eine Reihe von Gegenständen besser merken als bei strahlendem Sonnenschein – auch hier war der entscheidende Faktor die Laune der Testpersonen.

Der nüchterne Blick des Melancholikers schützt ihn zuweilen auch vor Manipulationsversuchen: Wenn wir bedrückt sind, lassen wir uns weniger leicht von anderen blenden. Paradoxerweise kann Traurigkeit zudem motivieren. So zeigten Missgestimmte bei Knobelaufgaben mehr Durchhaltevermögen und schnitten besser ab als Gutgelaunte. Sie investierten mehr Zeit und Energie.

Eine wahrscheinliche Erklärung: Wer bereits glückselig ist, sieht keinen großen Anreiz, sich anzustrengen, um etwaige Lorbeeren zu ernten. Schlechtgelaunte hingegen suchen verstärkt nach Möglichkeiten, ihre Laune zu heben, etwa durch Erfolge. Solange die Traurigkeit also nur ab und zu an die Tür klopft – wenn auch manchmal unangemeldet –, sollte man sie wohlwollend hereinbitten.

## 44

# WIE LÖST MAN SICH VON SCHULD UND SCHAM?

Scham gehört zu den unangenehmsten Emotionen, die wir empfinden können, denn sie berührt unseren innersten Kern. Sie macht uns weis, dass etwas nicht mit uns stimmt, dass wir dumm oder ungeschickt sind und dass es Dinge gibt, die wir dringend verbergen sollten. Ein verwandtes Gefühl, die Schuld, lässt uns ebenfalls grundlegend an uns zweifeln. Sie signalisiert uns, dass wir etwas Schlimmes getan haben.

Beide Emotionen erfüllen jedoch einen wichtigen Zweck. Sie motivieren uns dazu, moralisch zu handeln und im Sinne der Gemeinschaft das Richtige zu tun. Wer empfänglich für diese Gefühle ist, hat meist ein gutes soziales Gespür, ist oft besonders empathisch und hilfsbereit. Menschen hingegen, denen Schuld und Scham weitgehend fremd sind, die sich nicht genieren und selten fürchten, etwas falsch gemacht zu haben, zeigen in ihrem Verhalten häufig psychopathische Züge. Schuld und Scham – so quälend sie auch sein können – sind also Ausdruck einer umsichtigen, warmherzigen Persönlichkeit.

Die Fähigkeit, Scham zu empfinden, ist von Geburt an in den allermeisten Menschen angelegt. Indem wir andere beobachten, lernen wir, wann das Gefühl angebracht ist. Die Anlässe dafür variieren, sie hängen unter anderem davon ab, was in der jeweiligen Gesellschaft und Kultur als peinlich gilt, aber auch die individuelle Disposition spielt eine Rolle. So würden manche schon gerne im Erdboden versinken, wenn sie im Restaurant geräuschvoll das Besteck fallen lassen oder jemandem zurückwinken, dessen Begrüßung in Wahrheit dem Hintermann galt. Das verräterische Anzeichen für Scham, die Schamesröte, ist denjenigen, die sich vermeintlich eine Blöße gegeben haben, dann oft zusätzlich unangenehm. Nicht immer verursachen wir selbst den peinlichen Vorfall, auch andere Menschen können der Auslöser dafür sein, dass wir uns schämen, etwa wenn sie uns vor versammeltem Publikum bloßstellen oder beschimpfen. Und auch Opfer von Gewalt und sexuellen Übergriffen empfinden sehr häufig Scham, denn das Gefühl wird auch dann ausgelöst, wenn jemand unsere körperlichen oder seelischen Grenzen überschreitet. Manchmal verwandelt sich die so verursachte Scham mit der Zeit in Wut. Dieser Gestaltwechsel ist einerseits hilfreich, denn dann richten sich die negativen Emotionen endlich gegen den Täter und nicht länger gegen das eigene Ich. Andererseits wird die Verwandlung von Scham in Wut oder sogar Hass zuweilen selbst zum Motor für Gewalt und damit zum Problem: Menschen, die gedemütigt wurden, suchen sich dann vielleicht ein falsches Ventil für ihre angestauten Emotionen und beginnen, andere zu erniedrigen, um ihre eigene Scham zu mildern.

Ein Stück weit können wir selbst dafür sorgen, dass wir bekommen, was wir in einer schambehafteten Situation so dringend nötig haben. Schon Kindern hilft eine zärtliche Geste von außen, wenn sie in emotionale Bedrängnis geraten – ein Zeichen, dass man sie gernhat, so wie sie sind. Als Erwachsene brauchen wir im Grunde das Gleiche: Trost und Verständnis sowie die Gewissheit, dass wir nicht dafür verurteilt werden, wer wir sind, wen wir lieben und was wir erlebt haben. Um eine so entlastende Erfahrung zu machen, kann es bei Scham überaus heilsam sein, sich zu offenbaren – wenn die individuellen Umstände es erlauben. In der Psychotherapie hat sich dafür die Unterscheidung in *ungerechtfertigte* und *gerechtfertigte* Scham etabliert. Als gerechtfertigt wird die Scham dann betrachtet, wenn eine Offenbarung negative Konsequenzen nach sich ziehen würde. So kann man jemandem, der seine Homosexualität bisher verheimlicht hat, nicht einfach raten, sich zu outen, wenn er in einem homophoben Umfeld lebt oder gar in einem Land, in dem queere Menschen verfolgt und misshandelt werden. Wenn das gesellschaftliche Klima es jedoch erlaubt, sich so zu zeigen, wie man ist – ob als schwuler Mann oder als Frau, die schon einmal eine Fehlgeburt hatte –, sollte man das tun. Es ist nämlich belegt, dass schambehaftete Geheimnisse schwer auf der Seele lasten können. Sie nehmen den Betroffenen die Chance, authentisch zu leben, machen müde und einsam. Wenn also die Gefühle der Scham quälender sind als das objektive Risiko, dem man sich aussetzt, indem man anderen von seinem vermeintlichen Makel erzählt, heißt es: Trau dich! Der Personenkreis, den man erstmals ins Vertrauen zieht, sollte dabei immer mit Bedacht gewählt sein. Damit man aber nicht nur auf Zuspruch von außen angewiesen ist, ist es wichtig, auch den inneren Dialog freundlich zu gestalten. Wer es schafft, eine wohlwollende und mitfühlende Haltung sich selbst gegenüber aufzubauen, hat gute Chancen, die Scham in den Griff zu bekommen (siehe »Wie bin ich mir ein guter Freund?«).

Tipp In Momenten, in denen Sie sich am liebsten in Luft auflösen würden, können Sie sofort gegensteuern: Nehmen Sie das Gefühl, das in Ihnen aufsteigt, bewusst wahr und benennen Sie es als Scham. Achten Sie darauf, welche Gedanken Ihnen in den Sinn kommen (»Jetzt sehen alle, was für ein Trottel ich bin«, »Ich kann mich hier nie wieder blicken lassen«) und zu welchem Verhalten sie Sie animieren. Eigentlich wollen Sie sich verstecken, den Blick abwenden, Ihre Hände verbergen und sich so klein wie möglich machen. Widerstehen Sie dem Impuls und nehmen Sie stattdessen aktiv eine stolze Körperhaltung ein: Richten Sie sich auf, lassen Sie die Schultern nach hinten fallen, wählen Sie einen festen Stand und atmen Sie tief in den Bauch ein und entspannt wieder aus – Sie sind gut, so wie Sie sind! Formulieren Sie selbst einen Gedanken, der das für Sie aussagt. Am besten rufen Sie sich dafür Ihre Stärken ins Gedächtnis oder erinnern sich an eine Situation, die Sie erfolgreich gemeistert haben.

Genauso quälend wie die Scham können Schuldgefühle sein. Dabei liegt ihnen ein tieferer Sinn zugrunde. Die Angst davor, Schuld auf sich zu laden, steuert maßgeblich unser Sozialverhalten und trägt zu einem harmonischen Miteinander bei. Haben wir uns einen moralischen Fehltritt erlaubt, motivieren Schuldgefühle uns dazu, Reue zu bekunden und ihn nach Möglichkeit wiedergutzumachen. Sie sind immer dann berechtigt, wenn wir maßgeblich zum Schaden eines anderen beigetragen haben, obwohl wir uns dessen bewusst waren und zudem die Chance gehabt hätten, uns anders zu entscheiden. Berechtigte Schuldgefühle sollten in ein entsprechendes Handeln münden – indem wir Verantwortung für unser Verhalten übernehmen und Sühne leisten. Im besten Falle ist das Opfer, das wir dabei bringen, hilfreich für die geschädigte Person. Ist das nicht möglich, sollten wir trotzdem etwas tun, das der Gemeinschaft zugutekommt.

Viele Menschen leiden aber auch an übertriebenen oder ganz und gar irrationalen Schuldgefühlen – vor allem dann, wenn sie früh in ihrer Familie Gewalt und Ungerechtigkeit erlebt haben. Kinder sind so abhängig von der Liebe und Fürsorge ihrer Bezugspersonen, dass sie sich seelisch nicht von ihnen distanzieren oder gar deren Entscheidungen anzweifeln können: Was Mama und Papa tun, muss richtig sein; wenn sie mich bestrafen, muss ich Schuld auf mich geladen haben. Und so wird das eigene Selbstbild angepasst: Ich war böse und habe das verdient. Sich diesen Mechanismus zu vergegenwärtigen, kann helfen, Schuldgefühle, die aus der Kindheit stammen, loszulassen. Oft hilft es außerdem, mit Vertrauten über die Zeit damals und die Gefühle, die davon übrig geblieben sind, zu sprechen.

Auch als Erwachsene können wir noch falsche Schuldgefühle entwickeln. Teils steckt dahinter der Wunsch nach Kontrolle. Schuld zu empfinden nährt zumindest die Illusion, man hätte das Unheil abwenden können. Manchmal ist das leichter zu ertragen als die Vorstellung, dem Schicksal hilflos ausgeliefert zu sein. So machte sich eine Patientin für den Autounfall ihres Sohnes verantwortlich, durch den dieser gelähmt wurde. Schließlich hatte sie ihm den Führerschein bezahlt, ihm ihren Wagen geliehen und ihm erlaubt, einen Freund zu besuchen. Ihren Schuldgefühlen lag die zweifelhafte Annahme zugrunde, sie hätte wissen müssen, dass es unter diesen Umständen zu einem Unfall kommen würde.

Dabei sprach objektiv gesehen nichts dagegen, dass die Mutter ihren Sohn ans Steuer ließ: Er war ein vorsichtiger Autofahrer, trank nie Alkohol und hielt sich stets an die Geschwindigkeitsbegrenzung – Faktoren, die sie im Nachhinein aus den Augen verloren hatte. In solchen Fällen ist der Blick von außen nützlich: In Gesprächen mit einem einfühlsamen Gegenüber kann man herausfinden, ob man sich wirklich schuldig gemacht hat oder nicht. So konnte die Patientin im Laufe der Therapie einsehen, dass nicht nur ihre Erlaubnis zu dem Unfall beigetragen hatte, sondern in erster Linie der andere Fahrer, der viel zu schnell unterwegs war, außerdem der Nebel sowie das Straßenverkehrsamt, das an einer gefährlichen Stelle kein Stoppschild aufgestellt hatte.

*Hinweis:* Ein verbreiteter Denkfehler ist der Rückschaufehler. Er besagt, dass wir oft überzeugt sind, den Verlauf eines Ereignisses schon lange vorhergesehen zu haben – auch wenn das gar nicht stimmt. Wir neigen dazu, die Wahrscheinlichkeit für das Eintreten eines Ereignisses, *nachdem* es passiert ist, zu überschätzen. Das gilt für den Ausgang von Fußballspielen genauso wie für Katastrophen: Hinterher sind wir immer schlauer und im Nachhinein scheint klar, dass es so kommen musste. Diese kognitive Verzerrung führt nicht nur zu Besserwisserei, sondern auch zu unberechtigten Schuldgefühlen.

### Übung — Das Plädoyer

Gibt es etwas in Ihrem Leben, wofür Sie sich schuldig fühlen? Werden Sie das quälende Gefühl nicht los, obwohl Sie nie jemandem vorsätzlich schaden wollten? Versetzen Sie sich in die Rolle Ihrer eigenen Anwältin und verfassen Sie ein überzeugendes Plädoyer für Ihre Unschuld. Folgende Fragen können als Gerüst dienen:

- Tragen Sie wirklich die alleinige Verantwortung für das Ereignis? Gab es nicht noch weitere Einflussfaktoren, zum Beispiel andere Akteure, äußere Umstände oder Zufälle?
- Mit wie viel Prozent würden Sie Ihren Anteil am Geschehen beziffern?
- Konnten Sie vorher genau wissen, dass es so kommen würde?
- Sind Sie in böser Absicht vorgegangen?
- Haben Sie aus niederen Beweggründen gehandelt oder vielmehr ein hehres Ziel verfolgt?

Oft dauert es ein bisschen, bis das, was der Kopf versteht, auch im Herzen ankommt und man sich wirklich selbst verzeihen kann. Ganz wie bei der Scham lässt sich der Prozess mit entgegengesetztem Handeln unterstützen: aufrecht stehen, statt sich kleinmachen, sich bewusst etwas gönnen, statt sich zu bestrafen, und sich an all das Gute erinnern, das man in seinem Leben schon getan hat.

# 45
# WAS LINDERT EINSAMKEIT?

Wahrlich, keiner ist weise,
Der nicht das Dunkel kennt,
Das unentrinnbar und leise
Von allen ihn trennt.

Seltsam, im Nebel zu wandern!
Leben ist Einsamsein.
Kein Mensch kennt den andern,
Jeder ist allein.

Diese Verse schrieb Hermann Hesse 1905. Er beschreibt darin eine existenzielle Einsamkeit, eine Empfindung, die die Menschen – so widersprüchlich es klingt – verbindet. Es ist das beklemmende Gefühl, nicht in die Welt zu passen, wie ein einzelner Astronaut durch das kalte schwarze Weltall zu schweben – allein geboren und verdammt dazu, allein zu sterben. Zwar leiden vor allem ältere Menschen häufig unter Einsamkeit, doch sie kann uns in jeder Lebensphase zu schaffen machen. Manche fühlen sich schon in der Kindheit plötzlich von der Außenwelt abgeschnitten, manche als Jugendliche auf dem Weg zum Erwachsenwerden, für andere wird in der Mitte des Lebens die Elternrolle zum Gefängnis oder das Haus hallt nach dem Auszug der Kinder förmlich vor Leere.

Dabei wird Einsamkeit oft missverstanden. Man kann einsam sein, weil man ganz allein ist, man kann aber auch inmitten von Menschen schrecklich einsam sein – weil man keine echte Verbindung spürt oder nie voll und ganz man selbst sein kann. Manchmal ist die Einsamkeit auch einfach eine bestimmte Tönung von Traurigkeit, eine Farbe der Melancholie, die zum Vorschein kommt, wenn wir emotional auf uns selbst zurückgeworfen sind. Egal, wo sie ihren Ursprung hat, die Einsamkeit will ernstgenommen werden.

### Übung — Der Einsamkeit Raum geben

Verbinden Sie sich ganz bewusst mit dem Gefühl in Ihrem Inneren. Wo im Körper spüren Sie die Einsamkeit? Welche Bilder entstehen dabei vor Ihrem geistigen Auge? Vielleicht das einer unendlich weiten Wüste? Das eines schwarzen Lochs? Ist es ein altes Gefühl, das Sie früher schon einmal wahrgenommen haben, oder ist da eine neue Qualität? Versuchen Sie zu erspüren, was es ist, das Ihr einsamer Anteil gerade braucht: Trost? Zuspruch? Verständnis? Jemanden, der einfach zuhört? Nehmen Sie sich Zeit und schreiben Sie sich alles von der Seele, was Sie belastet und was Sie jetzt gerne einem verständnisvollen Gegenüber anvertrauen würden. Wenn Sie sich darauf einlassen können, halten Sie in Ihrem Inneren Ausschau nach Ihrem fürsorglichen Anteil, einem Verbündeten, den Sie immer dabeihaben (siehe »Wie bin ich mir ein guter Freund?«). Womit würde dieser mitfühlende Freund Sie unterstützen? Mit einem Satz oder vielleicht mit einer bestimmten Geste?

Auch wenn wir gerade wirklich niemanden haben, den wir anrufen können und der uns das Gefühl gibt, nicht alleine zu sein, lässt sich unsere Einsamkeit auf verschiedene Arten lindern. Ein Weg, sich wieder verbunden zu fühlen, eingebettet in ein großes Ganzes und von der Welt umarmt, ist der Kontakt zur Natur. Dass neben der sozialen auch die ökologische Umwelt das Gefühl der

Einsamkeit beeinflusst, belegt eine 2021 erschienene Studie britischer Forschender. Sie verfolgten dafür den Gemütszustand von 756 Städterinnen und Städtern aus aller Welt mithilfe einer Smartphone-App über bis zu zwei Jahre hinweg in Echtzeit. Während Menschenmassen und Gedränge das Gefühl von Einsamkeit steigerten, verringerte es sich bei den Versuchspersonen immer dann, wenn sie Bäume und Gewässer um sich hatten, den Himmel sehen oder Vogelgezwitscher hören konnten. Rausgehen, die Natur in sich aufnehmen und die Verbundenheit mit allem Lebendigen spüren, hilft also nachgewiesenermaßen in Momenten der Einsamkeit.

Ist das Gefühl erst mal durchdrungen und die drängendste Not gelindert, kann sich der einsame Mensch daranmachen, seine Fühler auszustrecken und Verbindung zu anderen aufzunehmen. Verlassen Sie die sichere Komfortzone – räumlich, aber auch im Kopf. Trauen Sie sich, Passanten in die Augen zu schauen, wo Sie sonst eher den Blick abwenden, schenken Sie einem anderen Menschen ein Lächeln und lassen Sie sich darauf ein, wenn sich unerwartet die Gelegenheit für ein Gespräch ergibt, ob im Treppenhaus, an der Bushaltestelle oder an der Supermarktkasse. Das wird sicher auch mal ungelenk: Man verhaspelt sich, redet kurz aneinander vorbei oder muss nachfragen, weil man die Antwort nicht richtig verstanden hat. Doch dieses Risiko einzugehen, lohnt sich. Zufällige Begegnungen und lose Bekanntschaften sind nämlich wertvoller als lange angenommen.

Eine 2022 veröffentlichte Studienreihe, für die US-amerikanische Forschende Unterhaltungen zwischen mehr als 1800 Fremden arrangiert hatten, zeigte, dass fast alle den Austausch als äußerst angenehm und bereichernd empfanden, nachdem die erste Verlegenheit überwunden war. Und das, obwohl die meisten Teilnehmenden sich im Vorfeld nicht viel von dem Gespräch mit der unbekannten Person versprochen hatten und eher besorgt gewesen waren, es könnte peinlich werden. Auch die Angst der Probandinnen und Probanden, ihr Gegenüber zu langweilen, erwies sich als unbegründet. Das Fazit des Experiments: Wir unterschätzen, wie viel Glück und Verbundenheit entsteht, wenn wir uns Fremden gegenüber öffnen.

Ein anderes Forschungsteam, zum Teil an der Harvard University in Massachusetts tätig, wies 2022 anhand von über 50 000 Menschen nach, dass es vor allem auf die Vielfalt unserer Kontakte ankommt. Demnach sind nicht diejenigen am zufriedensten, die am wenigsten Zeit alleine verbringen, sondern jene, deren soziale Interaktionen sich auf viele verschiedene Menschen verteilen – etwa Familie, Freunde, Bekannte, Kollegen und die Sitznachbarin in der Bahn auf dem Weg zur Arbeit. Dass das nur für Gesellige gilt, die ohnehin kein Problem damit haben, auf andere zuzugehen, schlossen die Forschenden aus. Denn auch Personen, die sonst eher für sich blieben, waren ausgerechnet in den Wochen besonders glücklich, in denen sie zu mehr Menschen Kontakt hatten als sonst. Ob man ein buntes soziales Portfolio mit vielen losen Bekanntschaften unterhält, hängt Studien zufolge sogar stärker mit dem Lebensglück zusammen als der Beziehungsstatus: Ein weit verzweigtes soziales Netz entpuppte sich als sichererer Garant für Zufriedenheit als eine Ehe. Einsamkeit endet demnach nicht zwingend erst mit der großen Liebesgeschichte, von der viele träumen, oder einer Seelenverwandtschaft, die alles andere überstrahlt. Auch alltägliche Begegnungen können ein Gefühl des Aufgehobenseins schaffen, eine Verbundenheit, die erfüllt. Und man weiß nie, was daraus noch wird.

Doch wie gelingt es, Bekanntschaften zu schließen, wenn einem genau das schwerfällt? Ein starker sozialer Magnet ist bekanntlich ein Hund. Wer täglich seine Gassirunde geht, kennt bald nicht nur alle Herrchen und Frauchen im Viertel, verabredet sich mit ihnen im Park und tauscht die neuesten Geschichten über die Vierbeiner aus. Er wird auch von anderen Spaziergängern eher angesprochen. Fest steht: Wer sich nach einem Gefährten sehnt und im Tierheim danach sucht, rettet mit etwas Glück gleich zwei Einsame.

Der einfachste Weg, Kontakte zu knüpfen, sind und bleiben aber Vereine. Die Frage: »Was macht mir Spaß?« »Was interessiert mich?« bringt automatisch Gleichgesinnte zusammen. Der eine brennt für Modellbau, die andere spielt gern Tennis, ein Dritter hat Freude am Debattieren, die Nächste liebt historische Romane. Für fast alle Passionen gibt es entsprechende Gruppen oder Klubs, und wer in der Nähe nichts Passendes findet, kann auch einfach selbst etwa einen Lesekreis gründen. Besonders schnell entsteht Zusammenhalt beim Musizieren. Wer im Chor singt oder in einer Band spielt, spürt, dass im Miteinander etwas entsteht, das mehr ist als die Summe seiner Teile, und profitiert zusätzlich von der heilsamen Wirkung der Musik.

Aktiv werden muss nichts kosten. Ehrenamtliches Engagement zum Beispiel ermöglicht es, in Kontakt zu kommen und zugleich Gutes zu tun. Sie können einmal pro Woche benachteiligte Kinder bei den Hausaufgaben unterstützen, am Wochenende in einer Suppenküche aushelfen oder gemeinsam für mehr Klimaschutz auf die Straße gehen. Die Leute, die Sie dort treffen, haben sehr wahrscheinlich ähnliche Einstellungen und Werte wie Sie selbst – zwei der wichtigsten Zutaten für die Entstehung einer Freundschaft. Die anfängliche Scheu, das Gefühl, noch nicht dazuzugehören, ist dabei ganz normal. Vielleicht hilft der Gedanke: Alle waren mal neu hier.

Eine weitere Gelegenheit, Kontakte zu knüpfen, bieten öffentliche Treffpunkte. Eine gute Strategie besteht beispielsweise darin, immer wieder zur gleichen Tageszeit in der Lieblingsbäckerei einen Kaffee zu trinken. Bäckereien sind zwanglos genug, um sich alleine nicht komisch vorzukommen, gleichzeitig sind sie klein und heimelig, mit Stehtischen, die zum Zusammenkommen einladen. Oft sind es zu einer bestimmten Uhrzeit dieselben Leute, die dort gerade ihren 10-Uhr-Tee trinken, Mittagspause machen oder ihrer Lust auf ein Stück Kuchen nachgeben. Anfangs nickt man sich still zu, nach ein paar Mal wird aus dem Nicken ein Hallo, aus dem Hallo eine Bemerkung über das Wetter und aus dem Smalltalk ein echtes Gespräch. Auch die Eckkneipe ist in vielen Vierteln ein Ort der Begegnung, der besser ist als sein Ruf. Hier treffen sich Menschen, erzählen einander von ihrem Tag, schimpfen und lachen zusammen – auch bei alkoholfreiem Bier.

Mit der Einsamkeit, die bleibt, wenn man abends die Wohnungstür hinter sich zuzieht, kann man so vielleicht sogar Frieden schließen. Denn in der Abgeschiedenheit liegt auch Kraft. Viele Dichterinnen, Künstler und Denkerinnen nutzten ihre Einsamkeit als Inspirationsquelle. Erst in der ruhigen Innenschau entfaltet sich der Schöpfergeist. Wem es gelingt, das Alleinsein derart umzudeuten, dem eröffnet sich ein Feld für Kreativität und Kontemplation. So geht es auch Harry Haller, der Hauptfigur in Hermann Hesses autobiografischem Roman ›Steppenwolf‹: »Einsamkeit ist Unabhängigkeit, ich hatte sie mir gewünscht und mir erworben in langen Jahren. Sie war kalt, o ja, sie war aber auch still, wunderbar still und groß wie der kalte stille Raum, in dem die Sterne sich drehen.«

# 46

## WIE LANG DAUERT TRAUER?

Trauer nach dem Tod eines geliebten Menschen ist das spürbare Zeichen dafür, wie wichtig uns die Person war, die wir verloren haben. *Dass* wir trauern, ist universell, *wie* wir es tun, aber sehr unterschiedlich: Mal fällt die Trauer still aus, mal laut und klagend. Sie ist ein komplexes Gemisch aus verschiedenen Emotionen. Die Hauptzutat bildet Traurigkeit, oft vermengt mit der Angst, wie es jetzt weitergehen soll. Manchmal mischt sich auch eine unerwartete Portion Wut darunter, dass man alleine zurückgelassen wurde, zuweilen sogar eine Prise Erleichterung – etwa, wenn der Verstorbene lange gelitten hat. Zu ihr wiederum gesellen sich schnell Schuldgefühle.

Oft heißt es, Trauer verlaufe in Phasen. Nach einem bekannten Modell ist man im ersten Moment wie erstarrt und kann nicht glauben, dass der Mensch, den man so geliebt hat, tot sein soll – die Realität wird zunächst verdrängt. In der zweiten Phase brechen starke Emotionen hervor, insbesondere Schmerz, Verzweiflung, Ohnmacht und Wut. Es folgt eine Phase des sehnsüchtigen Suchens. Man möchte dem Verstorbenen möglichst nah sein, besucht das Grab oder Orte, an denen man gemeinsam Zeit verbracht hat. Irgendwann begreift man, dass er nicht mehr da ist – nun beginnt das Abschiednehmen und Loslassen. Den Abschluss bildet die Akzeptanz. In dieser letzten Phase der Trauer findet der Hinterbliebene seinen Frieden und kann sich wieder stärker der Welt der Lebenden zuwenden.

Solche Phasenmodelle sind beliebt, suggerieren sie doch, dass der Trauerprozess nach festen Regeln abläuft. Doch auch wenn viele Trauernde diese oder ähnliche Phasen durchlaufen, tun sie das nie linear und schon gar nicht in einer verbindlichen Reihenfolge. Trauer ist kein gerader Weg. Sie ist ein Kreisen, ein Voranschreiten und Zurückrudern, es gibt Sprünge genauso wie überraschende Umwege und plötzliche Abstürze. Das Ziel, das am Ende dieses verworrenen Pfades wartet, ist eine neue innere Beziehung zu der verstorbenen Person. Wie man von dem, was man zusammen erlebt hat, zehren kann, beschrieb der Theologe Dietrich Bonhoeffer: »Je schöner und voller die Erinnerungen, desto schwerer die Trennung. Aber die Dankbarkeit verwandelt die Qual der Erinnerung in eine stille Freude. Man trägt das vergangene Schöne nicht wie einen Stachel, sondern wie ein kostbares Geschenk in sich.« Bonhoeffer, der als Widerstandskämpfer gegen das NS-Regime 1943 inhaftiert und 1945 hingerichtet wurde, musste von vielen Freunden Abschied nehmen. Seine Worte trösten heute noch Hinterbliebene und Verlassene gleichermaßen.

Nur, wann zeigt sich das Licht am Ende des Tunnels? Die Intensität der Trauer lässt meist etwa nach einem halben Jahr erstmals nach. Viele Betroffene schaffen es jetzt allmählich wieder, sich ihrem Alltag und den anderen Menschen in ihrem Leben zuzuwenden. Trotzdem kommt es immer wieder zu Momenten, in denen die Sehnsucht kaum zu ertragen ist und der Schmerz mit voller Wucht zurückkehrt. Psychologinnen der Humboldt-Universität zu Berlin und der Health and Medical University Potsdam wollten wissen, wie es Trauernden langfristig ergeht, und veröffentlichten dazu 2022 eine Studie. Dafür nutzten sie den Datenschatz des Sozioökonomischen Panels, der größten Langzeiterhebung in Deutschland, bei der im Rahmen einer repräsentativen Stichprobe der Bevölkerung über Jahrzehnte unter anderem Einkommen, aktuelle Gesundheit und Lebenszufriedenheit abgefragt werden. Die Forscherinnen schauten sich mehr als 1200 Personen, die im Befragungszeitraum eine wichtige Bezugsperson verloren hatten, genauer an. Wie zu erwarten, ging es den Trauernden im ersten Jahr nach dem schrecklichen Verlust sehr schlecht, ihr Wohlbefinden war abrupt und stark gesunken. Im zweiten Jahr zeigte sich schon eine leichte Besserung, und nach fünf Jahren hatten sich viele seelisch wieder spürbar erholt.

Auch wenn man fest daran glaubt, den Tod eines geliebten Menschen niemals zu verwinden, kann das Leben durchaus wieder lebenswert werden. Ein Rest der Trauer bleibt für immer, doch sie nimmt eine Form an, die dem Glück nicht im Wege steht. Paradoxerweise fühlt es sich manchmal gar nicht gut an, wenn die Seele zu heilen beginnt. Man schöpft Kraft, findet wieder in alte Routinen zurück, es kommt einem aber so vor, als würde man den Verstorbenen verraten. Unter Umständen fürchtet man gar, ihn nun nach und nach zu vergessen. Dabei ist der Einzug des Alltags ein gutes Zeichen. Es zeigt, dass sich langsam eine Balance aus Erinnern und Leben einstellt, dass die innere Beziehung zu dem verstorbenen Menschen ins Gleichgewicht kommt: Er hätte sicher gewollt, dass seine Lieben irgendwann wieder nach vorne schauen und ihr Leben ohne Angst und Schuldgefühle führen. Man selbst würde ihnen das im umgekehrten Fall doch auch wünschen.

Dass Trauernde mit der Zeit wieder Halt finden, heißt eben nicht, dass sie den Toten aus ihrem Herzen verbannt haben. Während Psychologen früher noch glaubten, es bräuchte einen rigorosen Ablöseprozess und es sei schädlich, die innere Bindung zum Verstorbenen weiter aufrechtzuerhalten, sind Experten heute vom Gegenteil überzeugt. Es kann sogar heilsam sein, dem Menschen, den es nun nicht mehr gibt, gedanklich einen Platz im eigenen Leben einzuräumen und sich vorzustellen, wie er einem aufmunternd zulächelt und auf dem weiteren Weg zur Seite steht. Manchen tut es auch gut, sich mit der verstorbenen Person zu »unterhalten« und sich im Geiste ihren Rat einzuholen.

Gerade anfangs hilft es, einen sicheren Ort zu haben, an dem man sich nicht unter Kontrolle haben muss, sondern sich seinem Schmerz hingeben kann. Dieser Ort, an dem die Trauer Raum hat, wo man verzweifelt und untröstlich sein darf, muss dabei nicht zwingend der Friedhof sein. Manchmal ist es leichter, sich an einen ungestörten Platz in der Natur zurückzuziehen. Hier kann man weinen, schreien und fluchen, wenn einem danach ist. Denn auch die Trauer will wie jedes andere Gefühl gespürt, gewürdigt und zugelassen werden. Nach und nach wird diese Trauerstätte vielleicht sogar in Dietrich Bonhoeffers Sinn ein Ort der dankbaren Erinnerung, an den man mit Wehmut, aber auch voller Liebe an den Menschen, der nicht mehr da ist, zurückdenkt.

# 47
# WAS HILFT GEGEN LIEBESKUMMER?

Wer sein Herz einmal verschenkt hat, kriegt es nicht so leicht zurück – zumindest nicht unversehrt. Das Wort »Liebeskummer« ist für den damit verbundenen Schmerz fast schon ein Hohn, klingt es doch eher nach Schulhof und verträumtem Gänseblümchenzupfen als nach echter Katastrophe. Im Englischen heißt es treffender »break-up«, wenn die Liebe zerbricht, und »heartbreak«, wenn die Trümmer größere Verwüstungen anrichten. Besonders verheerend ist eine Trennung für alle, die nicht darüber mitentscheiden durften und gern in der Beziehung geblieben wären.

Wenn der Mensch an unserer Seite sich von uns löst, ist das vor allem eine tiefe Kränkung. Die Person, die uns bewunderte und bestärkte, vielleicht sogar als Einzige weiß, wie wir wirklich sind, will uns plötzlich nicht mehr. Was wir dabei übersehen: Oft hat es gar nichts mit uns selbst zu tun, wenn der Partner geht. Er tut es vielleicht aus dem Bedürfnis, noch einmal neue Wege zu beschreiten, die Zehen in ein anderes Leben zu strecken: Die Außenwelt ist plötzlich spannender als das einst so lauschige Zuhause. Zum Zeitpunkt der Entscheidung, aus der Beziehung auszubrechen, hat er die innere Verbindung zu uns oft schon gekappt. Gemeinsame Erinnerungen werden umgeschrieben, die schönsten vom Sockel gestoßen und unsere Macken in den Vordergrund gerückt.

Die Arbeit, die der Initiator der Trennung also bereits in großen Teilen geleistet hat, beginnt jetzt erst für den verlassenen Teil des Paares. Und wenn die verzweifelten Verhandlungsversuche, die oft auf den ersten Schock folgen, gescheitert sind, steht die eigentliche Anstrengung an: Aus dem Wir muss irgendwie wieder ein Ich werden. Die Entzugssymptome dabei sind heftig: Viele finden keinen Schlaf, können nichts essen oder stopfen wahllos alles in sich hinein. Manche haben Schweißausbrüche oder Bauchschmerzen, das Herz rast und bei einigen wenigen Unglücklichen bleibt es sogar stehen (siehe »Kann das Herz brechen?«).

»Wie konnte der Mensch, der mir alles bedeutet hat, mich einfach so im Stich lassen?«, lautet die Frage, die dem Verlassenen Tag und Nacht im Kopf herumschwirrt. Nicht nur das Jetzt ist vom vermeintlichen Verrat überschattet, auch das Gestern. All die schönen Erinnerungen, der magische Beginn, der erste Kuss, der Abenteuerurlaub zu zweit genau wie die vielen stillen, einträchtigen Momente auf der Couch – all das scheint jetzt im Nachhinein verdorben. Bei Joel, der Hauptfigur des Science-Fiction-Dramas ›Eternal Sunshine of the Spotless Mind‹, verkörpert von Jim Carrey, wird nach dem Scheitern der Beziehung der Wunsch nach dem Vergessen so groß, dass er sich einer experimentellen Behandlung unterzieht. Diese Behandlung soll die Erinnerungen an die gemeinsame Zeit mit Clementine, gespielt von Kate Winslet, aus seinem Gedächtnis löschen. Gäbe es diese Art Eingriff wirklich, es würde sich sicher frisch getrennte Kundschaft finden, die sich darauf einließe. Umso besser, dass es noch nicht möglich ist, Kapitel unseres Lebens gezielt auszuradieren. Denn auch wenn man es sich mitten im Trennungsschmerz noch nicht vorstellen kann: Groll und Bedauern werden fast immer mit den Jahren kleiner und was schlussendlich vom anderen in uns zurückbleibt, ist der Abdruck einer Liebe, die wir einmal erleben durften. War die Beziehung gut, können wir ein Leben lang davon zehren. So bleibt das Selbstwertgefühl durch eine liebevolle Partnerschaft nachhaltig gestärkt – auch wenn es mit ihrem Ende vorübergehend einbricht. Auch Joel erkennt mit Schrecken, dass er die Erinnerungen an die gemeinsame Zeit nicht missen will, und kämpft den Rest des Films darum, sie vor der unumkehrbaren Löschung zu bewahren.

Wer möchte, kann es Joel gleichtun und in den Räumen der eigenen Seele eine sichere Ecke für die liebgewonnenen Erinnerungen einrichten. Um die Widersprüchlichkeit zwischen Dankbarkeit und Wut, Zuneigung und Bitterkeit auszuhalten, hilft es manchmal, die Person, die man einmal sehr geliebt hat, von der, die einem fremd geworden ist, im Geiste zu trennen. Es entstehen sozusagen zwei Versionen des Expartners. Die ungetrübte Erinnerung an die schönen Zeiten und damit an eine Person, die es so vielleicht nicht mehr gibt, darf auf diese Weise in uns weiterleben. Wir können weiter (oder eines Tages wieder) von diesen Erinnerungen zehren. Sie bleiben uns lieb und teuer. Auf die neue Version des Menschen, der sich auf schmerzhafte Weise von uns entfernt hat, dürfen wir zu Recht wütend sein, ohne die alte gleich mit aus dem Herzen verbannen zu müssen. Apropos Herz: Es heilt weitaus schneller, wenn man den weiteren Kontakt im Hier und Jetzt auf das Nötigste beschränkt. Das ist besonders wichtig, aber auch besonders schwer. Hier lohnt es sich zum Schutz der eigenen Seele, gemeinsame Freunde zu bitten, Neuigkeiten über den Expartner für sich zu behalten. Die Schritte des anderen weiterzuverfolgen, zum Beispiel auf Social Media, kann die Wunde immer wieder von Neuem aufreißen.

Es ist ein Gesetz der Seele, an dem nicht zu rütteln ist: Wenn wir etwas Wertvolles verlieren, müssen wir trauern. Wir müssen die Traurigkeit spüren, die Wut zulassen und uns die Angst eingestehen, um sie zu überwinden. Emotionale Höhenflüge bezahlen wir mitunter mit einem Absturz im freien Fall. Und so bleibt uns in unserer Not nichts als die Suche nach Trost. Stürzt die Brücke zu einem geliebten Menschen ein, wird die Verbindung zu anderen zum Glück oft stärker. Nicht selten intensivieren sich Freundschaften in diesen Zeiten und wir knüpfen Bande, die so fest sind, dass sie – anders als so manche Romanze – Jahrzehnte überdauern. Und noch eine andere Beziehung bekommt in der Krise eine neue Chance: die zu uns selbst. In Zeiten besonderer Bedürftigkeit können wir eine Haltung namens Selbstmitgefühl trainieren, eine der wichtigsten Fähigkeiten – vielleicht sogar *die* wichtigste Fähigkeit –, die wir im Lauf unseres Lebens erlernen können (siehe »Wie bin ich mir ein guter Freund?«). Wer die Kunst versteht, empathisch mit sich selbst umzugehen, kann Schicksalsschläge besser ertragen und sich wenn nötig in dunklen Momenten selbst Trost spenden. Nur wer auch in sich selbst Halt findet, kann sich wirklich freiwillig an einen anderen Menschen binden und sagen: Ich bin bei dir, weil ich es möchte, nicht, weil ich dich brauche.

Und so sind Phasen, in denen man keinen Partner an seiner Seite hat, eine wertvolle Chance und Trennungen, so weh sie auch tun, oft ein Katalysator für Entwicklung. Es ist eine existenzielle Aufgabe, das Alleinsein zu lernen, sich für eine Weile ungestört zu entfalten, um zu werden, wer man ist, und – wenn man denn will – danach reifere Beziehungen einzugehen. Denn auch wenn man mitten im Trennungsschmerz felsenfest davon überzeugt ist, nie wieder einen Menschen so lieben zu können: Es stimmt nicht. Die Emotionen des verheißungsvollen Anfangs, das Gefühl, dass nun endlich alles gut werden könnte, der Freudentaumel, die Geborgenheit, Ihre ganz persönliche Färbung des Glücklichseins, für all das war der andere zwar der Auslöser. Die Gefühle aber haben Sie selbst erschaffen, sie entstammen allein *Ihrer* Seele. Und Sie können sie wieder fühlen, das Potenzial schlummert nach wie vor in Ihnen.

Doch Entwicklung verläuft nie geradlinig. Eine Trennung zu verarbeiten, gleicht einer Achterbahnfahrt. Manchmal werden Sie so hoffnungslos und erschöpft sein, dass Ihnen jede Kraft fehlt. Dann begegnen Sie Ihrer verwundeten Seele am besten mit viel Geduld und versorgen sie mit einem Basisprogramm aus erholsamem Schlaf und Bewegung an der frischen Luft. Wenn Sie dann wieder etwas Auftrieb spüren, gehen Sie raus, treffen Sie sich mit Menschen, die Ihnen ein gutes Gefühl geben, und unternehmen Sie etwas, das Ihnen Spaß macht. Die Einsamkeit wird Sie trotzdem mitunter eiskalt erwischen, die Erinnerungen an den Verlust Sie auf einmal wieder einholen. Doch die schlimmen Momente werden nach und nach immer seltener, bis die schönen wieder überwiegen. Das Herz heilt in Wellen.

# 48

## LÄSST SICH NEID NUTZEN?

Da wünscht man sich nichts sehnlicher als eine Partnerschaft, und die Schwester, der schon immer alles gelang, gibt unerwartet ihre Verlobung bekannt. Kurz darauf promoviert die ehemalige Kommilitonin mit Auszeichnung und ein Kumpel verkündet den Kauf seines Traumhauses. In solchen Momenten meldet sich manchmal ein ganz und gar unedles Gefühl. Nicht nur, dass es einem fast die Kehle zuschnürt, jetzt gilt auch noch: sich bloß nichts anmerken lassen! Wer will schon als scheeläugiger Neidhammel gelten? Also lieber schnell ein falsches Lächeln aufsetzen und die fiese Emotion so gut es geht beiseiteschieben.

Der Mix aus Sehnsucht und Verbitterung steigt immer dann in uns auf, wenn einer etwas hat, das wir auch gerne hätten, oder wenn uns jemand in einer Sache, die uns wichtig ist, übertrumpft. Ob Schönheit, Grips oder Besitz – worin wir uns mit anderen messen, ist ganz individuell. Grundsätzlich sind wir jedoch seltener neidisch auf Supermodels, Nobelpreisträgerinnen und Milliardäre als auf den eigenen Freundes- und Bekanntenkreis: Je vergleichbarer die Lebensumstände einer Person sind, desto schneller regt sich Neid. Feiert jemand Erfolge, der wenig mit uns gemein hat, versetzt uns das nicht so leicht einen Stich, bei Gleichaltrigen aus unserem Umfeld denken wir hingegen schnell mal: Warum sie und nicht ich?

Der US-amerikanische Psychologe Leon Festinger (1919–1989) vertrat die Theorie, dass wir durch den sozialen Vergleich wichtige Informationen über uns selbst gewinnen – besonders dann, wenn ein objektives Kriterium fehlt. Wählen wir als Referenz eine Person, die uns in einer bestimmten Fähigkeit unterlegen ist oder der es nicht so gut geht wie uns, kann das kurzfristig förderlich für das Wohlbefinden und unser Selbstwertgefühl sein. Fachleute sprechen dann vom »abwärts gerichteten« Vergleich. »Aufwärts gerichtete« Vergleiche mit den Besten der Besten sorgen indes schnell für schlechte Laune. Wie sehr einem das den Spaß verderben kann, zeigt das Ergebnis einer Studie während der Olympischen Spiele 1992: Bronzemedaillengewinner waren im Schnitt euphorischer als Silbermedaillengewinner. Bei den Zweitplatzierten mischte sich unter die Freude offenbar Ärger darüber, dass ein anderer sie knapp übertroffen hatte, während die Drittplatzierten einfach glücklich waren, es überhaupt noch aufs Treppchen geschafft zu haben.

Unser Konkurrenzdenken treibt teils bizarre Blüten. Besonders hässlich wird es, wenn sich Neid mit Missgunst paart. Forschende der britischen Universitäten Oxford und Warwick ließen jeweils vier Versuchspersonen ein virtuelles Glücksspiel spielen. Als Gewinn winkte dabei echtes Geld. Einzelne Mitglieder des Quartetts erhielten ein höheres Startkapital und damit einen künstlichen Vorteil – sehr zum Missfallen der übrigen Spielerinnen und Spieler. Bevor diese am Ende ihren eigenen, meist entsprechend niedrigeren Gewinn einstrichen, hatten sie die Option, die Gewinne ihrer Mitspieler per Mausklick zu verringern. Diesen Nachteil der anderen mussten sie sich allerdings teuer erkaufen. Ein Pfund der anderen Kandidaten zu vernichten, kostete sie 25 Pence ihres eigenen Erlöses. Wie sich zeigte, siegte die Missgunst häufig über die Vernunft: Knapp zwei Drittel der Spieler machten von der Option Gebrauch und brachten so sich und die Gruppe insgesamt um die Hälfte aller Gewinnausschüttungen.

Neid veranlasst die Menschen zuweilen auch außerhalb des Labors dazu, fremde Erfolge kleinzureden oder sogar zu sabotieren. Weil im Neid eine zerstörerische Kraft liegt, ist er verpönt. Den Katholiken gilt er sogar als Todsünde. Das führt dazu, dass sich zum Neid auch schnell die Scham gesellt. Dabei sind Neidgefühle relativ normal und kein Grund zur Sorge – solange sie nur ab und an mal aufblitzen. Nehmen sie jedoch überhand, werden sie zum wahren Glücksräuber und gefährden oft sogar wichtige Beziehungen: Wenn wir unseren Groll nicht in den Griff bekommen, entfernen wir uns emotional von der Schwester, die gerade ihre Hochzeit plant, gehen auf Abstand zu der Kommilitonin und dem Kumpel oder brechen den Kontakt sogar ganz ab, weil wir deren Glück nicht ertragen. Und das, obwohl es einen viel klügeren Umgang mit dem nur allzu menschlichen Gefühl gibt.

Immer wenn uns das Glück eines anderen wurmt, sollten wir zunächst einmal in uns gehen: Würde ich wirklich tauschen wollen – mit allen Konsequenzen? Die Kommilitonin erntet jetzt die Früchte ihrer Arbeit, hat dafür aber Jahre in ihre akademische Karriere investiert, vielfach auch am Wochenende trockene Berechnungen angestellt und dadurch andere Dinge verpasst. Dem Freund gehört nun zwar eine tolle Immobilie, an der gibt es aber noch einiges zu tun. Beim Umbau kommen noch einmal hohe Kosten auf ihn zu – Urlaub ist deshalb auf absehbare Zeit erst einmal nicht drin.

Das Gras auf der anderen Seite erscheint immer ein wenig grüner. Wir sehen nur das Ergebnis, nicht die Mühen und Beschwernisse, den steinigen Weg zum Erfolg oder die Nachteile, die eine bestimmte Lebensentscheidung mit sich bringt. So wirkt das Leben der anderen stets etwas unbeschwerter, einfacher und glamouröser als das eigene. Oft messen wir deren Best-of-Zusammenschnitt an dem, was bei uns hinter den Kulissen abläuft – ein mehr als unfairer Vergleich. Auch im Leben der Glückspilze gibt es mit größter Wahrscheinlichkeit einiges, das nicht so rosig ist. Neid verengt in vielerlei Hinsicht den Blick. Deshalb hilft es, sich nicht nur die schwierigen Seiten des vermeintlich beneidenswerten Lebens zu vergegenwärtigen, sondern auch das eigene Leben nach Dingen abzusuchen, die gut sind: »Ich bin zwar Single, beruflich läuft es dafür top.« Oder: »Ich kann nicht mehr so aufregende Reisen machen wie meine Freundin, habe dafür aber zwei tolle

Kinder – und um die beneidet *sie* mich wahrscheinlich sogar ab und an ein bisschen.« Oft verfliegt der Neid schnell, sobald wir einmal genauer hinsehen.

Wenn uns aber nach eingehender Betrachtung das, was der andere hat, immer noch erstrebenswert erscheint (und es im Rahmen des Möglichen liegt), sollten wir es anpacken und das unangenehme Gefühl als Ansporn nutzen, auf den Traum hinzuarbeiten. Neid ist ein Signal, dass wir in einem Bereich, der uns etwas bedeutet, vielleicht noch zulegen können. Manchmal öffnet das Gefühl uns auch überhaupt erst die Augen für einen Wunsch, der bislang tief in uns verborgen lag – sei es ein Berufswechsel, eine Familie oder ein Umzug ans Mittelmeer. Neid ist im besten Fall Kompass und Motor zugleich: Er weist uns die Richtung und treibt uns an. Die Ziele, die wir uns auf unserem Weg stecken, sollten aber wenn möglich unabhängig vom Erfolg anderer sein. Besser als mit Freunden und Bekannten misst man sich mit einer früheren Version seiner selbst, denkt also statt »Ich will fließender Italienisch sprechen als Kim« lieber »Ich will, dass sich mein Sprachniveau in einem Jahr um zwei Stufen erhöht hat«. Das beste Mittel gegen Neid ist und bleibt, den eigenen Rasen so zu pflegen, dass man gar nicht auf die Idee kommt, dass das Gras auf der anderen Seite des Hügels grüner sein könnte.

# 49
# WAS TRÖSTET BEI HEIMWEH?

Es gilt als Kindergefühl, unreif und albern. Dabei leiden sehr wohl auch Erwachsene darunter, manchmal sogar im lang ersehnten Urlaub. Sie sind damit in guter Gesellschaft. Der berühmteste Heimwehgeplagte der Weltgeschichte ist wohl Odysseus, Sagenheld der Griechinnen und Griechen. Die Sehnsucht nach der Insel Ithaka war der Motor für seine wagemutige Irrfahrt, seine »Odyssee«: Als der Trojanische Krieg gewonnen war, stach er gegen den Willen der Götter in See. Er wollte eben heim.

Wenn Kinder zum ersten Mal den vertrauten Boden der Heimat verlassen, gerät ihre Welt ins Wanken. Im Ferienlager kullern zuverlässig die Tränen. Meist kommt sie am Abend, die Sehnsucht nach Mama, Papa und dem eigenen Bett. Die nächste große Erschütterung ist vielleicht der Umzug für das Studium oder die Ausbildung. Für viele ist das der erste längere Abschied von der Heimat. Wenn sich dann ein Gefühl einstellt, das wir glaubten, damals im Zeltlager zurückgelassen zu haben, ist die Antwort oft Scham: Wie kann es sein, dass alle anderen ihr neues Leben genießen und ich sitze hier und will nach Hause? Dabei kennen Campus-Beratungsstellen das Problem nur zu gut. Den meisten Studierenden fällt es schwer, sich einzugewöhnen, und etliche von ihnen suchen deswegen Hilfe. Tatsächlich nützt es, darüber zu reden, wenn die innere Stimme gegen alle Vernunft schreit: »Ich will zurück!« Reden hilft, die Gefühle zu ordnen, und bringt meist die tröstliche Erkenntnis: Ich bin gar nicht allein.

Je älter wir sind, desto mehr wundern wir uns, wenn uns das Heimweh einen Besuch abstattet. Doch vor allem introvertierte und sensible Menschen, die es sich am liebsten auf ihrer Couch gemütlich machen, denen ihr Zuhause heilig ist, werden von einem Ortswechsel gehörig durchgeschüttelt. In der neuen Stadt wartet vielleicht ein aufregender Job oder sogar die große Liebe auf sie, was aber fehlt, sind die vertrauten Routinen, die Freunde und Bekannten, die sie stets um sich hatten, und die Umgebung, in der sie sich aufgehoben fühlten.

Die Liebe, die wir für einen Ort empfinden, nennt sich »Topophilie«. Eine Untersuchung des britischen National Trust konnte die starke Bindung, die wir zu bestimmten Orten aufbauen, sogar nachweisen. Versuchspersonen wurden Bilder von Orten und Gegenständen gezeigt, die ihnen etwas bedeuten. Darunter waren auch Fotos bestimmter Plätze ihrer Heimatstadt. Einige Probandinnen und Probanden lagen dabei in einem Kernspintomographen, mit dem sich die Hirnaktivität in Echtzeit messen lässt. Die Hirnbereiche, die für die Verarbeitung von Emotionen zuständig sind, reagierten besonders stark auf Orte, die den Menschen am Herzen lagen. Bei einer zusätzlichen Befragung über ihren Lieblingsort gaben 86 Prozent der Teilnehmenden an, er fühle sich an wie ein Teil von ihnen.

Heimweh ist eine kleine Trauer – etwas Geliebtes fehlt. Ganz ähnlich wie nach einem Todesfall fühlen sich Heimwehkranke traurig und verloren, manche schlafen schlecht und haben kaum Appetit. Im 17. Jahrhundert bekam dieses Leiden erstmals einen Namen: »Nostalgia«. Auffallend häufig wurde Nostalgia damals bei Schweizer Soldaten diagnostiziert, die im Ausland stationiert waren. So erhielt das Heimweh den Spitznamen »Schweizerkrankheit«. Die Ärzte, die das Phänomen auf veränderte Luftdruckverhältnisse zurückführten, verordneten den betrübten Schweizern ihre gewohnte Höhenluft, schickten sie zur Kur auf Hügel und Berge. Auch wenn die Mediziner sich über die Ursache der Niedergeschlagenheit täuschten, lagen sie mit ihrer Behandlung gar nicht so falsch: Viele Menschen, die in der Fremde ein neues Leben beginnen, schaffen sich dort kleine Inseln ihrer alten Heimat – von Chinatown über Little Italy bis Klein-Istanbul.

Kindern hilft es, ein Stück Heimat mit in die Ferne zu nehmen, etwa ein geliebtes Kuscheltier, das ein bisschen nach Daheim riecht. Das beugt Heimwehattacken nicht selten sogar vor. Machen Sie sich diese bewährte Praxis ohne Scheu zu eigen. Nehmen Sie also ruhig etwas in die Ferne mit, das Ihnen ein heimeliges Gefühl gibt: die eigene Bettwäsche, ein Wandbild – oder einen Raumduft, an den Sie gewöhnt sind, denn zwischen Nase und Seele besteht eine einzigartige Verbindung. Gerüche wecken nachweislich besonders emotionale Erinnerungen, da die Riechbahnen beispiellos eng mit dem neuronalen Sitz des Gedächtnisses und den Emotionszentren unseres Gehirns verknüpft sind. In Marcel Prousts Roman ›Auf der Suche nach der verlorenen Zeit‹ wird der Protagonist von Bildern aus seiner Kindheit übermannt, als er frisch gebackene Madeleines, kleine muschelförmige Kuchen, riecht. Wegen dieser Szene heißt das Phänomen, dass Gerüche besonders gut wohlige Erinnerungen wachrufen, »Proust-Effekt«. Und noch über einen anderen Sinn lässt sich das Heimweh besänftigen: den Geschmack. Kochen Sie ein Gericht aus Ihrer Heimat. Lassen Sie sich zum Beispiel ein altes Familienrezept geben, machen Sie sich in der Fremde auf die Suche nach den richtigen Zutaten und versuchen Sie sich daran. Vielleicht wollen Sie auch gleich neue Bekannte in der ungewohnten Umgebung damit bewirten und so Brücken bauen. Denn Heimweh ist immer auch ein Mangel an Verbindung.

Hat jemand aus Ihrem Freundes-, Verwandten- oder Bekanntenkreis gerade Schwierigkeiten, in der Ferne Fuß zu fassen – die Nichte, deren Auslandssemester nicht so läuft wie geplant, oder ein Freund, der sich für eine Stelle viele tausend Kilometer entfernt eine neue Bleibe einrichtet –, erinnern Sie sie oder ihn daran, dass das Band nicht abgerissen ist. Denn neben der geografischen vermissen viele auch ihre soziale Heimat. Ein Päckchen von daheim sorgt für das warme Gefühl, das gerade fehlt. Vertraute Snacks, Fotos von zu Hause und aufmunternde Worte signalisieren: Ich bin da und denke an dich.

Und wie bei vielem macht Übung den Meister: Wer regelmäßig auf Dienstreise muss, schon x-mal umgezogen ist oder mehrmals im Jahr ferne Länder besucht, lernt, sich schnell in neuen Umgebungen einzurichten. Und so lohnt es sich, anfängliches Heimweh auszuhalten und nicht sofort umzukehren. Genau das ist das Gegenmittel – das Gefühl durchstehen und der Seele so zeigen: Du zerbrichst nicht, auch hier können wir es uns schön machen. Wer es schafft, sich mit offenem Herzen auf das neue Umfeld einzulassen, hat nichts zu verlieren, aber viel zu gewinnen. Eine Entdeckungstour mit dem Ziel, an unbekannten Orten einen Anker zu setzen, ist oft die beste Ablenkung. Mit etwas Glück lassen sich so kleine Heimaten auf der ganzen Welt erschließen: Lieblingsplätze wie das gemütliche Café, dessen Besitzerin schon weiß, wie Sie Ihren Kaffee am liebsten mögen, das kleine Programmkino, in dem man schon Ihren Namen kennt, oder dieser eine Baum im Park, der sich perfekt an Ihren Rücken schmiegt, wenn Sie darunter Platz nehmen – als sei er für Sie gemacht. Jeder Ortswechsel birgt auch die Chance, sich ein neues, vielleicht das erste wirklich eigene Zuhause zu schaffen. Oft ist es nämlich mit dem Heimweh wie mit einem lästigen Kopfschmerz: Es verzieht sich mit der Zeit von selbst.

TEIL 4

# DIE FORMEL FÜR EIN GUTES LEBEN

# 50

# KANN ICH MICH ÄNDERN?

Offener sein, mutiger oder ausgeglichener – die meisten würden gern etwas an sich ändern, damit ihr Leben leichter wird. Doch geht das? Können wir überhaupt aus unserer Haut? Der Wunsch, das alte Ich abzustreifen und noch einmal von vorne zu beginnen, ist nicht neu. Bereits der italienische Dichter des Mittelalters Dante Alighieri (1265–1321) greift ihn in ›Vita Nova‹ auf. Hier ist es die Liebe, die mit ihrer erneuernden Kraft den ersehnten Wandel bringt. In anderen Texten übernimmt das die Religion. Als Paulus auf dem Weg nach Damaskus dem auferstandenen Jesus begegnet, wird er vom Verfolger der Christen zum späten Apostel. Heute bezeichnet man ein Ereignis, durch das jemand eine 180-Grad-Wendung vollzieht, negative Einstellungen und Verhaltensweisen ablegt, als »Damaskuserlebnis« und eine gelungene Transformation als eine »vom Saulus zum Paulus«.

In Mythen und Redensarten ist die Antwort auf die große Frage, ob der Mensch sich ändern kann, ein klares Ja. Doch wie so oft versetzt die Realität der Hoffnung einen Dämpfer. Unsere Persönlichkeit und damit unsere ganz eigene Art zu denken, zu fühlen und zu handeln, ist zu einem beträchtlichen Teil durch unser Erbgut und andere biologische Einflüsse festgelegt. Eine genetisch bedingte Empfindlichkeit für Stress etwa lässt sich nicht einfach so beheben. Das ist enttäuschend, aber auch entlastend: Wir haben eben nicht alles in der Hand, wie uns manche Ratgeber weismachen wollen, und sind auch nicht selbst schuld, wenn wir nicht immer gelassen und souverän agieren.

Etwa bis zur Jahrtausendwende hielten Psychologinnen die

Persönlichkeit – also das Maß, in dem wir extravertiert, gewissenhaft, offen, verträglich und emotional stabil sind – bei Erwachsenen sogar für mehr oder weniger unveränderlich: Egal, was man tut, im Grunde bleibt man doch, wer man ist, lautete damals das Credo. Mittlerweile haben viele Experten ihre Meinung geändert. Neue Forschungsergebnisse deuten darauf hin, dass Wesenszüge keineswegs in Stein gemeißelt sind. Es gibt durchaus Spielraum. Und auch die Erfolge der Psychotherapie zeigen, dass Veränderung möglich ist. Immer wieder schaffen es Menschen, tiefsitzende Ängste und Unsicherheiten zu überwinden. Sie befreien sich aus dem Korsett jahrelang gehegter pessimistischer Überzeugungen und finden neue Wege, mit Problemen umzugehen. Oder es gelingt ihnen langfristig, in Beziehungen besonnener zu agieren oder ihre Bedürfnisse ehrlicher zu äußern.

Was genau braucht es dafür? Zuweilen ist es ein einziger Satz der Psychotherapeutin, des Großvaters oder des besten Freundes, der etwas in uns anstößt. Von Zeit zu Zeit gelangen wir aber auch ohne äußeren Anschub ganz allein zu einer Einsicht, die so tiefgreifend ist, dass sie von innen heraus einen Wandel ermöglicht. Der Hirnforscher Gerhard Roth spricht dabei von der »partiellen Autonomie des Psychischen«: Durch unsere erstaunliche Fähigkeit zur Reflexion ist die Seele imstande, sich selbst zu verändern. Meist jedoch reicht die reine Erkenntnis dazu nicht aus. Uns mag vielleicht klar sein, dass Grübeln schlecht ist, doch deshalb können wir es noch lange nicht einfach sein lassen. Wir ahnen womöglich, dass unsere Neigung, es allen recht zu machen, unserem eigenen Lebensglück im Wege steht, doch das allein löst nicht das Problem. Stattdessen gilt es, neue Handlungsoptionen zu finden – die moderne Seelenforschung zeigt mögliche Wege auf – und diese wieder und wieder einzuüben. Um jahrelang eingespielte Muster zu verändern, braucht es Geduld. Denn gerade unter Stress greifen wir instinktiv auf tausendfach erprobte Reaktionen zurück. Neue Pfade muss man richtig austrampeln, bis sie begehbar werden, und gesündere Denk- und Verhaltensweisen fleißig trainieren, damit sie in Fleisch und Blut übergehen. Dabei heißt es anfangs »fake it till you make it« – verhalte dich so, als wärst du jemand, der die gewünschte Eigenschaft bereits besitzt.

US-amerikanische Psychologen testeten in einer 2019 veröffentlichten Studie, ob sich mit dieser Strategie wirklich ein tiefgreifender Wandel erreichen lässt. Sie baten Versuchspersonen, die etwas an sich ändern wollten, über 15 Wochen hinweg verschiedene auf die gewünschte Veränderung zugeschnittene Aufgaben auszuführen. Wer davon träumte, im Alltag emotional gefestigter zu sein, sollte zum Beispiel nach dem Aufstehen fünf Minuten meditieren. Andere Aufgaben für alle, die entspannter und optimistischer werden wollten, lauteten »Notiere vor dem Zubettgehen eine Sache, auf die du dich am nächsten Tag freust« oder »Wenn du dich über die Zukunft sorgst, nimm dir mindestens zwei Minuten Zeit, um das bestmögliche Szenario zu visualisieren«. Probanden, die sich wünschten, offener und unternehmungslustiger zu werden, sollten jemandem auf der Straße zulächeln, sich im Restaurant kurz mit dem Kellner unterhalten oder probeweise einem neuen Klub oder Verein beitreten. Wollten sie hingegen ordentlicher und gewissenhafter werden, sollten sie eine bestimmte berufliche Aufgabe nicht einfach erledigen, sondern ihr absolut Bestes dabei geben oder schlicht die Apps auf ihrem Smartphone ordnen. Insgesamt bekam jeder wöchentlich acht solcher Aufgaben vorgeschlagen. Zudem erhoben die Forschenden mit einem wissenschaftlichen Fragebogen das Persönlichkeitsprofil der Probandinnen und Probanden, einmal zu Beginn der Studie und mehrmals im Verlauf.

Und siehe da: Am Ende hatte sich ein Teil der Versuchspersonen tatsächlich derart in die gewünschte Richtung entwickelt, dass es sich im Ergebnis ihrer Persönlichkeitstests niederschlug. Der Effekt war zwar nicht riesig – Chaoten wurden nicht auf einmal zu Ordnungsfanatikern –, aber groß genug, um sich im Alltag abzuzeichnen. Der Wandel gelang jenen, die zwei oder mehr der gestellten Aufgaben pro Woche ausgeführt hatten. Wer sich in einem bestimmten Bereich zu verändern wünschte, aber nicht genug dafür getan hatte, bei dem war auch nichts passiert. Das zeigt, dass ein hehrer Vorsatz allein nicht ausreicht, dass aber selbst kleine Schritte, regelmäßig absolviert, zum Ziel führen können. Wer seine Gedanken, Gefühle und Verhaltensweisen immer wieder auf den gewünschten Kurs bringt, dem gelingt es auch, sich dahingehend zu verändern.

Der Schlüssel zu mehr Gelassenheit, mehr Freude und seelischer Widerstandskraft sind also gute Gewohnheiten, die durch viele Wiederholungen nach und nach Wurzeln schlagen. Um erfolgreich neue Gewohnheiten auszubilden, haben sich sogenannte Wenn-dann-Pläne bewährt. Dabei legt man sich im Voraus genau zurecht, in welcher Situation man in Zukunft wie agieren möchte. Statt sich also abstrakt vorzunehmen, sich im Job weniger stressen zu lassen, schmiedet man einen konkreten Plan: »Wenn ich spüre, dass ich überfordert bin, dann nehme ich mir zehn Minuten Zeit, um tief ein- und auszuatmen« oder »Wenn ich wochenlang viele Überstunden machen muss, um mit der Arbeit fertig zu werden, dann spreche ich das Problem bei meiner Vorgesetzten an«. Diese psychologische Strategie ermöglicht es erwiesenermaßen, sich langfristig gesünder zu ernähren, mit dem Rauchen aufzuhören oder andere wichtige Lebensziele zu erreichen. Sie kann Ihnen auch helfen, die Erkenntnisse aus diesem Buch dauerhaft in Ihr Leben zu integrieren. Sie könnten jene, die Sie besonders ansprechen, zu Ihrer persönlichen Regel erklären, zum Beispiel »Wenn ich merke, dass ich ins Grübeln verfalle, dann esse ich ein scharfes Minzbonbon und suche mir anschließend eine Ablenkung im Hier und Jetzt« (siehe »Wie stoppt man das Gedankenkarussell?«) oder »Wenn ein unangenehmes Gefühl in mir aufsteigt, dann versuche ich neugierig und unvoreingenommen hinzuspüren, wie ein Forscher, der etwas zum ersten Mal beobachtet«. Mit jedem Mal, mit dem Sie die Regel befolgen, festigt sich das Verhalten und wird schlussendlich zur Routine.

Ein unterschätzter Faktor für den erfolgreichen Aufbau neuer Gewohnheiten ist das Umfeld. Wer mit dem Rauchen aufhören möchte, tut gut daran, sich mit Nichtrauchern zu umgeben, und wer sich eine positivere Denkweise aneignen will, bespricht Probleme am besten mit jenen Freundinnen, die oft bewundernswert gelassen bleiben. Am schnellsten zur Gewohnheit werden zudem Verhaltensweisen, auf die eine Belohnung folgt. Idealerweise handelt es sich dabei um eine innere Belohnung, etwa die Freude, wenn man die Kinder liebevoll ins Bett gebracht hat, statt sie wie so oft gestresst anzuherrschen, oder den Stolz, wenn man es endlich geschafft hat, klar seine Meinung zu sagen. Sich auf dieses gute Gefühl im Inneren zu konzentrieren, hilft, dass sich das neue Verhalten nachhaltig einprägt.

Doch Vorsicht: Versuchen Sie nicht, Ihr ganzes Leben auf einmal umzukrempeln. Wer sich zu viel vornimmt, der scheitert. Schon zwei oder drei Dinge, richtig umgesetzt, können einiges bewirken. Nicht jeder Tipp aus den bisherigen Kapiteln ist schließlich für jeden geeignet. Wer Sport hasst, muss nicht mit dem Joggen anfangen, sondern kann, ganz ohne sich zu quälen, bei Waldspaziergängen die positiven Auswirkungen von Natur und Bewegung erfahren. Wer keinen Draht zu Tieren hat, muss zur Stärkung der Seele sicher keinen Hund adoptieren, kann aber sein neues Wissen über die Macht des sozialen Netzes umsetzen und wieder öfter etwas mit Freunden unternehmen.

Egal, was Sie aus diesem Buch mitnehmen, es sollte Ihren Alltag spürbar bereichern und nicht zu einem weiteren nervigen Eintrag im Terminkalender werden. Sich jede Menge Dinge aufzuzwingen, die eigentlich keinen Spaß machen, ist nämlich kontraproduktiv. Wer schon gar keine Lust mehr hat, aus dem Bett aufzustehen, weil er sich ein allzu strenges Morgenprogramm aus Achtsamkeitsmeditation, Frühsport und Journaling auferlegt hat, tut seiner Seele ganz bestimmt keinen Gefallen. Was auch immer Sie verändern wollen: Werden Sie nicht zu verbissen. Langfristig am erfolgreichsten sind jene, die auch hier flexibel bleiben und sich keine Vorwürfe machen, wenn sie zwischendurch einmal in alte Muster verfallen.

# 51

# WIE GESTALTE ICH EIN LEBEN, DAS ZU MIR PASST?

Oft lohnt es sich, an sich zu arbeiten – nämlich dann, wenn das Leben dadurch tatsächlich schöner wird. Ein gutes Leben ist aber sicher keines, in dem man ständig gegen die eigene Natur ankämpft. Wer sich stets außerhalb seiner Komfortzone aufhält, hat es im schlimmsten Fall einfach immer nur ungemütlich, denn sich mit dem eigenen Alltag wohlzufühlen, ist entscheidend für das seelische Gleichgewicht. Dabei unterscheiden sich unsere Präferenzen zuweilen stark.

Während manche vor Abenteuerlust strotzen, die Welt erkunden und immer wieder Neues ausprobieren wollen, sind andere das genaue Gegenteil. Sie sehnen sich nach Ruhe und setzen am liebsten auf Gewohntes. Haben sie zum Beispiel einmal in ihrem Lieblingsrestaurant ein Gericht für sich entdeckt, bestellen sie es jedes Mal. Auf Fernreisen können sie gut verzichten und eigentlich ist es zu Hause eh am schönsten, finden sie. Beides ist völlig in Ordnung. Der Zeitgeist jedoch bevorzugt aktuell eher den aufgeschlossenen Abenteurer. Besonders en vogue – so zeigen Umfragen – ist neben einer hohen Offenheit für neue Erfahrungen eine ausgeprägte Extravertiertheit. Daher wären viele gern unternehmungslustiger und geselliger. Wer diese Eigenschaften nicht von Haus aus mitbringt, spürt oft einen äußeren Druck, sich zu verstellen. Dabei liegt auch im entgegengesetzten Charakter-Pol eine Kraft. Introvertierte Menschen halten es gut mit sich allein aus und verfügen über ein reiches Innenleben, das weniger nach Stimulation von außen verlangt. Sie sind im Homeoffice oft glücklicher als im Großraumbüro. Denn auch wenn sie sich gern mit anderen treffen, laugt ständige Gesellschaft sie aus. Ihre Energie ziehen Introvertierte anders als Extravertierte hauptsächlich aus der Zeit für sich.

Wir haben uns nicht ausgesucht, wann und wo wir uns wohlfühlen. Aber es ist an uns, unser Leben so einzurichten, dass es zu uns passt. Sich zu verbiegen, um einer vorgefertigten Form zu entsprechen, macht unglücklich. Stattdessen gilt es, unsere wahren Bedürfnisse zu erkennen und ernst zu nehmen. Auch dann, wenn das, was wir wollen, nicht das ist, was alle anderen verfolgen. Doch wie befreit man sich ein Stück weit von den Imperativen der Welt? Wie kann man die Stimme des Herzens überhaupt hören zwischen all dem Getöse?

Wie die Forschung zeigt, ist das gar nicht so leicht. Wissenschaftler der Friedrich-Alexander-Universität Erlangen-Nürnberg kamen 2014 zu dem Ergebnis, dass wir überraschend schlecht einschätzen können, was wir uns abseits aller Zwänge und äußeren Erwartungen wirklich wünschen. Sie verglichen dazu die betreffenden Angaben von mehr als 6000 Menschen mit deren Ergebnissen aus sogenannten indirekten Verfahren. Das sind spezielle psychologische Tests, mit denen unbewusste Wünsche aufgedeckt werden sollen. Hierzu bekommt die Versuchsperson zum Beispiel eine Reihe von Bildern vorgelegt, die mehrdeutige Situationen zeigen – etwa eine Gestalt, der applaudiert wird, oder einen Mann und eine Frau, die auf einer Bank sitzen. Die Versuchsperson soll sich nun Geschichten dazu ausdenken. Das, was der Fantasie dabei entspringt, hat etwas mit dem Innenleben der jeweiligen Person zu tun, so die Idee. Tauchen in den Storys beispielsweise immer wieder die Motive Einfluss und Erfolg auf, gibt es wahrscheinlich auch in dem Schöpfer der Geschichten entsprechende Bestrebungen. Dafür spricht, dass die Ergebnisse solcher Tests relativ gut dazu passen, wie Menschen körperlich – gemessen am Blutdruck oder am Hormonspiegel – auf bestimmte Situationen reagieren. Das, was die über 6000 Befragten im Leben zu wollen glaubten, wenn man sie explizit danach fragte, stimmte oft nicht mit dem überein, was die indirekten Verfahren enthüllten. Denn es spiegelte vor allem das wider, was gesellschaftlich am meisten anerkannt ist – also das, was wir wollen *sollen*.

Dass es eine Kluft gibt zwischen dem, was wir für erstrebenswert halten, und dem, was uns wahrhaft entspricht, bleibt nicht ohne Folgen. Wer seine eigentlichen Bedürfnisse ignoriert, ist auf Dauer weniger erfüllt. Manchmal kommt es uns dann so vor, als würden wir ein fremdes Leben leben. Der Alltag fühlt sich mühsam an, Erfolge bleiben schal. Zum Beispiel dann, wenn wir meinen, das Glück in einer aufregenden Karriere suchen zu müssen, uns der Sinn aber eigentlich nach einem ruhigen Familienleben mit mehr Freizeit steht – oder umgekehrt. Zum Glück gibt es einen Weg, wie wir uns einen besseren Zugang zu unserem Innersten verschaffen können – und somit die Möglichkeit, vor großen Lebensentscheidungen zu prüfen, ob sie wirklich zu uns passen.

## Übung — Innerer Entscheidungshelfer

Bevor Sie eine wichtige Weiche stellen, sollten Sie nachfühlen, ob die Richtung stimmt. Besser als über das reine Nachdenken klappt das erwiesenermaßen mit der Kraft der Imagination. Schließen Sie die Augen und stellen Sie sich vor, der Plan sei bereits in die Tat umgesetzt. Malen Sie es sich möglichst lebhaft aus: Wie würden Sie jetzt Ihre Zeit verbringen, wenn Sie von der Stadt aufs Land gezogen wären? Wie wäre es, auf Ihrer Rucksacktour durch Südamerika jeden Tag das Zelt an einem anderen Ort aufzuschlagen? Wie sähe Ihr Alltag konkret aus, wenn Sie sich endlich selbstständig gemacht hätten? Achten Sie darauf, welches Gefühl sich bei der jeweiligen Vorstellung einstellt: Spüren Sie Begeisterung? Oder sind Sie schon beim bloßen Gedanken daran gelangweilt oder ausgelaugt?

Doch egal, wie gut wir unsere wahren Sehnsüchte kennen, oft bleibt ein Rest Unsicherheit. Denn bei vielen Dingen müssen wir den Sprung erst wagen, bevor wir wissen können, ob sie wirklich etwas für uns sind. Das betrifft leider oft die ganz großen Entscheidungen, bisweilen sogar die unumkehrbaren, etwa »Will ich Kinder oder nicht?«. Wer vor so einer Frage steht, könnte schier verzweifeln. Das Beruhigende ist aber: Es gibt nicht die eine Lebensentscheidung, mit der alles steht und fällt. Es gibt sie nicht, die eine falsche Wahl, mit der wir unser Dasein verwirken, genauso wie es nicht den einen Entschluss gibt, der uns dauerhaft glücklich macht. Ganz gleich, ob wir uns am Ende für die eine oder die andere Option entscheiden: Wir können mit ihr ein erfülltes Leben führen, denn immer zählt, was wir daraus machen.

Entscheiden wir uns zum Beispiel gegen eigene Kinder, gibt es genügend andere Möglichkeiten, Liebe zu schenken, der Welt etwas zurückzugeben, uns zu verewigen und kommende Generationen zu fördern (siehe »Braucht es einen Lebenssinn?«). Und auch mit Kindern ist der Weg nicht vorgezeichnet. Es gibt viele Arten, sich gut um sie zu kümmern. Abenteuerlustige Eltern, die ihren bevorzugten Lebensstil nicht aufgeben wollen, nehmen ihren Nachwuchs einfach mit auf weite Reisen. Genauso sollten Eltern, die viel Zeit für sich brauchen, weiter auf ihre eigenen Bedürfnisse achten und sich Ruhephasen bewusst organisieren. Glückliche Eltern sind eine gute Voraussetzung für glückliche Kinder. Doch manchmal durchkreuzt das Leben unsere Pläne, etwa wenn ein Kind krank wird oder andere Angehörige unsere Hilfe brauchen.

Trotzdem können wir auch in Zeiten, in denen wir uns nicht voll ausleben können und manche unserer eigenen Bedürfnisse auf der Strecke bleiben, im Einklang mit uns selbst leben. Nämlich dann, wenn wir uns die ganz persönlichen Werte vergegenwärtigen, die unser Handeln leiten.

Generell gilt: Im Zusammenleben mit anderen kollidieren die Bedürfnisse zuweilen – einer sehnt sich nach Ruhe, die andere liebt Action. Damit jeder Einzelne in einer Gemeinschaft ein Leben führen kann, das zu ihm passt, braucht es nicht nur Kompromisse, sondern auch gegenseitige Toleranz. Manche Dinge macht man besser getrennt, wenn etwa die Vorstellungen von einem erholsamen Urlaub auseinandergehen. Ganz wichtig: Für die Erfüllung unserer Bedürfnisse bleiben wir auch in Beziehungen immer selbst verantwortlich – und das im besten Sinne. Wir dürfen uns jederzeit aktiv darum kümmern, dass es uns gut geht. Brauchen wir zum Beispiel gerade Zuspruch, können wir diesen Wunsch durchaus an den Partner oder die Partnerin richten, sollten ihn aber klar formulieren. Oft führt es nämlich zu Konflikten, wenn wir nicht genau sagen, was wir wollen, und stattdessen erwarten, dass unser Gegenüber von selbst darauf kommt. Kann oder will es uns das, was wir brauchen, gerade nicht geben, müssen wir aber nicht hilflos mit unserer Not zurückbleiben. Wir dürfen als Nächstes nach einer guten Alternative Ausschau halten, etwa die Schwester anrufen. Ist gerade keine Vertraute erreichbar, gilt es zu überlegen, wie wir unser Bedürfnis in diesem Moment selbst stillen könnten – vielleicht mit einem warmen Bad oder einer tröstlichen Lektüre. Ein Partner oder eine Partnerin ist also nicht dafür zuständig, stets unsere Bedürfnisse zu erfüllen. Nur wenn er oder sie *nie* darauf eingeht, sollten wir uns fragen, ob diese beiden Leben noch zusammenpassen.

Wir können unser Leben gestalten und in vielen Fällen einmal getroffene Entscheidungen wieder umkehren. Wir dürfen zu neuen Ufern aufbrechen, wenn wir uns sattgesehen haben, und gehen, wenn wir unglücklich sind. Ob es um Beziehungen geht oder die Karriere: Wir sollten uns erlauben, unserem Herzen zu folgen und den Kurs wenn nötig zu ändern. So verschwand die Depression einer jungen Patientin, nachdem sie ihr vielversprechendes Studium abgebrochen hatte, das ihr eine prestigeträchtige und hervorragend bezahlte Arbeit in Aussicht gestellt hätte, ihr aber eigentlich überhaupt nicht gefiel. Ihr Glück fand sie stattdessen in einer Lehre zur Goldschmiedin.

Tipp Stellen Sie sich über einen längeren Zeitraum am Handy einen Alarm für jeweils unterschiedliche Uhrzeiten am Tag. Wenn das Klingeln ertönt, notieren Sie jedes Mal, wie Sie sich fühlen und was Sie gerade tun. Womöglich zeigt sich am Ende ein überraschendes Muster und Sie haben eine klarere Idee davon, womit Sie im Alltag mehr Zeit verbringen wollen. Vielleicht stellen Sie fest, dass Ihnen im Job vor allem die kreativen Aufgaben Spaß machen und dass Sie gern mehr davon übernehmen möchten. Oder Sie sehen, dass Sie sich immer dann am wohlsten fühlen, wenn Sie mal einen Abend ganz für sich haben, und richten sich mehr Me-Time ein.

Eigenverantwortung übernehmen heißt aber nicht immer ändern, sondern manchmal auch so lassen – dann aber bewusst. Dann arrangieren wir uns vielleicht damit, dass wir beruflich nicht ganz zufrieden sind, lassen uns aber unser Leben nicht davon verderben, sondern genießen unsere Freizeit in vollen Zügen. Wenn wir uns zugestehen, wir selbst zu sein, kennen wir uns mit jedem Jahr besser und haben immer mehr die Chance, authentisch zu leben: Nein zu sagen zu dem, was uns missfällt, und Ja zu dem, was uns wirklich guttut. Die Differentielle Psychologie, die sich mit den Unterschieden zwischen Menschen befasst, hält dazu einen spannenden Befund bereit: Im Laufe des Lebens kommen unsere Gene immer stärker zum Tragen. Die meisten verhalten sich also mit der Zeit mehr und mehr entsprechend ihren Erbanlagen. Der Grund: Als Kind bestimmen größtenteils andere über uns. Eltern geben vor, wie unser Tag aussieht, Lehrer, womit wir uns befassen. Nach und nach aber erhöhen sich die Freiheitsgrade. Sobald wir erwachsen sind, entscheiden wir endlich selbst, wie wir leben wollen – schön ordentlich oder im kreativen Chaos, ruhig und zurückgezogen oder inmitten von buntem Treiben. Wer über praktisches Geschick verfügt, kann sich in einem handwerklichen Beruf ausleben, wer am liebsten über Abstraktes nachdenkt, schlägt eine wissenschaftliche Laufbahn ein. In den Umwelten, die wir frei wählen, verfestigen sich unsere ureigenen Neigungen und Talente. Und so werden wir – wenn wir uns die Freiheit nehmen – immer mehr, wer wir sind.

# 52

# WIE HALTE ICH VERÄNDERUNG STAND?

Veränderung fällt den meisten schwer, denn sie bedeutet immer auch loslassen: Menschen, Orte, Gewohnheiten und Gewissheiten. Über allem prangt die Frage: »Was kommt jetzt?« Manchmal ist uns selbst ein vertrautes Übel lieber als das Unbekannte – wer weiß, ob es nicht noch schlimmer wird. Dabei sind es nicht nur unfreiwillige Veränderungen, die uns zusetzen, auch selbst gewählte bedeuten Stress. So bekommen wir bei einem Schritt in fremdes Gefilde oft Angst vor der eigenen Courage, etwa vor der Hochzeit oder dem Antritt des lang ersehnten Traumjobs in einer neuen Stadt. In Phasen großer Umwälzungen kommen wir nun mal leicht ins Schleudern. Sie sind, so könnte man sagen, die Sollbruchstellen des Lebens.

Zu den bedeutendsten Einschnitten gehört der Eintritt in eine neue Lebensphase, etwa das Verlassen des Elternhauses, um als junger Mensch sich selbst und die Welt zu entdecken. Auch die Zeit der Familiengründung zählt dazu – ebenso wie die Zeit, wenn die Kinder langsam flügge werden. Der Ruhestand bringt zwar Freiraum mit sich, oft aber auch ungewohnte Leere. Man muss sich neu ordnen, Dinge finden, mit denen man die Tage von nun an füllen möchte, und auch die Beziehung zum Partner oder zur Partnerin neu verhandeln, jetzt, da man viel mehr Zeit zu Hause verbringt als früher. Im hohen Alter schließlich gilt es, die Veränderungen des Körpers zu akzeptieren, langjährige Weggefährten zu verabschieden sowie Hilfe und Fürsorge anzunehmen, also vom Geben auf Empfangen umzuschalten. Die letzte große Umstellung, mit der viele zu kämpfen haben, ist der Umzug ins Seniorenheim, denn mit ihm verbunden ist die Gewissheit, nun endgültig sein vertrautes Leben zurückgelassen zu haben.

Über die gesamte Lebensspanne begegnet uns Veränderung, ob in Gestalt eines Wohnort- oder Jobwechsels, des Willkommenheißens oder Abschiednehmens. Manchmal irritiert uns sogar schon eine neue Wandfarbe oder der hippe Coffeeshop, dem unser Lieblingsbistro weichen musste. Der Mensch ist nun mal von Natur aus ein Gewohnheitstier. Das zeigt sich besonders eindrücklich in einem psychologischen Phänomen namens »Mere-Exposure-Effekt«: Wenn wir mit einem bestimmten Reiz mehrmals konfrontiert werden, mögen wir ihn mit der Zeit immer lieber, wie Studien belegen. Je öfter wir zum Beispiel einen Song im Radio hören, desto besser gefällt er uns, je häufiger wir jemanden treffen, desto eher finden wir ihn schön. Auch deshalb werden wir mit Neuem nicht direkt warm – das Alte hat einen beträchtlichen Heimvorteil.

Ohne das gewohnte Umfeld fehlt die beruhigende Stabilität. Auf einmal scheint alles fremd. Viele hadern mit der neuen Situation, zaudern vor notwendigen Entscheidungen, liegen nachts wach und gehen tagsüber unruhig auf und ab. Manche rutschen zum ersten Mal in eine Depression, bei anderen reißt es alte Wunden auf. Sind wir schwierigen Veränderungen ausgesetzt, dominieren zwei Gefühle: Angst (vor dem Ungewissen) und Trauer (um das Verlorene). Ein Blick in die Ideengeschichte des Abendlands liefert Anhaltspunkte, wie wir Veränderungen mit etwas mehr Gelassenheit begegnen können.

Berühmt für ihre Standfestigkeit in den Stürmen des Lebens sind die Stoiker, die Anhänger einer antiken Denkschule, die um 300 v. Chr. in Athen entstand.

Doch worin genau besteht die stoische Lebensphilosophie? Aus welcher Quelle speist sich der unerschütterliche Gleichmut? Für den Stoiker ist alles nur geliehen. Ihm ist stets bewusst, dass wir das, was uns lieb und teuer ist, eines Tages zurückgeben müssen. Der ständige Kreislauf aus Werden und Vergehen ist für ihn unumstößlich. Ein Leben in der Gewissheit, dass nichts für die Ewigkeit bestimmt ist, dass jedes Kapitel im nächsten Moment enden kann, klingt deprimierend. Die Stoiker aber sehen darin eine Bereicherung. Wenn wir uns im Klaren darüber sind, dass etwas oder jemand nicht für immer da sein wird, nutzen wir die Zeit mit ihm viel intensiver. Der mitgedachte Verlust kann tiefe Dankbarkeit für das wecken, was wir gerade in Händen halten.

Stellen Sie sich vor, Sie machen beim Frühstück eine ungelenke Bewegung und Ihre Lieblingstasse zerbricht. Sicher sind Sie jetzt traurig, schließlich haben Sie etwas Wertvolles verloren. Diese menschliche Regung ist nur allzu verständlich. Der Stoizismus bietet uns an diesem Punkt eine Alternative an. Die Stoikerin würde angesichts des Missgeschicks am Frühstückstisch gefasst sagen: »natürlich«, denn sie wusste von Anfang an, dass die Tasse nicht für immer da sein würde, dass sie sie nicht wirklich besitzt, sondern sich nur vorübergehend daran erfreuen darf. Der Verlust einer Tasse lässt sich noch gut verschmerzen, die Anhängerinnen und Anhänger der Stoa aber wenden dieses Prinzip auch bei wichtigeren Dingen des Lebens an: dem Verlust der Arbeitsstelle oder der Wohnung zum Beispiel. Eine solche Haltung hilft, sich mit dem Wandel anzufreunden und das Schicksal gleichmütig anzunehmen. Das klingt fatalistischer, als es ist, denn es liegt in unserer Hand, wie wir mit den Dingen, die sich nicht ändern lassen, umgehen.

Diese Ansicht teilte auch der US-amerikanische Theologe Reinhold Niebuhr (1892–1971), der sie in seinem bekannten Gelassenheitsgebet zu Papier brachte: »Gib mir die Gelassenheit, Dinge hinzunehmen, die ich nicht ändern kann, den Mut, Dinge zu ändern, die ich ändern kann, und die Weisheit, das eine vom anderen zu unterscheiden.« Wenn sich eine Veränderung nicht nur anfänglich, sondern auch nach einer Weile noch eindeutig schlecht für uns anfühlt, sollten wir demnach versuchen, etwas an unserer Lage zu ändern, zum Beispiel den vermeintlichen Traumjob wieder kündigen oder an einen Ort, an dem wir glücklicher waren, zurückkehren. Man hat im Leben stets das Recht, sich umzuentscheiden. Und wenn die Veränderung unumkehrbar ist, bleibt uns immer noch die Option zu überlegen, was wir trotz allem tun können, um uns besser zu fühlen und uns bestmöglich mit den Gegebenheiten zu arrangieren. Der Mere-Exposure-Effekt, der uns mit der Zeit auch Neues ans Herz wachsen lässt, spielt uns dabei in die Karten. Leichter wird es, wenn wir unsere Sicht auf die Dinge überdenken, uns die positiven Seiten der neuen Situation vor Augen führen und unsere Aufmerksamkeit bewusst dorthin lenken. Manchmal nützt es, die guten Dinge einmal aufzuschreiben. Ein Mensch, der mit seinem Einzug ins Seniorenheim hadert, kann seine Trauer um das gewohnte Leben anerkennen und sich trotzdem sagen: »Ich muss mir nun keine Sorgen mehr machen, dass mich niemand findet, wenn ich gefallen bin«, »Die Hausarbeit, die ich längst nicht mehr schaffe, wird mir jetzt abgenommen« oder »Hier bin ich endlich nicht mehr den ganzen Tag allein«.

Während der Stoizismus uns dazu aufruft, unser eigener Fels in der Brandung zu sein, bedient sich die fernöstliche Weisheitslehre in diesem Fall eines anderen Bildes. Sei wie das Wasser, das mühelos in jedes Behältnis fließt, das ihm geboten wird, heißt es in einer Spielart des japanischen Buddhismus. Das Wasser steht dabei bildhaft für das Talent eines Menschen, sich geschmeidig an neue Umstände anzupassen. Im Roman ›Die Geisha‹ von Arthur Golden taucht dieses Motiv auf. Während ihre Schwester dem Baum ähnelt, fest und starr verwurzelt, ist die Protagonistin Chiyo, die als Kind ihrem Zuhause entrissen wird und sich fortan in einer widrigen Umgebung zurechtfinden muss, wie Wasser – beweglich und flexibel: »Wasser wartet nicht. Es verändert seine Form, fließt um Hindernisse herum und findet die geheimen Pfade, an die sonst niemand denkt: das winzige Loch im Dach oder im Boden einer Kiste.«

Ein bisschen von Chiyos wertvoller Gabe zur Anpassung tragen wir alle in uns. Große Bevölkerungsstudien, die das seelische Wohlbefinden von Menschen über Jahre hinweg erheben, zeigen, dass sich die Mehrheit von einer einschneidenden Veränderung wieder erholt, etwa von einer Scheidung, einem ungewollten Umzug oder dem Eintritt in den Ruhestand. Nach einer schwierigen Phase, die Wochen, aber manchmal auch Jahre dauern kann, ordnen wir uns neu, richten uns ein und kehren vielfach zu unserem ursprünglichen Glücksniveau zurück. Jetzt aber mit dem Wissen, dass wir nicht wie eine empfindliche Orchidee nur unter ganz bestimmten Bedingungen gedeihen, sondern wie der Löwenzahn überall nährende Dinge finden, uns einen Platz erobern können, wachsen und uns immer wieder zur Sonne drehen.

### Übung — Innerer sicherer Ort

So sehr im Außen auch alles im Fluss ist, in Ihrem Inneren können Sie einen Ort erschaffen, der Bestand hat. Machen Sie es sich dafür bequem, schließen Sie die Augen und atmen Sie tief ein und aus. Stellen Sie sich nun einen Ort vor, an dem Sie sich sicher fühlen. Das kann zum Beispiel ein schönes Zimmer sein oder ein Platz in der Natur. Sie dürfen eine Erinnerung heranziehen oder mit Ihrer Fantasie etwas Neues kreieren. Ein verwunschenes Schloss, ein tropischer Strand, das gemütliche Café aus Ihrer Lieblingsserie: Alles, was Ihnen Geborgenheit vermittelt, ist erlaubt. Wenn Sie den Ort vor Ihrem inneren Auge erkennen können, schmücken Sie ihn noch weiter aus – je detailreicher, desto besser. Wie hört er sich an? Wie riecht er? Wie fühlen sich die kühlen Mauern an, wenn Sie durch Ihr Schloss streifen? Spüren Sie die Sonne auf Ihrer Haut? Sinken Sie bequem in die Polster des Sessels ein, während ein heißes Getränk Ihre Hände wärmt? Verweilen Sie dort, so lange Sie möchten. Sobald Sie bereit sind, lenken Sie Ihre Aufmerksamkeit wieder ins Hier und Jetzt und öffnen Ihre Augen. Am besten erbauen Sie den Rückzugsort in Ihrem Inneren schon in ruhigen Zeiten, damit er in turbulenten Phasen felsenfest steht und Sie ihn jederzeit betreten können, wenn Sie ihn brauchen.

# 53
# LÄSST SICH DAS GLÜCK FESTHALTEN?

Manchmal kommt das Glück leise daher. Zum Beispiel auf einem Spaziergang an einem wolkenlosen Tag. Der Himmel ist so blau, dass man kaum hinsehen kann, die Sonne kitzelt nach einem langen Winter endlich wieder das Gesicht und der Rest des Nachmittags ist frei von jeglichen Verpflichtungen. Das laute Glück von Euphorie bis Ekstase erleben wir häufig zusammen mit anderen: wenn wir während der Zugabe der Band in der Menge baden, in der Achterbahn um die Kurve sausen oder auf einem Fest tanzen, bei dem einfach alles passt – die Stimmung, die Leute, der Bass. Auch die Liebe setzt oft mit einem Paukenschlag ein. Mit einem Mal scheint alles möglich, plötzlich ist das Leben leicht, als würde man ein Stückchen über dem Boden schweben – ein Gefühl wie nach einem schönen Traum, geradezu berauschend. Aber leider auch flüchtig.

Klar, dass wir dieses Gefühl gerne so lang wie möglich verspüren würden oder auch immer wieder aufs Neue. Inzwischen ist jedoch belegt, dass die Jagd nach dem Glück es eher vertreibt. Und wer sich verbissen daran klammert, dem entwischt es. Psychologen der Melbourne University fanden 2021 den Grund dafür. Menschen, die Glücklichsein als oberstes Ziel angaben, tendierten stärker als andere dazu, ihre Gefühlslage ständig im Auge zu behalten, und setzten sich in dem Bestreben, möglichst nie traurig, ängstlich, nervös, neidisch oder wütend zu sein, selbst unter Druck. Indem sie einen Teil der emotionalen Bandbreite, die zu einem erfüllten Leben dazugehört, ablehnten und sich jedes Mal verurteilten, wenn sie ihrem Anspruch nicht gerecht wurden, erreichten sie das Gegenteil. Unangenehme Gefühle, denen wir keinen Raum geben, dehnen sich nämlich umso stärker aus und verdrängen das Glück dann erst recht.

Was also tun, um in Hochstimmung zu kommen? Zugegeben, die lauten Glücksmomente lassen sich schlecht erzwingen. An den meisten Tagen gewinnen wir weder im Lotto noch verlieben wir uns neu. Das leise Glück aber kann sehr wohl zum verlässlichen Begleiter werden – wenn wir den Blick für die guten Seiten des Lebens schärfen. Im Alltag sind wir oft gehetzt, abgelenkt und mit den Gedanken schon beim nächsten Termin. Zwischen Steuererklärung und Feierabendverkehr bemerken wir gar nicht, was die Welt an Schönem zu bieten hat. Das Farbenspiel am Abendhimmel nehmen wir nur kurz zur Kenntnis, an besonderen Augenblicken rauschen wir vorbei wie im Schnellzug. Dagegen hilft, sich immer mal wieder umzusehen und bewusst im Hier und Jetzt zu verankern (siehe »Wie bleibe ich im Moment?«). Oder auch ab und an das Tempo zu drosseln, etwa um den Sonnenuntergang so gespannt zu betrachten, als sähe man ihn zum ersten Mal.

Unser Gehirn macht es uns dabei nicht leicht. Es verfügt nämlich statt eines besonderen Sensors für Schönheit über einen empfindlichen Problemdetektor. Psychologinnen sprechen vom »Negativitätsbias«: Der Mensch neigt stets dazu, Negatives höher zu gewichten als Positives. Hinweise auf Schwierigkeiten springen uns schneller ins Auge als Zeichen, dass alles rundläuft, schlechte Nachrichten und unangenehme Erlebnisse beschäftigen uns stärker als gute. Das Wetter war zwar toll und im Briefkasten lag Post von einer alten Freundin, am Abend schwirrt uns aber viel eher im Kopf herum, dass das Benzin teurer geworden ist und die Chefin heute Morgen seltsam kurz angebunden war. Auch das kennt jeder: Eine beiläufige Kritik kann uns nächtelang wachhalten, während wir uns über ein Lob nur kurz freuen. Entwicklungsgeschichtlich ist der Negativitätsbias sinnvoll, denn Unheil und Gefahr wahr- und ernstzunehmen, entscheidet im Zweifelsfall über Leben und Tod. Unserem seelischen Wohlbefinden ist das eingebaute Vergrößerungsglas für Schlechtes jedoch mehr als abträglich.

Wir können dem Negativitätsbias etwas entgegensetzen, indem wir uns bewusst auf die Suche nach Positivem machen. Weil wir uns instinktiv eher auf das Gegenteil fokussieren, erfordert das anfangs etwas Mühe. Unser Blick für das Schöne lässt sich aber wie ein Muskel trainieren, sodass es nach und nach immer leichter wird und wir irgendwann ganz automatisch überall Gutes entdecken. Wer mag, kann regelmäßig am Abend nach drei positiven Dingen fahnden und sie notieren: In welchem Moment war alles in Ordnung? Was würde ich vermissen, hätte es heute gefehlt? Vielleicht eine kühle Dusche, ein warmes Bad, ein gutes Essen, der Mittagsschlaf, die nette Nachricht eines Freundes, das Eichhörnchen, das über die Fensterbank gehuscht ist, oder die bunten Farben des Herbstlaubs, die – als wäre es Absicht – für das graue Wetter entschädigen?

Den Sinn für das Schöne bewusst zu kultivieren ist eine effektive Strategie, das eigene Glück langfristig und nachhaltig zu steigern. Noch größer ist die Wirkung, wenn wir uns auf eine besondere Form der Wertschätzung einlassen: die Dankbarkeit. Dankbar sein bedeutet nicht nur, das Gute in der Welt wahrzunehmen, sondern auch anzuerkennen, dass wir Empfänger von Gutem sind, das wir nicht selbst geschaffen haben. Wer dankbar für etwas ist, nimmt es freudig entgegen. Er erkennt, dass es Menschen gibt, die es gut mit ihm meinen, vielleicht sogar gute Mächte, die ihn tragen, und fühlt sich aufgehoben und beschenkt. Um dankbar zu sein, muss man kein perfektes Leben haben. Untersuchungen an einer Vielzahl von Menschen haben ergeben, dass Dankbarkeit nicht die Folge besserer Lebensumstände ist, sondern vielmehr die Ursache für Glück und Zufriedenheit. Anders gesagt: Nicht wer glücklich ist, ist dankbar, sondern wer dankbar ist, ist glücklich. Eine dankbare Haltung ist wie eine Brille, durch die kleine Freuden erst erkennbar werden – und große noch größer. Durch die Dankbarkeitsbrille sehen wir scheinbar Selbstverständliches wieder als Geschenk: dass die Sonne scheint, dass wir jemanden haben, dem wir wichtig sind, dass unsere Beine uns verlässlich durch die Welt tragen und dass wir heute Morgen aufgewacht sind und ein neuer Tag voller Chancen und Verheißungen vor uns liegt.

Dankbarkeit weckt angenehme Gefühle, fördert erfüllende Beziehungen und hält Körper und Seele gesund. Das zeigen immer mehr Studien. Dabei hat die Psychologie die Dankbarkeit erst um die Jahrtausendwende als Forschungsgegenstand entdeckt. Alles begann mit der Geburt einer neuen Strömung innerhalb des Fachs: der Positiven Psychologie. 1997 wurde der US-Amerikaner Martin Seligman zum Präsidenten der Amerikanischen Psychologenvereinigung gewählt. Zwei Jahre später hielt er einen aufsehenerregenden Vortrag, in dem er dafür plädierte, dass sich die Psychologie statt vor allem mit den Defekten der Seele mehr mit deren hellen Seiten befassen sollte. Seligman entwickelte das Konzept der Positiven Psychologie weiter und analysierte dafür neben den heiligen Schriften der Weltreligionen zentrale Werke der Philosophie. Dabei kristallisierten sich sechs Tugenden für ein gutes Leben heraus: Weisheit, Mut, Menschlichkeit, Gerechtigkeit, Mäßigung und Transzendenz. Zu Letzterer gehört laut Seligman essenziell die Dankbarkeit. Deren Förderung ist inzwischen fester Bestandteil positiv-psychologischer Glückstrainings.

Forschende der Leuphana Universität Lüneburg wollten wissen, ob Dankbarkeit auch jene glücklicher macht, denen es gerade nicht so gut geht. Sie untersuchten 2019 deshalb den Nutzen einer Dankbarkeits-App für Menschen mit seelischen Problemen. In einem fünfwöchigen Onlineprogramm trainierten die Teilnehmenden, positive Erlebnisse bewusst wahrzunehmen. Sie notierten regelmäßig schöne Erfahrungen und hielten besonders glückliche Momente auf einem Foto fest. Jeden Abend sollten sie sich noch einmal ganz auf das Gefühl der Dankbarkeit einlassen, indem sie die Einträge erneut lasen und die Bilder betrachteten. Zudem konnten sie diese, wenn sie wollten, an Freunde und die Familie schicken, um sich bei ihnen zu bedanken oder einfach die Höhepunkte ihres Tages mit ihnen zu teilen. Im Vergleich zu einer Gruppe, die zunächst kein Training erhielt, reduzierten sich bei ihnen die Ängste und Verstimmungen durch das Dankbarkeitsprogramm merklich. Selbst ein halbes Jahr später war der Effekt noch messbar. Mit Dankbarkeit gelingt es uns also besonders wirkungsvoll, negative Denkmuster zu durchbrechen und stattdessen den Blick für das Gute zu schulen.

### Übung — Der Dankesbrief

Einer Redewendung zufolge ist jeder seines eigenen Glückes Schmied, dabei gibt es in unserem Leben immer ein paar Menschen, die maßgeblich zu unserem Erfolg beigetragen haben. Wer hat Sie nachhaltig geprägt, im entscheidenden Moment an Sie geglaubt oder Sie aufgerichtet, als Sie am Boden lagen? Oft versäumen wir, unsere Wertschätzung anderen gegenüber auszudrücken, oder bedanken uns so beiläufig, dass es beim Gegenüber nicht wirklich ankommt. Denken Sie einmal über Ihr bisheriges Leben und über die Chancen und Glücksfälle nach, die Ihnen darin zuteilwurden. Welche Menschen – Eltern, Lehrerinnen, Freunde, Kolleginnen oder Therapeuten – haben Ihnen den Weg geebnet oder den Rücken gestärkt? Wirkt die gute Tat vielleicht noch bis heute nach? Wählen Sie eine Person aus, der Sie schon lange einmal danke sagen wollten. Schreiben Sie ihr einen Brief, in dem Sie erklären, was sie für Sie getan hat und wie das Ihr Leben letztendlich zum Besseren gewendet hat. Allein beim Schreiben des Briefs macht sich wahrscheinlich schon ein warmes Gefühl der Dankbarkeit in Ihnen breit. Und wenn Sie sich trauen: Schicken Sie ihn ab. In einer 2018 erschienenen Studie fühlten sich Menschen nach dem Versenden ihrer Dankesnachricht deutlich beschwingt und unterschätzten sogar die Freude des Empfängers.

Manchmal jedoch, vielleicht sogar schon mitten im Überschwang, sind Momente des Glücks auch bittersüß. Dann befällt uns die Angst, dass dieser Augenblick sich womöglich durch nichts mehr übertreffen lässt und die schönste Zeit damit bald schon hinter uns liegt. »Die menschliche Zeit dreht sich nicht im Kreis, sie verläuft auf einer Geraden«, heißt es bei Milan Kundera in ›Die unerträgliche Leichtigkeit des Seins‹. Er beschreibt damit treffend ein unumstößliches Gesetz des Lebens: Vergangenes bleibt für immer vergangen. Doch auch wenn wir nicht zurückreisen können, zurückblicken können wir allemal. Viel zu oft missachten wir nämlich den Reichtum unserer Erinnerungen. Die schönsten Erlebnisse unseres bisherigen Lebens sind in unserem Gedächtnis konserviert, niemand kann sie uns nehmen. Sie liegen zwar hinter uns, sind aber nicht weniger wert als das zukünftige Glück, dem wir oft so verzweifelt entgegenfiebern.

Gott sei Dank sind glückliche Tage besonders detailliert ins Gedächtnis eingeschrieben. Wir müssen nur den richtigen Zugang zu ihnen finden. Den Schlüssel, um die Schatzkiste zu öffnen, bilden zum Beispiel Düfte (das Parfum aus unserer Jugend), Lieder (das Album, das wir in diesem einen Urlaub rauf und runter gehört haben) oder Fotos. Wenn wir uns über solche Hilfsmittel bestimmte Szenen vergegenwärtigen, können wir damit auch die schönen Gefühle von damals wachrufen – nicht ganz so klar und stark wie seinerzeit, aber doch deutlich spürbar. Um vergessene Glücksmomente hervorzuholen, können außerdem ein paar Fragen helfen: Wenn ich einem Freund einen Tag aus meinem Leben zeigen könnte wie auf einer Kinoleinwand – welcher wäre es? Wann habe ich mich das letzte Mal richtig frei gefühlt? Was war mein schönstes Geburtstagsgeschenk? Wenn alle, die ich je getroffen habe, in einem Raum versammelt wären: Nach wem würde ich als Erstes Ausschau halten? Bei welcher Gelegenheit habe ich jemanden, der heute eine wichtige Rolle in meinem Leben spielt, kennengelernt? Was war bisher mein tollstes Erlebnis, mit dem ich überhaupt nicht gerechnet hatte? Auch mit anderen zusammen in Erinnerungen zu schwelgen, kann vergangenes Glück reaktivieren, die Verbindung stärken und sogar der Anstoß für neue gemeinsame Pläne sein. Wenn wir dann noch die Zuversicht entwickeln, dass weitere Höhenflüge auf uns warten, die wir uns noch gar nicht vorstellen können, lassen sich auch trübere Zeiten gut überstehen.

54

# BRAUCHT ES EINEN LEBENSSINN?

Tag für Tag zieht Jadav Payeng los, gräbt ein Loch in den trockenen Boden, setzt ein Pflänzchen hinein und drückt die sandige Erde fest. Als Jugendlicher hatte er gesehen, wie Tiere in der sengenden Hitze seiner Heimat im Nordosten Indiens verdursteten. Die voranschreitende Rodung ließ immer weniger schattenspendende Bäume übrig. Dagegen wollte er etwas tun. Payeng begann mit zwanzig Bambuspflanzen und hörte nie wieder auf. Setzling für Setzling verwandelte er so über mehr als dreißig Jahre eine Sandbank in einen dichten Wald, größer als der New Yorker Central Park. Heute leben dort Panzernashörner, bengalische Tiger, Rehe und seltene Vögel. Ein paar Monate im Jahr macht auch eine Elefantenherde zwischen den Roten Seidenwollbäumen, Kirschpflaumen und Flammenblumen Rast.

Nicht jeder weiß so genau wie Jadav Payeng, wofür er kämpft. Und doch ist es für viele Menschen wichtig, in ihrem Dasein einen Sinn zu erkennen. Eine Fülle von Studien belegt: Wer sein Leben als bedeutsam empfindet, ist zufriedener, psychisch gesünder und besser gegen Stress gewappnet. Immer klarer zeigt sich, dass Sinn nachhaltiger wirkt als Vergnügen. Er stützt die Seele gerade dann, wenn das Glück auf wackeligen Beinen steht. Häufig stellt sich die Frage nach dem Sinn nämlich erstmals in Phasen, in denen es uns nicht so gut geht. Dann aber dient er als Motor, trotz aller Widrigkeiten weiterzumachen: Wer ein *warum* hat, der erträgt fast jedes *wie.* Davon war auch der österreichische Psychiater und Holocaust-Überlebende Viktor Frankl (1905–1997) überzeugt. Er hielt das Streben nach Sinn für die eigentliche Triebfeder des Menschen und entwickelte daraus die »Logotherapie«, eine besondere Form der Psychotherapie, bei der der Patient Visionen für ein sinnerfülltes Leben entwerfen soll.

Das Wort Sinn stammt vom indogermanischen »sent-«, was so viel bedeutet wie »einer Fährte folgen«. Auf eine einfache Formel gebracht, erscheint uns unser Leben dann als sinnvoll, wenn wir Ziele verfolgen, die mit unseren Werten im Einklang stehen. Forschende des »Existential Psychology Lab« der Universität Innsbruck wollten es noch genauer wissen. Im Rahmen ihrer Untersuchungen entdeckten sie schließlich fünf verschiedene Dimensionen des Lebenssinns. Eine davon tauften sie *Ordnung*. Gemeint ist damit die Wertschätzung für Vernunft und Bodenständigkeit, ein klarer moralischer Kompass, das Wissen darüber, was uns im Leben wichtig ist, sowie die Kraft, Entscheidungen mit Bedacht zu treffen und einen einmal gefassten Plan konsequent zu verfolgen.

Eine zweite Zutat des Lebenssinns ist die *Selbstverwirklichung*. Hier geht es darum, sein individuelles Potenzial als Mensch zu erkennen und zu entfalten. Die eigenen Stärken kann man nicht nur im Beruf zum Einsatz bringen und vervollkommnen, sondern auch in der Freizeit – ob man für einen Marathon trainiert, in der Küche neue Gerichte ausprobiert, sich in ein Thema einliest, mit anderen philosophische Fragen diskutiert oder eine Sprache lernt. Auch schädliche Verhaltensmuster abzulegen, an Krisen zu wachsen und sich so als Mensch weiterzuentwickeln, zahlt demnach auf das Sinnkonto ein.

Eine weitere Dimension nannten die Forschenden *Wir- und Wohlgefühl*, eine gelungene Balance zwischen Zeit für sich und Zeit für andere. Die stellt sich ein, wenn wir uns selbst Ruhe und Genuss gönnen, aber auch die Gemeinschaft mit anderen wertschätzen und zelebrieren. Dazu gehört zum Beispiel, Menschen, die uns wichtig sind, ohne Anlass kleine Geschenke zu machen, Überraschungen für sie zu planen oder Feste auszurichten, bei denen alle zusammenkommen. Es sich gemeinsam schön zu machen, mit Liebe zum Detail eine angenehme Atmosphäre für alle zu schaffen – mit gutem Essen und guter Musik –, ist ein sinnstiftendes Unterfangen. Auch deshalb ist es Bestandteil aller Kulturen, zentrale Stationen des Jahres wie Feier- und Geburtstage, als Gruppe zu begehen. Tatsächlich zählen erfüllende Beziehungen zu den wichtigsten Sinnquellen (siehe »Wie stützt mich mein soziales Netz?«).

Als vierte Dimension machten die Sinnforscher die sogenannte *vertikale Selbsttranszendenz* aus – die Verbundenheit mit etwas, das über das Irdische hinausgeht. Diese Verbundenheit kann sich im Glauben an Gott zeigen, aber auch in anderen Formen der Spiritualität, dem Vertrauen in das Schicksal oder andere höhere Mächte. Bei einer Untersuchung des Sinnerlebens von Menschen aus 132 Nationen, die US-amerikanische Psychologen 2014 publizierten, zeigte sich ein interessanter Zusammenhang: Obwohl die allgemeine Lebenszufriedenheit in ärmeren Ländern geringer war, zweifelten deren Bewohner tendenziell weniger an der Bedeutung ihrer Existenz als Personen aus reichen Industrienationen. Als wichtigsten Grund dafür ermittelten die Psychologen die stärkere Religiosität in Ländern wie Sierra Leone, Laos oder Äthiopien verglichen mit Österreich, Belgien oder Japan. Mit wachsendem Wohlstand nimmt in der Regel die Religiosität einer Gesellschaft ab. Die damit versiegende Quelle des Lebenssinns könnte nach Meinung der Autoren der Studie erklären, warum die Suizidrate in reichen Ländern oft höher ist als in ärmeren. Die Innsbrucker Sinnforscherinnen und -forscher gehen jedoch davon aus, dass sich die vertikale Selbsttranszendenz auch dann fördern lässt, wenn man sich nicht mit einem bestimmten Glauben identifiziert, etwa indem man sich mit verschiedenen religiösen Weltanschauungen vertraut macht oder sich ganz persönliche Rituale der Besinnung schafft.

Die Forschenden entdeckten aber auch eine Dimension des Lebenssinns, die noch mächtiger ist als der Glaube an etwas Größeres: die *horizontale Selbsttranszendenz*, das Engagement für etwas, das über uns selbst hinausgeht. Bei dieser wichtigsten Facette des

Lebenssinns geht es darum, sich großmütig für etwas einzusetzen – zum Beispiel für andere Menschen oder die Zukunft unseres Planeten. Jadav Payeng fand dieses »etwas« in der Flora und Fauna seiner Heimat. Doch wir müssen nicht im Alleingang einen Wald pflanzen, um Sinn in unserem Leben zu spüren. Wir können uns auch dafür starkmachen, dass unsere Stadt lebenswerter wird, lokale Initiativen gründen, ehrenamtlich bei der Tafel oder im Tierheim mithelfen oder im Alltag für Gerechtigkeit einstehen.

Am besten ist es, wenn sich der Sinn unseres Daseins aus mehreren dieser fünf Bereiche speist – genauer: aus mindestens drei. Dann verfügt unser Leben über ein festes existenzielles Fundament, das uns zu jeder Zeit Stabilität bietet. Wer sich bereits sozial engagiert, könnte zum Beispiel zusätzlich seiner spirituellen Seite nachspüren. Wer schon viel Zeit mit Freunden und Familie verbringt, könnte überlegen, welche verborgenen Talente noch in ihm schlummern. Und wer bisher vor allem auf Selbstverwirklichung gesetzt, seine Karriere vorangetrieben und in der Freizeit sportliche Ziele verfolgt hat, könnte sich Gedanken darüber machen, wie er daneben auch anderen etwas Gutes tun kann.

Auch wenn es das Leben gerade nicht gut mit uns meint, wenn wir uns verloren vorkommen oder bedrückt sind, nützt es manchmal zu fragen: Was kann ich für jemand anderen tun? Wie kann ich die Welt ein Stückchen besser hinterlassen, als ich sie vorgefunden habe? Egal, ob wir Freunde in schwierigen Phasen unterstützen oder Fremden durch Spenden oder direktes Anpacken beistehen – Altruismus beflügelt. Anderen zu helfen tut der eigenen Seele erwiesenermaßen so gut, dass sich manche Psychologen sogar fragen, ob soziales Handeln je völlig selbstlos sein kann. Den Blick ab und an vom eigenen Leid zu lösen, nicht permanent um sich selbst zu kreisen, ist nicht nur extrem wohltuend, es gilt sogar als wichtiger Entwicklungsschritt auf dem Weg zum reifen Erwachsenen.

Der deutsch-amerikanische Psychoanalytiker Erik Erikson (1902–1994) konstruierte gemeinsam mit seiner Frau Joan Erikson

(1903–1997) ein Stufenmodell der psychosozialen Entwicklung. Die siebte der acht Stufen, die ein Mensch im Laufe seines Lebens im Idealfall erklimmt, tauften die beiden »Generativität«: das Gute in die Zukunft tragen. Vor allem in der Jugend sind die meisten noch viel mit sich selbst beschäftigt. In diesem Lebensabschnitt lautet die Aufgabe, Vertrauen in sich zu gewinnen und seinen ganz eigenen Platz zu finden. Irgendwann aber ist der Moment gekommen, wo wir die Phase der »Selbstabsorption« ein Stück weit hinter uns lassen müssen, um ein wahrhaft erfülltes Leben zu führen. Nun ist es an der Zeit, der Welt etwas zurückzugeben und damit zugleich den eigenen Horizont zu erweitern.

Als eine naheliegende Form der Generativität empfanden es die Eriksons, die eigenen Kinder beim Aufwachsen zu fördern, so wie andere einst uns gefördert haben. Auch wenn das seelische Wohlbefinden von Eltern dank schlafloser Nächte und anderer Strapazen anfangs oft abnimmt, stärkt Elternschaft tatsächlich das Gefühl, das Leben habe einen Sinn. Die Fürsorge für ihre Nachkommen ist für viele ein wichtiger Quell der Bedeutsamkeit – ein Weg, wie sie der Nachwelt etwas Wertvolles hinterlassen können. Doch sie ist längst nicht der einzige.

Unser Tun kann auf vielfältige Weise Spuren hinterlassen. Manche verewigen sich, indem sie etwas erschaffen, das bleibt: eine Technologie, eine Idee oder Kunst, die noch da ist, wenn sie selbst längst Geschichte sind. Aber es geht auch eine Spur kleiner. Eine Lehrerin, die ihr Wissen an nachfolgende Generationen weitergibt, rüstet diese für ihr weiteres Leben. Ein Rentner, der die Dorfjugend im Fußball trainiert, schafft damit einen Zufluchtsort außerhalb des Zuhauses, an den manche sich ihr Leben lang erinnern werden. Eine Gruppe von Studenten, die sich politisch für wirtschaftliches Umdenken einsetzt, sichert vielleicht am Ende die Zukunft des Planeten. Die Antwort auf die Frage, was dem eigenen Leben Sinn verleiht, muss jeder Mensch in sich selbst finden. Sicher ist jedoch, die Suche lohnt sich. Der US-amerikanische Sinnforscher Michael Steger bringt es in einem Vortrag auf den

Punkt: »Unsere Bestimmung ist ein Anker, den wir in die Zukunft auswerfen. Unsere Ziele und Träume halten das Morgen in uns am Leben. Und manchmal, wenn das Heute zu schwer wird, spenden sie uns Trost.«

### Übung — Wertehierarchie

Um mehr Sinn in Ihrem Leben zu finden, sollten Sie sich zunächst klarmachen, welche Werte Ihnen persönlich am Herzen liegen. Denn jeder Mensch gewichtet sie individuell. Bringen Sie folgende Begriffe in eine Rangfolge vom wichtigsten zum unwichtigsten. Wahrscheinlich stellen sich Ihnen dabei Fragen, über die Sie bisher noch nie bewusst nachgedacht haben. Wenn Ihre Liste steht, überlegen Sie: Was könnten Sie tun, um sich selbst beim Wort zu nehmen und mehr im Einklang mit Ihren Idealen zu leben?

- Ehrfurcht vor dem Leben
- Ehrlichkeit
- Freiheit
- Gerechtigkeit
- Hilfsbereitschaft
- Individualität
- Leistung
- Loyalität
- Naturverbundenheit
- Sicherheit
- Toleranz
- Tradition
- Vernunft
- Wohlstand

# 55
# WIE FASST MAN MUT?

Egal, wie stark die Seele ist, kein Leben verläuft ohne Krisen. Immer wieder müssen wir uns nach Stürzen aufrappeln, alte Träume hinter uns lassen und neue Pläne schmieden. Dabei durchleben wir Momente, in denen wir nicht weiterwissen, in denen alle Anstrengungen vergebens zu sein scheinen und wir am liebsten aufgeben würden. Doch wir können uns in eine Welt zurückziehen, in der wir Trost finden und neuen Mut. Die Rede ist von der Welt der Geschichten.

Wir lernen in ihr Figuren kennen, die sind wie wir: Charaktere mit Ängsten und Wünschen, die in innere und äußere Turbulenzen geraten und danach streben, auf den richtigen Kurs zu kommen. Der Drehbuchautor Charlie Kaufman, einer der größten Erzähler unserer Zeit, erklärte in einem Vortrag, was eine wirklich gelungene Story ausmacht. Sie könne einem Menschen auf der anderen Seite der Erde zeigen, dass wir im Kern gar nicht so verschieden sind, dass da eine Verletzlichkeit ist, die wir alle teilen: »Du hilfst diesem Menschen, sich selbst in dir zu erkennen. Und das gibt ihm Hoffnung.« Eine gute Geschichte führt uns vor Augen, dass wir mit unseren Problemen nicht allein auf der Welt sind. Sie zeigt uns, dass man es schaffen kann, sie zu überwinden.

Wie heilsam es ist, im richtigen Augenblick auf die richtige Geschichte zu stoßen, hat auch die Psychotherapie erkannt. »Bibliotherapie« heißt ein Ansatz, bei dem Romane Menschen aus seelischen Tiefs und existenziellen Sackgassen helfen sollen. Dabei wird ein Buch ausgewählt, das zum jeweiligen Lebensthema passt, etwa ›Die Entdeckung der Langsamkeit‹ von Sten Nadolny. Diese Geschichte kann all jenen eine neue Perspektive eröffnen, die sich unterlegen fühlen und den Eindruck haben, mit anderen nicht Schritt halten zu können. Denn der Protagonist John Franklin, der in England zur Zeit der Industriellen Revolution aufwächst, braucht schon als Kind für die meisten Dinge länger als seine Mitschüler. Er rennt und denkt nicht so schnell wie sie und wird deswegen verspottet. Gegen alle Widerstände heuert er als junger Mann auf einem Entdeckungsschiff als Kapitän an. Als es darauf ankommt, stellt sich seine Schwäche als Stärke heraus: Mit seiner besonderen Ruhe und Sorgfalt rettet er der Mannschaft mehrfach das Leben. – Wer die Ketten seiner Vergangenheit ablegen will, findet womöglich in Jane Eyre ein passendes Vorbild, der Hauptfigur im gleichnamigen Roman von Charlotte Brontë. Jane lebt im 19. Jahrhundert als armes Waisenkind bei ihrer grausamen Tante und deren verwöhnten Kindern. Als sie auf ein Internat geschickt wird, erfährt sie dort weitere Demütigungen und Ungerechtigkeiten. Ihr Leben lang kämpft sie um Freiheit und Selbstbestimmung, schafft es aber schließlich, sich von übermächtigen Autoritäten zu befreien. Zuletzt findet sie ihr Glück in einer Liebe auf Augenhöhe. – Doch nicht immer braucht eine Story ein Happy End, um uns zu bewegen: »Ein Buch muss die Axt sein für das gefrorene Meer in uns«, davon war Franz Kafka überzeugt. Es soll seelische Schutzschichten aufbrechen und so die heilsame Auseinandersetzung mit einem verborgenen Schmerz ermöglichen. So löst seine Erzählung ›Die Verwandlung‹, in der ein Mensch über Nacht zum Schädling wird und seiner Familie mehr und mehr zur Last fällt, besonders viel in denen aus, die sich tief in ihrem Inneren nutzlos und ungeliebt fühlen.

Wenn wir um den Protagonisten weinen, weinen wir immer auch ein bisschen um uns selbst. Dadurch lassen wir zuweilen Gefühle an die Oberfläche, die wir im Alltag unterdrücken. Auf diese Weise können Geschichten eine kathartische Wirkung entfalten. Sie helfen uns, wieder mit uns selbst in Kontakt zu kommen und unsere eigene Innenwelt besser zu verstehen, weil sie einen einzigartigen Einblick in das Seelenleben ihrer Figuren erlauben. Über innere Monologe bekommen wir einen direkten Zugang zu deren Gedankengängen und Gefühlsregungen und lernen emotionale Facetten kennen, die wir dann bei uns selbst besser einordnen können. Welche Erzählung den richtigen Nerv trifft, mit welchen Figuren wir uns am stärksten identifizieren, ist natürlich ganz unterschiedlich und nicht immer müssen es alte Klassiker sein. Der eine findet sich vielleicht auf den Seiten von Wolfgang Herrndorfs ›Tschick‹ wieder, die andere in Walter Tevis' ›Das Damengambit‹ oder im japanischen Zeichentrickfilm ›Chihiros Reise ins Zauberland‹.

Warum können uns Geschichten so viel über das Menschsein lehren? Von uralten Mythen bis hin zu modernen Hollywoodmärchen haben die Geschichten, die wir uns gegenseitig erzählen – ob am Lagerfeuer oder auf der Kinoleinwand –, eine gemeinsame Essenz. Fast alle folgen einem narrativen Bauplan, der sich bereits vor Tausenden von Jahren entwickelt hat: der *Heldenreise*. Der Held ist zu Beginn ein Niemand, manchmal gar das schwächste Glied der Kette, so wie Harry Potter, ein unscheinbarer Zehnjähriger, der bei seinen Stiefeltern unter einer Treppe wohnt, oder Luke Skywalker, der auf einem abgelegenen Wüstenplaneten ein bescheidenes Bauernleben führt. Ausgerechnet ein solcher Niemand erhält einen wichtigen Auftrag, für den er sich jedoch gezwungen sieht, seine gewohnte Welt zu verlassen. Der Held muss seinem vertrauten, aber ereignis- oder perspektivlosen Umfeld den Rücken kehren und in gefährliche Gefilde aufbrechen. Dieser *Ruf des Abenteuers* bringt die Geschichte ins Rollen und kann in unterschiedlicher Form ertönen. In ›Star Wars‹ ist es der von R2-D2 überbrachte Hilferuf von Prinzessin Leia, die von den Treibern eines galaktischen Krieges gefangen gehalten wird. In ›Harry Potter‹ erscheint der Halbriese Hagrid als Bote aus dem Reich der Zauberei und in ›Alice im Wunderland‹ führt ein weißes Kaninchen die gelangweilte Heldin an die Schwelle einer unheimlichen

Gegenwelt. Dort angekommen, zögert die heroische Figur zunächst. Genau wie wir fürchtet sie sich vor dem Unbekannten, fühlt sich noch nicht bereit für die Prüfungen, die sie erwarten. Schließlich aber traut sie sich doch. Mal findet sie den Mut dazu aus eigener Kraft, mal braucht sie die Hilfe einer *Mentorin*, die sie mit einer *Gabe* ausstattet, die ihr bei ihrem Abenteuer helfen wird. In ›Der Zauberer von Oz‹ schenkt die gute Hexe Glinda Dorothy ein Paar magischer Schuhe, im ›Star Wars‹-Epos übernimmt diese Rolle Obi-Wan Kenobi, der Luke Skywalker das Lichtschwert überreicht. Der Held übertritt nun die *Schwelle zur neuen Welt*, es gibt kein Zurück mehr. Hier muss er zahlreiche Bewährungsproben bestehen, trifft auf Verbündete und Widersacher. Zwischenzeitlich scheinen die bösen Mächte den Helden zu überwältigen, fast sieht er sich geschlagen. Doch er macht weiter und wächst mit jeder Aufgabe. Am entscheidenden Punkt dringt er zur *tiefsten Höhle* vor und muss sich seinem mächtigsten Gegner stellen, seinem *Schatten*. Oft muss der Held dabei erkennen, dass die dunkle Macht, gegen die er kämpft, ein Teil von ihm ist – Darth Vader entpuppt sich als Lukes Vater. Der Held oder die Heldin bezwingt das Böse und schnappt sich das rettende *Elixier*, die Wunderwaffe und Lösung aller Probleme. Mit der Rettung im Gepäck kehrt der einstige Niemand als Held in seine alte Welt zurück. Die heroische Figur geht gestärkt aus dem Wagnis hervor, ist nun klüger, gütiger und weiser. Der vordergründige Auftrag lautet auf jeder Heldenreise anders: den Drachen töten, Lord Voldemort entmachten, aus Oz heimfinden oder den Todesstern vernichten. Die eigentliche Mission ist jedoch immer Wachstum – die Charakterentwicklung des Helden oder der Heldin vom Underdog zum vollständigen, reifen Menschen, der sich seinen tiefsten Ängsten gestellt hat.

Unbewusst erzählen auch wir uns ständig Geschichten über unser Leben: Ich bin so, die anderen sind so und dieses hat zu jenem geführt. Mit der Story, die wir um uns herum konstruieren, wollen wir bereits Erlebtes erklären und eine Ahnung davon gewinnen, wie es weitergehen könnte: Wo komme ich her? Wer bin ich jetzt? Und was fange ich mit der Zukunft an, die mir noch bleibt? Schlüssige Lebensnarrative geben Halt und stiften Identität, unstimmige halten uns gefangen. Denn für die Wirkung einer Story kommt es immer darauf an, *wie* man sie erzählt – als Tragödie oder Komödie, als unbedeutenden Nebenstrang oder Heldenfahrt.

## Übung — Meine Heldenreise

Gute Geschichten inspirieren. Sie helfen uns, das Leben als Abenteuer zu sehen, an dessen Ende eine Belohnung steht, wenn wir uns voll darauf einlassen. Legen Sie die Schablone der Heldenreise einmal über Ihr eigenes Leben und schauen Sie, was passiert.

- Welche äußeren Widersacher und inneren Dämonen haben Sie in Ihrem Leben schon bezwungen? Welche Herausforderungen haben Sie bisher gemeistert, welche Abenteuer erlebt? Welche davon haben Sie zu einem besseren Menschen gemacht?

- Wer wären Sie als Held oder Heldin zu Beginn Ihrer nächsten großen Geschichte? Welchen Mangel gibt es noch in Ihrer gewohnten Welt? Wo herrscht nur ein scheinbarer Frieden? Welche tiefen Wünsche schlummern unerfüllt in Ihnen? Was ist die eine große Frage in Ihrem Leben? Was macht Ihnen am meisten Angst?

- In welche Unterwelt müssen Sie sich deshalb noch begeben? Welche Mentoren und Kräfte bräuchten Sie, um den Schritt über die Schwelle zu wagen? Welche Gefährtinnen hätten Sie gerne an Ihrer Seite, um die Prüfungen, die Sie dort erwarten, zu bestehen?

- Wer wären Sie, wenn Sie verwandelt von Ihrer Heldenreise zurückkämen? Welche Einsichten und Fähigkeiten hätten Sie dazugewonnen? Mit welchen inneren Anteilen hätten Sie sich versöhnt? Inwiefern wären Sie mehr mit sich im Reinen? Auf welche Art wäre Ihr Leben runder?

Wir alle besitzen die Kraft, der Protagonist unserer eigenen Geschichte zu sein, und haben ein Leben lang die Chance, uns zu entwickeln und an unseren Erfahrungen zu wachsen. Wie jede Heldin erleben wir auf unserem Weg beschwerliche Etappen und krachende Niederlagen. Doch wenn wir es schaffen, mit mildem Blick zurückzuschauen und mit Zuversicht voran, eigenverantwortlich zu handeln und dabei empathisch mit uns selbst zu bleiben, leben wir ein reiches, ausgefülltes Leben und entfalten unser ganzes Potenzial als Mensch.

»Glaubt mir, dass man Glück und Zuversicht selbst in Zeiten der Dunkelheit zu finden vermag. Man darf bloß nicht vergessen, ein Licht leuchten zu lassen«, gibt Harrys Mentor Dumbledore ihm und seinen Freunden mit auf den Weg. Wir wünschen Ihnen alles Gute für Ihre Reise: weise Mentoren, treue Gefährten, hilfreiche Gaben im Gepäck, Sonne und Rückenwind.

# ANHANG

# AUSGEWÄHLTE QUELLEN UND LITERATUR

## TEIL 1

### 1 & 2 Was ist die Seele? / Wo sitzt die Seele?

Damasio, A. R. (2002). Ich fühle, also bin ich. Die Entschlüsselung des Bewusstseins. Econ Ullstein List.

Fuchs, T. (2021). Das Gehirn – ein Beziehungsorgan: eine phänomenologisch-ökologische Konzeption. Kohlhammer.

Hagner, M. (2013). Der Geist bei der Arbeit: Historische Untersuchungen zur Hirnforschung. Wallstein.

Pohl, R. (2007). Das autobiographische Gedächtnis: Die Psychologie unserer Lebensgeschichte. Kohlhammer.

Roth, G. & Strüber, N. (2021). Wie das Gehirn die Seele macht. Klett-Cotta.

### 3 Formt die Kindheit die Seele?

Crandall, A., ... & Hanson, C. L. (2019). ACEs and counter-ACEs: How positive and negative childhood experiences influence adult health. *Child Abuse & Neglect, 96*, 104089.

Miller, P. M., & Commons, M. L. (2010). The benefits of attachment parenting for infants and children: A behavioral developmental view. *Behavioral Development Bulletin, 16*(1), 1.

Munawar, K., Kuhn, S. K., & Haque, S. (2018). Understanding the reminiscence bump: A systematic review. *PloS one, 13*(12), e0208595.

Plomin, R. (2018). Blueprint: How DNA makes us who we are. MIT Press.

Wittmann, M. (2009). The inner experience of time. *Philosophical Transactions of the Royal Society B: Biological Sciences, 364*(1525), 1955–1967.

### 4 & 5 Wann ist die Seele gesund? / Wie viele Seelen sind krank?

Frances, Allen (2013). Normal: gegen die Inflation psychiatrischer Diagnosen. DuMont.

Liu, N. H., ..., & Saxena, S. (2017). Excess mortality in persons with severe mental disorders: a multilevel intervention framework and priorities for clinical practice, policy and research agendas. *World Psychiatry, 16*(1), 30–40.

OECD (2018). *Health at a Glance 2018: OECD Indicators*, OECD Publishing.
Patel, V., ... & Unützer, J. (2018). The Lancet Commission on global mental health and sustainable development. *The Lancet, 392*(10157), 1553–1598.
Santomauro, D.F., ... & Ferrari, A.J. (2021). Global prevalence and burden of depressive and anxiety disorders in 204 countries and territories in 2020 due to the COVID-19 pandemic. *The Lancet, 398*(10312), 1700–1712.
Solmi, M., ... & Fusar-Poli, P. (2022). Age at onset of mental disorders worldwide: large-scale meta-analysis of 192 epidemiological studies. *Molecular Psychiatry, 27*(1), 281–295.
Steffen, A., ... & Bätzing, J. (2020). Trends in prevalence of depression in Germany between 2009 and 2017 based on nationwide ambulatory claims data. *Journal of Affective Disorders, 271*, 239–247.
Wittchen, H.U., ... & Steinhausen, H.C. (2011). The size and burden of mental disorders and other disorders of the brain in Europe 2010. *European Neuropsychopharmacology, 21*(9), 655–679.

## 6 Was stresst die Seele?

Entspann dich, Deutschland! – TK-Stressstudie 2021 – Herausgeber: Techniker Krankenkasse, Unternehmenszentrale: Hamburg.
Keech, J.J., ... & Hamilton, K. (2020). The association between stress mindset and physical and psychological wellbeing: Testing a stress beliefs model in police officers. *Psychology & Health, 35*(11), 1306–1325.
Lupien, S.J., ... & Heim, C. (2009). Effects of stress throughout the lifespan on the brain, behaviour and cognition. *Nature Reviews Neuroscience, 10*(6), 434–445.
Peters, A., McEwen, B.S., & Friston, K. (2017). Uncertainty and stress: Why it causes diseases and how it is mastered by the brain. *Progress in Neurobiology, 156*, 164–188.
Pfaltz, M.C., ... & Seedat, S. (2022). Social functioning in individuals affected by childhood maltreatment: Establishing a research agenda to inform interventions. *Psychotherapy and Psychosomatics, 91*(4), 238–251.

## 7 Was schützt die Seele?

Antonovsky, A. (1996). The salutogenic model as a theory to guide health promotion. *Health Promotion International, 11*(1), 11–18.
Bonanno, G.A. (2021). The resilience paradox. *European Journal of Psychotraumatology, 12*(1), 1942642.
Schäfer, S.K., ... & Michael, T. (2019). The relationship between sense of coherence and post-traumatic stress: A meta-analysis. *European Journal of Psychotraumatology, 10*(1), 1562839.
Schäfer, S.K., ... & Michael, T. (2022). The long-term buffering effect of sense of coherence on psychopathological symptoms during the first year of the COVID-19 pandemic: A prospective observational study. *Journal of Psychiatric Research, 153*, 236–244.
Schäfer, S.K., ... & Michael, T. (2023). The relationship between sense of coherence

and mental health problems from childhood to young adulthood: A meta-analysis. *Journal of Affective Disorders, 325, 804–816.*

Schwalm, F.D., … & Lucchetti, G. (2022). Is there a relationship between spirituality/religiosity and resilience? A systematic review and meta-analysis of observational studies. *Journal of Health Psychology*, *27*(5), 1218–1232.

## TEIL 2

### 8 Wie bleibe ich im Moment?

Dunning, D., … & Dalgleish, T. (2022). Do mindfulness-based programmes improve the cognitive skills, behaviour and mental health of children and adolescents? An updated meta-analysis of randomised controlled trials. *Evidence-based Mental Health*, *25*(3), 135–142.

Goldberg, S.B., … & Davidson, R.J. (2022). The empirical status of mindfulness-based interventions: A systematic review of 44 meta-analyses of randomized controlled trials. *Perspectives on Psychological Science*, *17*(1), 108–130.

Kabat-Zinn, J. (2013). Gesund durch Meditation. Das große Buch der Selbstheilung durch MBSR. Knaur.

Kuyken, W., … & MYRIAD Team (2022). Effectiveness of universal school-based mindfulness training compared with normal school provision on teacher mental health and school climate: results of the MYRIAD cluster randomised controlled trial. *Evidence-based Mental Health*, *25*(3), 125–134.

### 9 Macht Achtsamkeit egoistisch?

Berry, D.R., … & Beaver, V. (2020). Does mindfulness training without explicit ethics-based instruction promote prosocial behaviors? A meta-analysis. *Personality and Social Psychology Bulletin*, *46*(8), 1247–1269.

Brahm, Ajahn (2016). Kindfulness. Wisdom Publications.

Im, S., … & Caplovitz, G. (2021). Does mindfulness-based intervention improve cognitive function? A meta-analysis of controlled studies. *Clinical Psychology Review*, *84*, 101972.

Poulin, M.J., … & Naidu, E. (2021). Minding your own business? Mindfulness decreases prosocial behavior for people with independent self-construals. *Psychological Science*, *32*(11), 1699–1708.

### 10 Welche Macht hat unser Atem?

Beblo, T., … & Fernando, S. (2018). Breath versus emotions: The impact of different foci of attention during mindfulness meditation on the experience of negative and positive emotions. *Behavior Therapy*, *49*(5), 702–714.

Doll, A., … & Sorg, C. (2016). Mindful attention to breath regulates emotions via increased amygdala-prefrontal cortex connectivity. *Neuroimage*, *134*, 305–313.

Doria, S., … & Mencacci, C. (2015). Anti-anxiety efficacy of Sudarshan Kriya Yoga in general anxiety disorder: a multicomponent, yoga based, breath intervention program for patients suffering from generalized anxiety disorder with or without comorbidities. *Journal of Affective Disorders, 184*, 310–317.

### 11 Wie geht Erholung?

Hahn, V.C., ... & Mojza, E.J. (2011). Learning how to recover from job stress: effects of a recovery training program on recovery, recovery-related self-efficacy, and well-being. *Journal of Occupational Health Psychology, 16*(2), 202.

Mojza, E.J., ... & Binnewies, C. (2010). Daily recovery experiences: The role of volunteer work during leisure time. *Journal of Occupational Health Psychology, 15*(1), 60.

Sonnentag, S., Binnewies, C., & Mojza, E.J. (2008). »Did you have a nice evening?« A day-level study on recovery experiences, sleep, and affect. *Journal of Applied Psychology, 93*(3), 674.

### 12 Wann kommen uns die besten Ideen?

Benedek, M., ... & Kaufman, J.C. (2021). Creativity myths: Prevalence and correlates of misconceptions on creativity. *Personality and Individual Differences, 182*, 111068.

Gable, S.L., Hopper, E.A., & Schooler, J.W. (2019). When the muses strike: Creative ideas of physicists and writers routinely occur during mind wandering. *Psychological Science, 30*(3), 396–404.

Stuyck, H., Cleeremans, A., & Van den Bussche, E. (2022). Aha! under pressure: The Aha! experience is not constrained by cognitive load. *Cognition, 219*, 104946.

### 13 Warum erscheinen Sorgen nachts größer?

Cajochen, C., Kräuchi, K., & Wirz-Justice, A. (2003). Role of melatonin in the regulation of human circadian rhythms and sleep. *Journal of Neuroendocrinology, 15*(4), 432–437.

Kunz, D., & Mahlberg, R. (2006). Melatonin. *Sleep and Sleep Disorders*, 100–106. Springer, Boston, MA.

Kunz, D., & Zulley, J. (2004). Zirkadiane und zirkannuale Rhythmen der Befindlichkeit. *Herbst-/Winterdepression und Lichttherapie*, 213–221. Springer, Wien.

### 14 Wie stoppt man das Gedankenkarussell?

Birrer, E. & Michael, T. (2011). Rumination in posttraumatic stress disorder and in traumatised and non-traumatised depressed patients: A clinical study. *Behavioural and Cognitive Psychotherapy, 39*, 381–397.

Teismann, T., & Ehring, T. (2019). Pathologisches Grübeln (Vol. 74). Hogrefe.

Watkins, E.R., & Roberts, H. (2020). Reflecting on rumination: Consequences, causes, mechanisms and treatment of rumination. *Behaviour Research and Therapy, 127*, 103573.

### 15 Wie gehe ich mit Schreckensmeldungen um?

Bhatt, S., ... & Gething, P.W. (2015). The effect of malaria control on Plasmodium falciparum in Africa between 2000 and 2015. *Nature, 526*(7572), 207–211.

Branley-Bell, D., & Talbot, C.V. (2020). Exploring the impact of the COVID-19 pan-

demic and UK lockdown on individuals with experience of eating disorders. *Journal of Eating Disorders, 8*, 1–12.
Global Change Data Lab: https://ourworldindata.org/
Pfefferbaum, B., ... & Rahman, A. (2014). Disaster media coverage and psychological outcomes: descriptive findings in the extant research. *Current Psychiatry Reports, 16*(9), 1–7.
Rosling, H., Rönnlund, A.R., & Rosling, O. (2018). Factfulness: Wie wir lernen, die Welt so zu sehen, wie sie wirklich ist. Ullstein.

## 16 & 17 Macht Schlafmangel krank? / Wozu braucht die Seele Schlaf?

Haghayegh, S., ... & Castriotta, R.J. (2019). Before-bedtime passive body heating by warm shower or bath to improve sleep: A systematic review and meta-analysis. *Sleep Medicine Reviews, 46*, 124–135.
Hester, L., ... & Watson, K. (2021). Evening wear of blue-blocking glasses for sleep and mood disorders: a systematic review. *Chronobiology International, 38*(10), 1375–1383.
Meyer, N., ... & Dijk, D.J. (2022). Circadian rhythms and disorders of the timing of sleep. *The Lancet, 400*, 1061–1078.
Sopp, M.R., ... & Michael, T. (2019). REM theta activity predicts re-experiencing symptoms after exposure to a traumatic film. *Sleep Medicine, 54*, 142–152.
Sopp, M.R., ... & Michael, T. (2021). Wakefulness impairs selective consolidation of relevant trauma-associated memories resulting in more frequent intrusions. *Behaviour Research and Therapy, 136*, 103776.
Walker, M. (2017). Why we sleep: The new science of sleep and dreams. Penguin UK.

## 18 Was bedeuten Träume?

Henkel, M., ... & Benecke, C. (2020). Therapeutische Sichtweisen auf die Arbeit mit Träumen in der analytischen Psychotherapie. *Forum der Psychoanalyse*, 36 (3), 339–353.
Krakow B, Zadra A. (2006). Clinical management of chronic nightmares: imagery rehearsal therapy. *Behavioral Sleep Medicine, 4*, 45–70.

Schredl, M., & Hofmann, F. (2003). Continuity between waking activities and dream activities. *Consciousness and Cognition, 12*(2), 298–308.
Vallat, R., ... & Ruby, P. (2017). Characteristics of the memory sources of dreams: A new version of the content-matching paradigm to take mundane and remote memories into account. *PLoS One, 12*(10), e0185262.

## 19 Hat der Vollmond eine Wirkung auf uns?

Cajochen, C., ... & Wirz-Justice, A. (2013). Evidence that the lunar cycle influences human sleep. *Current Biology, 23*(15), 1485–1488.
Casiraghi, L., ... & Horacio, O. (2020). Moonstruck sleep: synchronization of human sleep with the moon cycle under field conditions. *Science Advances, 7*, eabe0465.

Cordi, M., … & Dresler, M. (2014). Lunar cycle effects on sleep and the file drawer problem. *Current Biology*, *24*(12), R549-R550.

Dixon, D.R., Dixon, L.R., Bishop, J.D., & Pettifor, R.A. (2006). Lunar-related reproductive behaviour in the badger (Meles meles). *Acta Ethologica*, *9*(2), 59–63.

### 20 Was steckt hinter dem Winterblues?

Di Nicola, M., … & Sani, G. (2020). Serum 25-hydroxyvitamin D levels and psychological distress symptoms in patients with affective disorders during the COVID-19 pandemic. *Psychoneuroendocrinology*, *122*, 104869.

Levitan, R.D. (2007). The chronobiology and neurobiology of winter seasonal affective disorder. *Dialogues in Clinical Neuroscience 9*, 315–324.

Rohan, K.J., Roecklein, K.A., & Haaga, D.A. (2009). Biological and psychological mechanisms of seasonal affective disorder: a review and integration. *Current Psychiatry Reviews*, *5*(1), 37–47.

### 21 Kann das Herz brechen?

Boyd, B., & Solh, T. (2020). Takotsubo cardiomyopathy: review of broken heart syndrome. *Journal of the American Academy of PAs*, *33*(3), 24–29.

Moon, J.R., Glymour, M.M., Vable, A.M., Liu, S.Y., & Subramanian, S.V. (2014). Short- and long-term associations between widowhood and mortality in the United States: longitudinal analyses. *Journal of Public Health*, *36*(3), 382–389.

### 22 & 23 Was ist ein Trauma? / Wie versorgt man seelische Wunden?

Ehlers, A., Hackmann, A., & Michael, T. (2004). Intrusive re-experiencing in posttraumatic stress disorder: Phenomenology, theory, and therapy. *Memory*, *12*(4), 403–415.

Michael, T., … & Clark, D.M. (2005). Unwanted memories of assault: what intrusion characteristics are associated with PTSD? *Behaviour Research and Therapy*, *43*(5), 613–628.

Michael, T., … & Ehlers, A. (2007). Rumination in posttraumatic stress disorder. *Depression and Anxiety*, *24*(5), 307–317.

Michael, T., Sopp, R., & Maercker, A. (2018). Posttraumatische Belastungsstörungen. In: *Lehrbuch der Verhaltenstherapie, Band 2*, 105–124. Springer, Berlin, Heidelberg.

Niederhoffer, K.G., & Pennebaker, J.W. (2009). Sharing one's story: On the benefits of writing or talking about emotional experience. In: S.J. Lopez & C.R. Snyder (Eds.), *Oxford Handbook of Positive Psychology*, 621–632. Oxford University Press.

### 24 Kann man ein Trauma erben?

Elbert, T. & Schauer, M. (2021). Epigenetisch gestützte Vererbung von Trauma- und Gewalterfahrungen. In: Traumafolgen-Forschung und therapeutische Praxis. Kohlhammer.

Kratzer, A. (2018). Erziehung für den Führer. *Gehirn&Geist* 5, S. 40–45.

McGowan, P.O., … & Meaney, M.J. (2009). Epigenetic regulation of the glucocorticoid receptor in human brain associates with childhood abuse. *Nature neuroscience, 12*(3), 342–348.

Quindeau, I., Einert, K., & Teuber, N. (2013). Kindheiten im Nationalsozialismus und Zweiten Weltkrieg. Das Zusammenwirken von NS-Erziehung und Bombenangriffen. *BIOS – Zeitschrift für Biographieforschung, Oral History und Lebensverlaufsanalysen, 25*(1), 11–12.

Serpeloni, F., … & Elbert, T. (2017). Grandmaternal stress during pregnancy and DNA methylation of the third generation: an epigenome-wide association study. *Translational Psychiatry, 7*(8), e1202-e1202.

Yehuda, R., … & Berkowitz, G.S. (2005). Transgenerational effects of posttraumatic stress disorder in babies of mothers exposed to the World Trade Center attacks during pregnancy. *The Journal of Clinical Endocrinology & Metabolism, 90*(7), 4115–4118.

## 25 Können schwere Zeiten die Seele stärken?

Hemi, A., … & Levy-Gigi, E. (2023). Flexibility predicts chronic anxiety and depression during the first year of the COVID-19 pandemic – A longitudinal investigation of mental health trajectories. *Psychological Trauma: Theory, Research, Practice, and Policy.*

Infurna, F.J., & Jayawickreme, E. (2019). Fixing the growth illusion: New directions for research in resilience and posttraumatic growth. *Current Directions in Psychological Science, 28*(2), 152–158.

Seery, M.D., Holman, E.A., & Silver, R.C. (2010). Whatever does not kill us: cumulative lifetime adversity, vulnerability, and resilience. *Journal of Personality and Social Psychology, 99*(6), 1025.

Seery, M.D., … & Almonte, J.L. (2013). An upside to adversity? Moderate cumulative lifetime adversity is associated with resilient responses in the face of controlled stressors. *Psychological Science, 24*(7), 1181–1189.

Wu, X., … & Liu, A. (2019). The prevalence of moderate-to-high posttraumatic growth: A systematic review and meta-analysis. *Journal of Affective Disorders, 243*, 408–415.

## 26 Wieso wiederhole ich die Vergangenheit?

Freud, S. (2010). *Jenseits des Lustprinzips/Massenpsychologie und Ich-Analyse/Das Ich und das Es: Und andere Werke aus den Jahren 1920–1924* (Vol. 13). S. Fischer.

Jacob, G., van Genderen, H., & Seebauer, L. (2011). Andere Wege gehen. *Lebensmuster verstehen und verändern. Ein schematherapeutisches Selbsthilfebuch.* Beltz.

## 27 Ist es schlimm, wenn ich Stimmen höre?

Beavan, V., Read, J., & Cartwright, C. (2011). The prevalence of voice-hearers in the general population: a literature review. *Journal of Mental Health, 20*(3), 281–292.

Corstens, D., Escher, S., Romme, M., & Longden, E. (2018). Accepting and working with voices: The Maastricht approach. *Psychosis, Trauma and Dissociation: Evolving Perspectives on Severe Psychopathology*, 381–396.

Johns, L.C., Kompus, … & Larøi, F. (2014). Auditory verbal hallucinations in persons with and without a need for care. *Schizophrenia bulletin, 40*(Suppl_4), S255-S264.

### 28 Macht seelischer Stress graue Haare?

Rosenberg, A.M., … & Picard, M. (2021). Quantitative mapping of human hair greying and reversal in relation to life stress. *Elife, 10* e67437..

### 29 Was machen Spiegel mit uns?

Ariss, T., … & Brown-Schmidt, S. (2022). Where to Look? Alcohol, Affect, and Gaze Behavior During a Virtual Social Interaction. *Clinical Psychological Science*, 21677026221096449.

Bailenson, J.N. (2021). Nonverbal overload: A theoretical argument for the causes of Zoom fatigue.

Fejfar, M., & Hoyle, R. (2000). Effect of private self-awareness on negative affect and self-referent attribution: A quantitative review. *Personality and Social Psychology Review*, 4, 132–142.

Ratan, R., Miller, D.B., & Bailenson, J.N. (2022). Facial appearance dissatisfaction explains differences in zoom fatigue. *Cyberpsychology, Behavior, and Social Networking, 25*(2), 124–129.

### 30 Warum finde ich mich nicht schön?

Alleva, J.M., … & Miles, E. (2015). A meta-analytic review of stand-alone interventions to improve body image. *PLoS One, 10*(9), e0139177.

Cash, T.F., & Smolak, L. (Eds.) (2011). Body image: A handbook of science, practice, and prevention. Guilford Press.

Maister, L., … & Tsakiris, M. (2021). The self in the mind's eye: Revealing how we truly see ourselves through reverse correlation. *Psychological Science, 32*(12), 1965–1978.

Wade, T.D., & Tiggemann, M. (2013). The role of perfectionism in body dissatisfaction. *Journal of Eating Disorders, 1*(1), 1–6.

### 31 Beeinflusst die Körperhaltung das Selbstbewusstsein?

Carney, D.R., Cuddy, A.J.C., & Yap, A.J. (2010). Power posing: Brief nonverbal displays affect neuroendocrine levels and risk tolerance. *Psychological Science, 21*(10), 1363–1368. https://doi.org/10.1177/ 0956797610383437.

Cesario, J., Jonas, K.J., & Carney, D.R. (2017). CRSP special issue on power poses: What was the point and what did we learn? *Comprehensive Results in Social Psychology, 2*(1), 1–5. https://doi.org/10.1080/23743603.2017.1309876.

Körner, R., Röseler, L., Schütz, A., & Bushman, B.J. (2022). Dominance and prestige: Meta-analytic review of experimentally induced body position effects on behavioral, self-report, and physiological dependent variables. *Psychological Bulletin, 148*(1–2), 67–85. https://doi.org/10.1037/bul0000356.

### 32 Woraus wächst der Selbstwert?

Bleidorn, W., … & Gosling, S.D. (2016). Age and gender differences in self-esteem – A cross-cultural window. *Journal of Personality and Social Psychology, 111*(3), 396.

Croft, A., … & Baron, A.S. (2014). The second shift reflected in the second genera-

tion: Do parents' gender roles at home predict children's aspirations? *Psychological Science, 25*(7), 1418–1428.
Keizer, R., Helmerhorst, K. O., & van Rijn-van Gelderen, L. (2019). Perceived quality of the mother-adolescent and father-adolescent attachment relationship and adolescents' self-esteem. *Journal of Youth and Adolescence, 48*(6), 1203–1217.
Krauss, S., Orth, U., & Robins, R. W. (2020). Family environment and self-esteem development: A longitudinal study from age 10 to 16. *Journal of Personality and Social Psychology, 119*(2), 457.
Luciano, E. C., & Orth, U. (2017). Transitions in romantic relationships and development of self-esteem. *Journal of Personality and Social Psychology, 112*(2), 307.
Muthig, M. (2021). Und morgen fliege ich auf. Vom Gefühl, den Erfolg nicht verdient zu haben. dtv.
Sowislo, J. F., & Orth, U. (2013). Does low self-esteem predict depression and anxiety? A meta-analysis of longitudinal studies. *Psychological Bulletin, 139*, 213–240.
Trzesniewski, K. H., ... & Caspi, A. (2006). Low self-esteem during adolescence predicts poor health, criminal behavior, and limited economic prospects during adulthood. *Developmental Psychology, 42*(2), 381–390.

### 33 Wie bin ich mir ein guter Freund?

Boykin, D. M., ... & Orcutt, H. K. (2018). Barriers to self-compassion for female survivors of childhood maltreatment: The roles of fear of self-compassion and psychological inflexibility. *Child Abuse & Neglect, 76*, 216–224.
Gilbert, P., & Irons, C. (2004). A pilot exploration of the use of compassionate images in a group of self-critical people. *Memory, 12*(4), 507–516.
Neff, K. D. (2011). Self-compassion, self-esteem, and well-being. *Social and Personality Psychology Compass, 5*(1), 1–12.
Raes, F., ... & Van Gucht, D. (2011). Construction and factorial validation of a short form of the self-compassion scale. *Clinical Psychology & Psychotherapy, 18*(3), 250–255.
Westphal, M., ... & Wupperman, P. (2016). Self-compassion and emotional invalidation mediate the effects of parental indifference on psychopathology. *Psychiatry Research, 242*, 186–191.

### 34 Wer spielt in meinem inneren Team?

Jacob, G., & Arntz, A. (2015). Schematherapie in der Praxis. Beltz.
Rafaeli, E. (2020). Schema therapy. *Encyclopedia of Personality and Individual Differences*, 4559–4564. Springer International Publishing.
Young, J. E., Klosko, J. S., & Weishaar, M. E. (2003). Schema therapy. Guilford, Press

### 35 Wann wird Harmoniesucht zum Problem?

Amanatullah, E. T., Morris, M. W., & Curhan, J. R. (2008). Negotiators who give too much: Unmitigated communion, relational anxieties, and economic costs in distributive and integrative bargaining. *Journal of Personality and Social Psychology, 95*(3), 723.

Austin, E.J., ... & Tohver, G. (2014). Associations of the managing the emotions of others (MEOS) scale with personality, the Dark Triad and trait EI. *Personality and Individual Differences, 65*, 8–13.

Domínguez D, J.F., Taing, S.A., & Molenberghs, P. (2016). Why do some find it hard to disagree? An fMRI study. *Frontiers in Human Neuroscience, 9*, 718.

## 36 Wie stützt mich mein soziales Netz?

Diener, E., ... & Oishi, S. (2018). Happiest people revisited. *Perspectives on Psychological Science, 13*(2), 176–184.

Dunbar, R.I. (1992). Neocortex size as a constraint on group size in primates. *Journal of Human Evolution, 22*(6), 469–493.

Lambert, N.M., ... & Fincham, F.D. (2013). To belong is to matter: Sense of belonging enhances meaning in life. *Personality and Social Psychology Bulletin, 39*(11), 1418–1427.

McCormick, T.H., Salganik, M.J., & Zheng, T. (2010). How many people do you know? Efficiently estimating personal network size. *Journal of the American Statistical Association, 105*(489), 59–70.

## 37 Wieso tut Sport der Seele gut?

Chan, J.S., ... & Yan, J.H. (2019). Special issue – therapeutic benefits of physical activity for mood: a systematic review on the effects of exercise intensity, duration, and modality. *The Journal of Psychology, 153*(1), 102–125.

Holz, E. & Michael, T. (2013). Sport und Bewegung bei Depression. Ein vielversprechender Ansatz mit Forschungsbedarf. *Psychotherapie im Dialog, 3*, 61–63.

Lindenberger, ... & Ströhle, A. (2017). Clinical and neurobiological effects of aerobic exercise in dental phobia: A randomized controlled trial. *Depression and Anxiety, 34*(11), 1040–1048.

Plag, J., ... & Ströhle, A. (2019). High-intensity interval training in panic disorder patients: a pilot study. *The Journal of Nervous and Mental Disease, 207*(3), 184–187.

## 38 Können Tiere die Seele streicheln?

Beetz, A., ... & Kotrschal, K. (2012). Psychosocial and psychophysiological effects of human-animal interactions: the possible role of oxytocin. *Frontiers in Psychology, 3*, 234.

Ein, N., Li, L., & Vickers, K. (2018). The effect of pet therapy on the physiological and subjective stress response: A meta-analysis. *Stress and Health, 34*(4), 477–489.

Lass-Hennemann, J., Holz, E., & Michael, T. (2015). Tiergestützte Therapie in der Behandlung von Angststörungen. *PiD-Psychotherapie im Dialog, 16*(02), 40–43.

Lass-Hennemann, J., ... & Michael, T. (2014). Presence of a dog reduces subjective but not physiological stress responses to an analog trauma. *Frontiers in Psychology, 5*, 1010.

Mubanga, M., ... & Fall, T. (2017). Dog ownership and the risk of cardiovascular disease and death – a nationwide cohort study. *Scientific Reports, 7*(1), 1–9.

Oh, Y., ... & Jeong, B. (2018). Efficacy of hippotherapy versus pharmacotherapy in

attention-deficit/hyperactivity disorder: a randomized clinical trial. *The Journal of Alternative and Complementary Medicine*, *24*(5), 463–471.
Wells, D.L. (2004). The facilitation of social interactions by domestic dogs. *Anthrozoös*, *17*(4), 340–352.

### 39 Warum blühen wir in der Natur auf?

Atchley, R.A., Strayer, D.L., & Atchley, P. (2012). Creativity in the wild: Improving creative reasoning through immersion in natural settings. *PloS one*, *7*(12), e51474.
Bratman, G.N., … & Gross, J.J. (2015). Nature experience reduces rumination and subgenual prefrontal cortex activation. *Proceedings of the National Academy of Sciences*, *112*(28), 8567–8572.
Cho, K.S., … & Lee, I.S. (2017). Terpenes from forests and human health. *Toxicological Research*, *33*(2), 97–106.
Donovan, G.H., … & Mao, M.Y. (2013). The relationship between trees and human health: evidence from the spread of the emerald ash borer. *American Journal of Preventive Medicine*, *44*(2), 139–145.
Kardan, O., … & Berman, M.G. (2015). Neighborhood greenspace and health in a large urban center. *Scientific Rep*orts, 5, 11610.
Ulrich, R.S., Lundén, O., & Eltinge, J.L. (1993). Effects of exposure to nature and abstract pictures on patients recovering from heart surgery. In: *Thirty-third meeting of the Society of Psychophysiological Research, Rottach-Egern*, (Vol. 30, No. 7).
Stier, A.J., … & Berman, M.G. (2021). Evidence and theory for lower rates of depression in larger US urban areas. *Proceedings of the National Academy of Sciences*, *118*(31), e2022472118.
Tost, H., … & Meyer-Lindenberg, A. (2019). Neural correlates of individual differences in affective benefit of real-life urban green space exposure. *Nature Neuroscience*, *22*(9), 1389–1393.
Ulrich, R.S. (1984). View through a window may influence recovery from surgery. *Science*, *224*(4647), 420–421.
Wilson, E.O. (2021). Biophilia. Harvard University Press.

## TEIL 3

### 40 Bin ich, weil ich fühle?

Fischer, A.H., & Manstead, A.S. (2008). Social functions of emotion. *Handbook of Emotions*, *3*, 456–468.
Hofmann, S.G., Asmundson, G.J., & Beck, A.T. (2013). The science of cognitive therapy. *Behavior Therapy*, *44*(2), 199–212.
Lazarus, R. (1991). Emotion and adaptation. Oxford University Press.
LeDoux, J. (2012). Rethinking the emotional brain. *Neuron*, *73*(4), 653–676.
McRae, K., & Gross, J.J. (2020). Emotion regulation. *Emotion*, *20*(1), 1.
Tracy, J.L., & Randles, D. (2011). Four models of basic emotions: A review of Ekman and Cordaro, Izard, Levenson, and Panksepp and Watt. *Emotion Review*, *3*(4), 397–405.

Werle, K.J. (2014). Emotions as Expression of Social Norms. *Landscape of Peace: Mechanisms of Social Control on Lamotrek Atoll, Micronesia*, 148–152. Springer Fachmedien, Wiesbaden.

## 41 Wie entkomme ich der Angst?

Barlow, D.H. (2004). Anxiety and its disorders: The nature and treatment of anxiety and panic. Guilford Press.

Bracha, H.S. (2004). Freeze, flight, fight, fright, faint: Adaptationist perspectives on the acute stress response spectrum. *CNS Spectrums*, *9*(9), 679–685.

Clark, D.M. (1999). Anxiety disorders: Why they persist and how to treat them. *Behaviour Research and Therapy*, *37*(1), S5.

Michael, T., & Ehlers, A. (2008). Klassische Konditionierung als Erklärungsprinzip für klinisch bedeutsame Ängste: Ein Update eines modernen Klassikers. *Zeitschrift für Klinische Psychologie und Psychotherapie*, *37*(4), 221–230.

Michael, T., Ehlers, A., & Margraf, J. (2003). Agoraphobie und Panikanfälle. *Lehrbuch der Klinischen Psychologie und Psychotherapie – Modelle psychischer Störungen*, *4*.

## 42 Wohin mit der Wut?

Leineweber, C., … & Alfredsson, L. (2011). Covert coping with unfair treatment at work and risk of incident myocardial infarction and cardiac death among men: Prospective cohort study. *Journal of Epidemiology & Community Health*, *65*(5), 420–425.

Malmir, R., & Nedaee, T. (2019). The relationship between anger control and physical activity. *Health*, *21*(4), 284–291.

Quartana, P.J., & Burns, J.W. (2007). Painful consequences of anger suppression. *Emotion*, *7*(2), 400.

Rohrmann, S., … & Zapf, D. (2011). Psychophysiological effects of emotional display rules and the moderating role of trait anger in a simulated call center. *Anxiety, Stress & Coping*, *24*(4), 421–438.

Schwerdtfeger, A.R., …. & Pfurtscheller, G. (2020). Heart rate variability (HRV): From brain death to resonance breathing at 6 breaths per minute. *Clinical Neurophysiology*, *131*(3), 676–693.

## 43 Wieso kommt Traurigkeit manchmal aus dem Nichts?

Braunstein, L.M., Gross, J.J., & Ochsner, K.N. (2017). Explicit and implicit emotion regulation: a multi-level framework. *Social Cognitive and Affective Neuroscience*, *12*(10), 1545–1557.

Forgas, J.P. (2017). Can sadness be good for you? *Australian Psychologist*, *52*(1), 3–13.

Freud, S. (1917). Trauer und Melancholie. In: Gesammelte Werke. S. Fischer.

Gračanin, A., Bylsma, L.M., & Vingerhoets, A.J. (2014). Is crying a self-soothing behavior? *Frontiers in Psychology*, *5*, 502.

### 44 Wie löst man sich von Schuld und Scham?

Blank, H., … & Fischer, V. (2008). How many hindsight biases are there? *Cognition, 106*(3), 1408–1440.

Kümmerle, S., … & Müller-Engelmann, M. (2022). K-METTA: Kognitive Techniken und Metta-Meditationen zur Reduktion traumabezogener Schuld- und Schamgefühle – Darstellung der Intervention anhand von zwei Fallbeispielen. *Verhaltenstherapie, 32*(4), 196–210.

Lammers, M. (2016). Emotionsbezogene Psychotherapie von Scham und Schuld: Das Praxishandbuch mit Download-Material. Schattauer.

Slepian, M. L., Halevy, N., & Galinsky, A. D. (2019). The solitude of secrecy: Thinking about secrets evokes goal conflict and feelings of fatigue. *Personality and Social Psychology Bulletin, 45*(7), 1129–1151.

### 45 Was lindert Einsamkeit?

Collins, H. K., … & Brooks, A. W. (2022). Relational diversity in social portfolios predicts well-being. *Proceedings of the National Academy of Sciences, 119*(43), e2120668119.

Hammoud, R., … & Mechelli, A. (2021). Lonely in a crowd: investigating the association between overcrowding and loneliness using smartphone technologies. *Scientific Reports, 11*(1), 1–11.

Kardas, M., Kumar, A., & Epley, N. (2022). Overly shallow? Miscalibrated expectations create a barrier to deeper conversation. *Journal of Personality and Social Psychology, 122*(3), 367.

Lim, M. H., Eres, R., & Vasan, S. (2020). Understanding loneliness in the twenty-first century: an update on correlates, risk factors, and potential solutions. *Social Psychiatry and Psychiatric Epidemiology, 55*(7), 793–810.

### 46 Wie lang dauert Trauer?

Asselmann, E., & Specht, J. (2022). Dramatic effects but fast adaptation: Changes in life satisfaction and different facets of affective well-being around the death of a partner and death of a child. *Applied Psychology: Health and Well-Being*, doi.org/10.1111/aphw.12388.

Bonanno, G. A., & Kaltman, S. (2001). The varieties of grief experience. *Clinical Psychology Review, 21*(5), 705–734.

Kachler, R. (2021). Damit aus meiner Trauer Liebe wird. Neue Wege in der Trauerarbeit. Herder.

Kast, V. (2018). Trauern: Phasen und Chancen des psychischen Prozesses. Herder.

Klass, D. (1988). John Bowlby's model of grief and the problem of identification. *OMEGA – Journal of Death and Dying, 18*(1), 13–32.

### 47 Was hilft gegen Liebeskummer?

Crowder, R.J., … & Thiesen, N.L. (2022). A Journey Through Romantic Heartbreak and Psychological Growth: An Exploratory Phenomenological Study of Adult Females. *Journal of Psychology and Theology, 50*(4), 455–472.

Field, T. (2020). Romantic breakup distress in university students: A narrative review. *International Journal of Psychological Research and Reviews, 3,* 30–30.

Luciano, E.C., & Orth, U. (2017). Transitions in romantic relationships and development of self-esteem. *Journal of Personality and Social Psychology, 112*(2), 307.

Stillich, S. (2018). Was von uns übrig bleibt: Wenn wir einen Ort, einen Menschen oder die Welt verlassen. Rowohlt.

### 48 Lässt sich Neid nutzen?

Medvec, V.H., Madey, S.F., & Gilovich, T. (1995). When less is more: counterfactual thinking and satisfaction among Olympic medalists. *Journal of Personality and Social Psychology, 69*(4), 603.

Smith, R.H., & Kim, S.H. (2007). Comprehending envy. *Psychological Bulletin, 133*(1), 46.

Van de Ven, N., Zeelenberg, M., & Pieters, R. (2009). Leveling up and down: the experiences of benign and malicious envy. *Emotion, 9*(3), 419.

Zizzo, D.J., & Oswald, A.J. (2001). Are people willing to pay to reduce others' incomes? *Annales d'Economie et de Statistique*, 39–65.

### 49 Was tröstet bei Heimweh?

Ferrara, T. (2020). Understanding Homesickness: A Review of the Literature. *Journal for Leadership and Instruction, 19*(1), 8–15.

https://nt.global.ssl.fastly.net/binaries/content/assets/website/national/pdf/places-that-make-us.pdf

Stroebe, M., Schut, H., & Nauta, M.H. (2016). Is homesickness a mini-grief? Development of a dual process model. *Clinical Psychological Science, 4*(2), 344–358.

## TEIL 4

### 50 Kann ich mich ändern?

Hudson, N.W., … & Derringer, J. (2019). You have to follow through: Attaining behavioral change goals predicts volitional personality change. *Journal of Personality and Social Psychology, 117*(4), 839.

Toli, A., Webb, T.L., & Hardy, G.E. (2016). Does forming implementation intentions help people with mental health problems to achieve goals? A meta-analysis of experimental studies with clinical and analogue samples. *British Journal of Clinical Psychology, 55*(1), 69–90.

Wood, W. (2019). Good habits, bad habits: The science of making positive changes that stick. Pan Macmillan.

Wrzus, C., Luong, G., Wagner, G.G., & Riediger, M. (2021). Longitudinal coupling of momentary stress reactivity and trait neuroticism: Specificity of states, traits, and age period. *Journal of Personality and Social Psychology*, *121*(3), 691.

## 51 Wie gestalte ich ein Leben, das zu mir passt?

Grund, A., Fries, S., & Rheinberg, F. (2018). Know your preferences: Self-regulation as need-congruent goal selection. *Review of General Psychology, 22*(4), 437–451.

Köllner, M.G., & Schultheiss, O.C. (2014). Meta-analytic evidence of low convergence between implicit and explicit measures of the needs for achievement, affiliation, and power. *Frontiers in Psychology*, *5*, 826.

Schultheiss, O.C., & Brunstein, J.C. (1999). Goal imagery: Bridging the gap between implicit motives and explicit goals. *Journal of Personality, 67*(1), 1–38.

## 52 Wie halte ich Veränderung stand?

Asselmann, E., & Specht, J. (2022). Dramatic effects but fast adaptation: Changes in life satisfaction and different facets of affective well-being around the death of a partner and death of a child. *Applied Psychology: Health and Well-Being*, doi.org/10.1111/aphw.12388.

Green, A.C., … & Vuust, P. (2012). Listen, learn, like! Dorsolateral prefrontal cortex involved in the mere exposure effect in music. *Neurology Research International* doi: 10.1155/2012/846270.

Luhmann, M., … & Lucas, R.E. (2012). Subjective well-being and adaptation to life events: a meta-analysis. *Journal of Personality and Social Psychology*, *102*(3), 592.

Reddemann, L. (2018). Eine Reise von 1000 Meilen beginnt mit dem ersten Schritt. Seelische Kräfte entwickeln und fördern. Herder.

Robertson, D. (2018). The philosophy of cognitive-behavioural therapy (CBT): Stoic philosophy as rational and cognitive psychotherapy. Routledge.

## 53 Lässt sich das Glück festhalten?

Dickens, L.R. (2017). Using gratitude to promote positive change: A series of meta-analyses investigating the effectiveness of gratitude interventions. *Basic and Applied Social Psychology*, *39*(4), 193–208.

Kiken, L.G., & Shook, N.J. (2011). Looking up: Mindfulness increases positive judgments and reduces negativity bias. *Social Psychological and Personality Science*, *2*(4), 425–431.

Kumar, A., & Epley, N. (2018). Undervaluing gratitude: Expressers misunderstand the consequences of showing appreciation. *Psychological Science*, *29*(9), 1423–1435.

Vaish, A., Grossmann, T., & Woodward, A. (2008). Not all emotions are created equal: the negativity bias in social-emotional development. *Psychological Bulletin*, *134*(3), 383.

## 54 Braucht es einen Lebenssinn?

Oishi, S., & Diener, E. (2014). Residents of poor nations have a greater sense of meaning in life than residents of wealthy nations. *Psychological Science, 25*(2), 422–430.

Schnell, T. (2016). Psychologie des Lebenssinns. Springer Berlin, Heidelberg.

Zheng, X., Song, M., & Chen, H. (2020). Could Wealth Make Religiosity Less Needed for Subjective Well-Being? A Dual-Path Effect Hypothesis of Religious Faith Versus Practice. *Frontiers in Psychology, 11*, 1636.

## 55 Wie fasst man Mut?

Bate, J., & Schuman, A. (2016). Books do furnish a mind: the art and science of bibliotherapy. *The Lancet, 387*(10020), 742–743.

Hagemann, D., Spinath, F. M., & Mueller, E. M. (2022). Differentielle Psychologie und Persönlichkeitsforschung. Kohlhammer.

McAdams, D. P. (2013). Life authorship: A psychological challenge for emerging adulthood, as illustrated in two notable case studies. *Emerging Adulthood, 1*(2), 151–158.

# WENN EIN BUCH NICHT REICHT

Wir haben uns der Seele nun in 55 Kapiteln genähert, wir haben sie umkreist und aus den unterschiedlichsten Blickwinkeln betrachtet. Dabei haben wir versucht, Antworten auf Fragen zu finden, die Sie sich – je nach aktueller Lebenssituation – vielleicht schon öfter gestellt haben. Manches davon hat Sie womöglich überrascht, anderes beruhigt, wieder anderes ermutigt, etwas Neues auszuprobieren.

Ganz besonders möchten wir Sie dazu ermutigen, sich Unterstützung zu suchen, wenn Ihre Seele so sehr leidet, dass Sie Ihren Alltag nicht mehr bewältigen können oder kaum noch Freude empfinden. Dieser Schritt macht immer ein bisschen Angst, denn zu Beginn ist unklar, wohin er führt. Was wir Ihnen versichern können: Die meisten seelischen Beschwerden lassen sich heute gut behandeln.

Zunächst können Sie sich Ihrer Hausärztin anvertrauen und gemeinsam mit ihr das weitere Vorgehen planen. Sie können sich aber auch direkt an einen Psychiater oder eine Psychotherapeutin in Ihrer Nähe wenden. Einfühlsame und qualifizierte Fachkräfte findet man in Deutschland zum Beispiel online über die Therapeutensuche der Bundespsychotherapeutenkammer. Die regionalen Terminservicestellen der Kassenärztlichen Vereinigung vermitteln außerdem bei Bedarf Therapieplätze.

In einer akuten Krise, vor allem wenn die Gefahr besteht, dass Sie sich selbst etwas antun, sollten Sie, ohne zu zögern, eine Klinik kontaktieren, die über eine psychiatrische Station verfügt, oder sich gleich dort vorstellen. Zudem gibt es telefonische und digitale Hilfsangebote, die rund um die Uhr zur Verfügung stehen:

## Deutschland

**Telefonseelsorge**

www.telefonseelsorge.de

0800-1110111 oder 0800-1110222

**Stiftung Deutsche Depressionshilfe**

www.deutsche-depressionshilfe.de

## Österreich

**Telefonseelsorge**

www.telefonseelsorge.at

Notrufnummer 142

## Schweiz

**Telefonseelsorge »Die Dargebotene Hand«**

www.143.ch

Notrufnummer 143

# DANK

Wir bedanken uns sehr herzlich bei allen Kollegen, Freundinnen und Familienmitgliedern, die uns in unterschiedlichster Weise bei der Entstehung des Buchs unterstützt haben. Unser bester Dank gilt auch unserer Lektorin Rosemarie Mailänder und Katharina Festner, der stellvertretenden Programmleitung Sachbuch bei dtv, für ihre wertvollen Rückmeldungen zu den Texten. Außerdem danken wir unserer Literaturagentin Christine Proske von Ariadne-Buch, die das Projekt von Anfang an mit großer Begeisterung unterstützt hat.